과학적으로 증명된 전통 태교

조선 왕실 천재교육

오성출판사

[추천사]

'무자식이 상팔자', '자식 농사만큼은 마음대로 되지 않는다'라는 우리 옛 말이 있다.

자식을 키운다는 것이 부모의 의중과 바람대로 되지 않는 그야말로 변화가 심하고 원칙과 개별적인 상황 양면 모두 민감해야 하는 어려운 일이라는 것에서 비롯된 말들일 게다. 부모가 학식이 높다고 해서만도 아니요, 돈이 많아 자식교육에 돈을 쏟아 붓는다고 되는 것은 더욱 아니며, 권력이 막강하다해서 되는 것은 더더욱 아닐 것이다. 엄해서만도 안되고 아이들편에서서 너무 풀어놓아서만도 안 된다는 것을 자식을 키워 본 부모면 다 겪어본 일이다. 둘만 모여도 의사가 되고 교사가 되는 것이 우리네 사회였다. 국민소득은 놓아지고 과학기술의 발달에 따라 생활은 더욱 편리해지고 문명은 더욱 발전되어가나 "자식 기르기가 예전보다 점점 더 어려워진다."는 말을 주변에서 줄곧 듣는다. 한마디로 부모노릇하기가 예전보다 쉽지 않으며, 부모 노릇하려면 교육전문가가 되어야 한다는 것이다.

'나에게 다시 한 번 젊음이 주어진다면…….'

'자식을 다시 낳아 기를 수 있다면…….'

삶의 황혼기에 지나간 삶이 주마등처럼 뇌리에 스치면서 누구나 한 번쯤은 해봄직한 독백이다. 지금 자식을 다시 낳아 기른다면 좀 더 잘 기를 수 있을텐데 라며 자식들을 다 키워놓고서는 곱씹어 보는 일일 게다. 자식에 대한 사랑과 교육에 대한 애착은 우리 선조들만의 일은 아니다. 최근의 OECD 발표에서도 나타났듯 사교육비 세계 1위를 나타내는 현대의 교육지상주의 국가이며 민족이다. 그러나 개인적으로 또한 국가 정책적으로 노력과 투자한 것에 비해 성공한 경험보다는 시행착오가 더 많았던 것을 부인할 수 없다. 실패를 반복하지 않기 위해서는 철저한 준비와 부단한 노력과 함께 준비된 교육전문가가 되어야 한다. 교육은 부모의 지혜로부터 시작되기 때문이다.

들의 꽃은 자연이 주는 물과 햇빛과 토양의 자양분만큼 각기 모습대로 자란다. 생태 변화로 적절한 자양분을 주지 못하면 불완전하게 자라거나 변종이 되거나 아니면 적응을 못하고 죽게 된다. 더 가까이 두고 싶어, 인간은 정원에서 인간의 방식대로 성장의 환경을 만들어 준다. 장미가 목련의 향기와 자태처럼 자라기를 바란다면, 장미도 아닌 목련도 아닌, 어느 것의 모습도 갖지 못한 채로 죽어버릴 것이다. 마찬가지로 아이를 키우는 데도 너무 무지하거나 무관심해서 제때에 적절하게 자양분을 공급해 주지 못해 자녀교육에 실패하거나, 장미가 목련이 되기를 바라는 것처럼 과잉 기대감에 분별없이 유행을 쫓아 아이의 적성과 잠재능력에 대한 정확한 이해없이 조기교육이니 영재교육이니 하는 것들에 열을 올리다가 자녀교육에 실패하는 부류도 있다. 대부분의 경우 아이들의 생각과는 다르게 부모가 원하는 대로 자라주기를 바라는 마음에, 아이들을 너무나 '사랑'하기 때문에 아이들과 부모는 다른 열매를 맺게 된다.

유대인은 우수한 민족이라고들 한다. 선천적으로 우수한 유전자를 지닌 민족인가? 많은 연구들은 '유대식 자녀교육의 지혜'에 있다고 밝히고 있다. 5천년 동안 나라 없는 민족으로서 박해와 고난을 받으면서, 독자적인 생존방법과 세계를 앞서가는 지혜를 체득한 것이다. 본문 중에도 언급하고 있듯이 이러한 지혜의 원천은 「탈무드」를 통한 유대식 자녀교육법이다. 남보다 뛰어나기보다는 남과 다르게 키우려는 유대인 부모들의 지혜를 돌이켜 보면서 그렇다면 한국식 자녀교육의 지혜는 무엇인가? 한국판 탈무드는 없을까? 학자로서 또한 학교 운영자로서 평소에 관심을 두어왔고 기대해왔던 한국 교육의 화두다. '스승의 10년 가르침이 어미 열 달 뱃속의 가르침보다 못하다'는 우리 선조들의 말을 그대로 믿지는 않더라도 우리에게는 우리만의 전통적인 태교 방식과 자녀교육법이 있다. 요즈음 개인적으로나 국가 정책으로나 중점을 두고 있는 영재교육이다 조기교육이다 하는 것들이 시대 흐름상 반드시 연구되고 도입되어야 한다. 아쉬운 것은 국적 없는 종자가 아니라 우리 토양에 맞는 종자를 배양해야 할 것이다. 우리에게도 지혜와 슬기로 아이들을 키웠던 우리 선조들의 한국적 자녀교육법이 있었다. 더욱이 왕조의 신분사회였던 우리의 근대사에 있어서 왕실에서의 자녀교육은 최고의 양육법이었으리라고 누구나 생각하고 있고 또한 알고 싶어한다. 아쉽게도 역사적 사실에만 근거하여, 제도상의 항목들만 나열하고 있는 아쉬움이 있었으나 이번에 김진희 박사와 이기문 박사 부부내외가 자녀를 올바르게 키우려는 마음처럼, 많은 자료에 근거하여 우리의 선조와 특히 왕실에서의 자녀에 대한 개별화 교육이자 평생교육의 차원에서 행해졌던 조선왕실교육을 상세히 소개한 것은 우리 교육은 무조건 별 볼일 없고 서양교육의 제도와 내용만을 본따려고 하는 최근의 국가교육정책과 특히 젊은 부모들에게 주는 시사점이 크다할 것이다.

　더욱 구체적인 연구가 주어져 우리에게도 퇴계 이황 선생이나 율곡 이이 선생 등이 정립해 놓은 훌륭한 자녀교육법을 오늘날의 현실과 토양에 맞게 적용시킨 연구물이 이어질 것으로 기대한다. 나아가 참다운 한국식 자녀교육법의 정립에도 본서가 한몫을 차지하리라 생각하며 부디 이 책이 자녀교육에 누구보다도 많은 관심과 노력을 기울이는 우리 나라의 부모들에게 소중히 쓰였으면 하는 바람으로 누구에게나 기쁘게 권하고 싶다.

서울스포츠대학원대학교 총장
김 중 영 敬具

[들어가는 말]

한국 전통사회에서 우리 선조들은 혼인식을 당사자들의 행복을 추구하기 위한 의식으로서 뿐만 아니라 건강하고 총명한 자녀를 낳아 훌륭히 양육하여 좋은 가문으로 이어가려는 것에 더 큰 의미를 두었던 것으로 여겨진다. 잉태 전에도 부모가 마음가짐과 행동면에서 정성을 기울여야 했고, 생명체를 잉태한 순간부터 하나의 인격체로 여기고 태아기를 인격형성 과정의 중요한 시기로 보고 태교(胎敎)를 실천하려고 노력하였다.

옛말에 "1년 앞을 내다보면 꽃씨를 심고, 10년 앞을 내다보면 나무를 심고, 백년 앞을 계획하면 사람을 심으라."라고 했다. 독일의 철학자 칸트도 "사람은 원래 야수와 같으나 교육에 의해 인간이 될 수 있다."라고 했다. 우리의 선조들은 결혼관부터가 종족의 보존과 건강한 자손의 생산에 큰 의미를 부여했으며 인간의 양육은 태교를 통해서 잘 이루어진다고 생각하여 훌륭한 분들은 이러한 교육을 지혜롭게도 잘 실천했다하니 어느 면으로는 미래지향적인 가정관과 사회관을 가졌었다고 볼 수 있다. 특히 나이를 계산할 때, 서양이나 가까운 일본과도 달리 태중에 있던 10개월을 가산하여 태어날 때 1살로 부르는 것도 이러한 사회관을 뒷받침해 준다.

일찍이 삼국시대로부터 역대 왕들은 통치권자로서 성인의 가르침을 바탕으로 백성을 위한 덕치를 중시하였다. 이를 위하여 왕이 권좌에 재임 중에도 선정(善政)을 위한 당위적 자기 수련과 제도적 교육이 개별적이면서도 평생에 걸쳐 지속적으로 시행되었음을 여러 문헌을 통하여 엿볼 수 있다. 또한 앞으로 이상적인 군주로서의 자질과 경륜을 갖추어 왕조계승에 있어 부족함이 없는 후계자로의 양성은 무엇보다도 중요시되어 이를 위해 원자가 태어나기 전부터 의도적이고 체계적인 교육이 있었다.

비록 차이는 있으나 삼국시대에서부터 나라별로 특색을 지니면서 왕세자

교육이 시행되다가, 고려조 후기에 들어 정착한 후 조선조에 이르러 유교의 교학(教學)정신이 통치이념으로 등장하면서 궁중에서도 체계적인 왕자교육이 정비되었다. 조선시대 왕위는 비록 아버지에게서 아들에게로 세습되었지만, 그냥 물려받는 것이 아니라 한 나라의 흥망성쇠가 그 지도자에게 달려 있었다 해도 과언이 아니었기에 왕으로서 국정을 이끌어 갈 자격을 갖추어야 했다. 선행조건으로 왕으로서의 덕목을 갖추기 위한 교육은 매우 중요시 여겨졌으며 부모로서 왕과 왕비의 정성과 교육열은 대단하였고, 또한 왕세자 교육은 국가적 차원에서의 과업이었다.

일반 사회인으로부터 왕실에 이르기까지, 잉태하기 전에 부모로서 절제하고 잉태를 준비하는 임신 전 태교로부터 잉태기간 중에 부모의 마음가짐과 정서, 음식 그리고 언행 등을 구별함으로써 장차 태어날 아이나 원자에게 좋은 영향을 미치게 하려는 임신 중의 태교가 적극적으로 시행되었다. 이러

황제와 왕, 세자와 태자의 호칭

중국에서는 전통적으로 국왕을 일컬어 하늘의 제왕임을 상징하는 천자(天子) 또는 황제(皇帝)로 칭했다. 또한 왕이라는 명칭도 사용했는데 어느 한 지역의 자치권을 부여받고 통치하는 자를 일컬어 구별하였다. 우리 나라의 경우, 삼국시대까지 황제라는 칭호 대신 대왕(大王)이라는 호칭을 사용하여 민족자존 의식을 상징하였으나, 고려 말 원(元)나라의 간섭을 받으면서 왕(王)이라는 명칭을 사용하기 시작했다. 국왕의 적장자를 일컫는 호칭도 고려전까지는 태자(太子)로 칭하다가 원나라의 간섭 이후 세자(世子)로 줄곧 불려왔다.

한 점은 삼국시대의 태점(胎占)이나 태몽(胎夢)에 관한 기록으로도 알 수 있으며, 유학이 고려 말에 우리 나라에 들어오면서 6세기경 중국의 남북조 시대에 부분적으로 태교를 다루고 있는 열녀전 등이 전해져 읽혀왔고 이를 통해 선조들은 태교를 실천하였다.

태교에 대한 구체적인 기록으로 가장 오래된 것은 고려 말기 정몽주의 어머니 이씨가 쓴 「태중훈문 (胎中訓文)」을 들 수 있으며, 조선시대에는 허준의 「동의보감」을 비롯하여 율곡 이이가 쓴 「성학집요」, 빙허각 이씨의 「규합총서」 등에서 부분적으로 태교를 다루고 있다. 체계적인 태교연구는 사주당(師朱堂) 이씨에 의해 집대성된 「태교신기(胎教新記)」에서부터 시작되었다고 할 수 있으며, 「소학」, 「열녀전」 등과 함께 지금까지 태교를 실천하는 데 주요 지침서 역할을 하고 있다.

조선 왕실에서는 임금이나 세자의 첫 아들인 원자가 태어남과 동시에 〈보양청(輔養廳)〉을 설치해 건강하고 총명하게 자랄 수 있도록 보호와 양육을 담당하게 했다. 좋은 음식과 바른 말 그리고 바른 일 등을 보고 들으며 자라 성군으로서 인의예지의 덕이 몸에 배어, 이로써 장차 나라를 태평하게 다스리도록 하는 데 목적을 두었다. 원자가 자라 대략 3세에서 4세가 되어 인지가 발달하고 글을 배우기 시작할 무렵이면 세자 책봉 전 조기교육을 위해 국가에서 임시기구로 〈강학청(講學廳)〉을 설치하여 체계적인 교육을 시작하였다. 강학청에서 원자는 아침, 점심, 저녁에 매일 3회씩 정규적으로 수업을 받는데 「천자문」, 「동몽선습」, 「격몽요결」 등을 가르쳤다.

원자가 성장하여 대략 8세에서 10세 혹은 13세에서 15세쯤 되면 세자 책봉례를 행하게 된다. 세자 책봉례는 공개적으로 왕이 원자를 세자로 책봉(册封)한다는 공식 임명서를 수여하는 의식으로 먼저 조정의 대신들이 원자의 나이와 학문 수준 그리고 인격적 도야 등을 살펴보아 세자로서의 자격을 갖추었다고 판단되면 왕에게 세자로 책봉할 것을 요청하였다. 세자책봉에 관하여는 「국조오례의」에 상세히 기술되어 있는 바, 대신들의 요청에 의해 왕이 결정하여 봄철 좋은 날 대궐 정전의 뜨락에서 책봉례를 행하였다.

책봉을 받은 세자는 본격적으로 학문의 길에 들어선다는 입학례(入學禮)를 곧 행한다. 왕세자가 입학례를 거행하기 이전에 초보교육(대체로 소학을 수강할 수 있는 수준)을 받았으므로 당시의 입학례는 오늘날의 취학과는 그 성격을 달리하며, 유교적인 의전절차로 보는 것이 타당할 듯하다. 길일을 잡아 성균관에 가서 공자에게 절하고 스승이 될 박사에게 사부가 되어줄 것을 청한 후, 박사가 수락하면 박사에게 검소한 예물로 고마움을 전하고 - 예물이라야 베 다섯 필과 감주 한 병 그리고 건어포가 전부였다고 한다 - 박사가 강의하는 논어를 따라 읽고 뜻을 풀이하며 수업의식을 진행한다.

성균관 입학례를 마친 왕세자는 시강원(侍講院)에서 본격적으로 개별교육이면서도 평생교육 개념의 특수교육을 받았다. 성군과 효자, 효제(孝悌)가 되기 위해 「효경」, 「논어」, 「맹자」, 「중용」, 「대학」, 「주역」, 「예기」, 「춘추좌전」 등 유교의 옛 경전 등을 익혔다. 군주로서 요구되는 식견과 능력을 배양하는 제왕의 통치술도 아울러 배웠다. 건강교육에 대하여서는 조선조 초기에 무강(武講)이 설치되어 담당하였으나, 점차 체육이 등한시되어 세자가 허약해지고 궁중생활에서 오는 무절제한 사생활로 인하여 단명하기도 하였다.

조선조를 통하여 전반적으로 왕세자들은 제왕으로서 덕목을 갖추기 위하여 공부를 게을리 하지 않은 것으로 문헌에 나타나지만, 공부를 게을리 했다가 세자의 자리에서 폐위를 당하기도 했다. 태종은 양녕대군이 공부를 게을리 하자 세자의 공부 시간, 학습 방법, 지도 교사 등에 대해서도 관여하며 간섭했다. 양녕대군이 반성하여 종묘와 주상(태종 17년)에게 일종의 반성문을 올리기도 하였지만, 마침내 왕세자의 자리에서 폐위 당하여 폐세자가 되고, 셋째인 충녕대군, 즉 4대 세종에게 세자의 자리를 물려주어야 했다.

최근 과학의 발달과 실용적인 서구문명이 도입되면서 교육에 있어서의 후천설 - 즉 태어날 때의 유전적 요소보다도 태어난 후 사회환경과 교육이 아이의 성장에 있어 정서, 지능, 성품 등을 형성하는 데 더 많은 영향을 미친다 - 이 한때 지배적이어서 우리 교육환경에도 많은 영향을 미쳤다. 그러나, 논란이 계속되는 가운데 현대의 유전공학 등이 발달하면서 태아학(embriology)과 관련한 여러 가지 임상실험 결과, 인간의 성장 및 발달에 있어 환경적 요소와 함께 태교를 비롯한 유전적 요소의 중요성이 입증됨으로써 태교를 재인식하기에 이르렀다.

우리 사회는 민주주의 사회이며 그 주인은 국민 한 사람 한 사람이다.

세자의 스승인 박사

입학례에 있어서의 박사는 단순한 관직명이 아니었고 세자의 스승으로 추대되는 존칭이었다. 당시 세자의 입학례에 있어서 박사로 추천된다는 것은 당사자로서도 최대의 영광이며 사림(士林)의 자랑이며 선망의 대상이었다. 박사로 추대된 인물은 대개 고위관직자이며 주로 대제학(大提學) 현임 중에서 선발되었는데, 대제학은 홍문관, 예문관 소속이면서도 본인이 사임하지 않는 한 종신직으로 보장된 직책이었던 것으로 보아 당시 당파나 정쟁을 떠나 편견없이 세자의 스승으로서 최적이었다 할 것이다.

2001년 센서스에 의하면 우리 나라의 출생률은 점차 줄어 1.4명에 이른다고 한다. 한 가정에 자녀가 한 명, 많아야 두 명인 셈이다. 한 가정에 있어서는 이 아이가 바로 가문을 이어갈 왕세자이며, 한 국가로는 주권을 행사할 군주인 것이다. 최근에 상영되고 있는 영화 '가문의 영광'에서처럼 내 아이가 우리 가문의 영광을 이어 나아갈 수도 있고, 한 나라의 어진 군주가 되거나 아니면 어리석은 군주나 폭군이 될 수도 있다. 사교육비 지출 세계 1위, 이혼율 세계 3위라는 이율배반적인 최근의 통계나, 서구 교육제도로부터 차입하여 또다시 사교육 시장에서 상업적으로 활용되고 좋은 학교 보내기 위한 수재(秀才)만들기에 급급한 국적없는 영재(英才)교육이나, 한 분야에 있어서도 전문성을 갖지 못하면서 전과목에 성적이 우수하기를 바라며 똑똑한 바보들만을 양산하는 오늘날의 교육제도로부터 하루 빨리 벗어나야 한다. 우리 교육의 뿌리를 찾아 선조들의 지혜를 파악하여 인식하고 실천함으로써, 자녀들을 보다 지혜롭고 효성스러우며 부모에게 공경하고 형제 친구간에 우애있는 자식으로 키우기 위한 현명하고 유능한 부모로서의 자질을 갖추는 데 도움이 되리라 믿으면서 이 책을 감히 세상에 내어놓는다. 부족한 점은 저자의 몫이나 이 책의 지속적인 테마처럼, 자식을 놓았으면 잘 키워야 하듯이 이 책이 더욱 실용적이고 알찬 내용이 되기 위해서는 강호(江湖)의 선후배들의 어진 편달을 바란다.

조선왕조가 법적 제도와 생활윤리지침 및 종교적 근본을 유교(儒敎)에 두었기 때문에 오늘날 종교의 자유와 정보의 공유가 허용되는 현 상황에서 현대의 실정에 맞는 현실적인 교육적 대안은 또 다른 한 권의 책으로 엮으려 한다. 또한 인용했던 문헌들의 대부분이 한문으로 된 원서들이나 영인본을 활용하였기 때문에 고어체가 많아 가독성이 떨어지는 점에 대해서도 양해를 구한다. 역사라는 거울을 통해 우리의 조상들과 우리 세대 사이에 연결된 뿌리를 확인하고, 버릴 것은 버리되 취할 것은 적극적으로 취하여 우리의 얼이 튼튼히 박힌 교육과 정신문화의 토대 위에서만이 우리네 정치와 경제도 바로 큰다. 과거라는 좌표이전의 문제를 벗어나 시행착오를 반복하지 않는 민족이라야 이 무한경쟁의 시대에서 살아남을 수 있고, 문화의 뿌리가 깊고 넓은 민족이라야 위기상황에 봉착하더라도 그 뿌리를 부여잡고 정신적으로 흔들리지 않지 않겠는가!

　역사로 고개를 돌리게 되는 것은 바로 이 때문일 것이다.

2003년
저　　자

[차례]

1장
원하는 아이를 낳는 왕실 태교

건강하고 영리한 아기를 출산하여 영재로 키우고 싶은 부모의 마음은 예나 지금이나 다르지 않을 것이다. 특히 요즘은 한둘의 자녀를 두고 있는 가정이 많아지면서 영재교육의 중요성이 더욱 강조되고 있다. 한때 미신으로 치부되기도 했던 전통 태교의 효과와 내용들이 최근 들어 과학적으로 입증되면서, 태교는 과학이라는 등식이 유행할 정도로 태교에 대한 인기가 높아지고 있다. 신세대 어머니들 사이에서도 영재교육은 뱃속에서 시작된다는 분위기가 확산되고 있다.

일찍이 동양에서는 아기의 인성형성을 태아 때부터라고 여겼기 때문에 태교를 중요시해 왔다. 전통사회에서는 임신하기 전 올바른 합방의 마음자세부터 임신 중 몸가짐에 이르기까지 임신부에게 좋고 나쁜 것을 일일이 따져 지킬 것을 요구했다. 아기를 낳은 후 어떻게 키울 것인가 하는 문제 못지 않게, 태어나기 전의 임산부의 역할을 중요하게 여겼던 탓이다.

태교란 말 그대로 뱃속에 있는 태아를 교육한다는 뜻이다. 태아를 하나의 인격체로 인정하고 존중하는 데서부터 태교는 시작된다. 임신부는 출산하는 날까지 매사에 조심하고 나쁜 생각이나 거친 행동을 삼가야 한다. 편안한 마음을 유지하여 태아에게 정서적, 심리적, 신체적으로 좋은 영향을 줄 수 있는 환경을 만드는 데 정성을 다할 책임이 있는 것이다.

뱃속에 있을 때부터 형성된 어머니와 태아의 친밀한 유대관계는, 보다 건강한 아기를 출산하는 데 결정적인 요인으로 작용한다. 임신 중인 어머니의 마음가짐과 언행이 곧바로 태아에게 영향을 미친다는 것은 이미 알려진 사실이다. 임신 기간동안 어머니가 보고, 듣고, 느끼며 생각하는 모든 사고와 행동은 태아에게 직접적으로 영향을 준다. 나아가 출생 후의 성격이나 용모 등 전반적인 성장 과정과도 이어져 있다. 이렇듯 태교는 한 인간의 올바른 인성을 만드는 중요한 토대가 되는 것이다.

중국을 통해 태교가 처음으로 들어왔을 때는 왕족이나 상류층에서만 특별하게 이루어지다가, 점차 서민층으로 알려지기 시작하였다. 오늘날은 삶의 질이나 여건이 예전과 비교할 수 없을 정도로 풍부해지고 평균화되었기 때문에, 누구나 옛날 왕실의 왕세자 못지 않은 환경에서 건강하고 영특한 자식을 낳아 기를 수 있다. 자녀를 왕세자처럼 키우고 싶은 마음은 모든 부모의 한결같은 바람이자 희망이다. 옛 문헌에 나타난 전통 태교의 가르침을 요즘에 맞게 응용하여 실천한다면, 반드시 건강하고 총명한 아기를 낳을 수 있을 것이다.

1. 문헌에 나타난 전통 태교

TV의 사극을 보면 대를 잇기 위한 필사적인 가족들의 노력이 나오는 것을 종종 접할 수 있다. 태아가 잘못되면 당연히 임산부의 죄악으로 여겼기 때문에 몸가짐을 각별히 조심할 것이 강요되기도 한다. 우리 나라의 어른들은 임신한 며느리에게 각별한 관심을 보이는 것을 볼 수가 있다. 바깥 출입은 물론이고 모든 행동에 각별한 주의를 해야 한다. 우리 전통사회는 유교적 관념이 지배적이었기 때문에 대를 잇는다는 것은 중요한 일이 아닐 수 없었다. 어머니의 역할은 살림만 하는 '안 여자'로 국한될 수밖에 없는 사회였고, '열 농사 중에 자식 농사'라는 말이 있을 정도로 여러 살림의 역할보다도 양육의 중요성이 강조되었다. 우리 나라는 유교사회이기 때문에 유명한 다산사회였다. 물론 그 시대에는 피임이 일반적으로 통용되지 않았기 때문에 생기는 대로 낳는 것이 다반사였다. 결혼은 곧 자식 농사로 이어지는 것이었다. 아무래도 부인네들의 출산에 대한 역할은 강조될 수밖에 없었다.

　　태교와 관련된 옛 문헌들을 보면, 전통사회에서 임신부가 실천해야 할 올바른 말과 행동, 마음가짐에 대해 금기사항을 들어가며 자세하게 기록하고 있다. 나쁜 말을 듣지 말고, 나쁜 일을 보지 말고, 나쁜 생각은 품지도 말라며 특히 임신부의 몸가짐에 대한 항목을 많이 다루고 있다. 대신에 아름다운 글귀를 항상 듣고, 선현의 유명한 구절을 외우며, 시나 붓글씨를 쓰고, 거문고와 같은 품위있는 음악을 들으면서 교양과 품성에 도움이 되는 행동을 하도록 권하고 있다.

　　「태교신기」에 따르면 임신부가 가까이 두고 보아야 할 것으로 신선의 그림이나 공작, 금관, 옥으로 만든 패물 등을 들고 있다. 태아가 가장 실현하기를 기대하는 것들을 바라보며 임신부가 심리적으로 안정을 갖도록 하였다. 아름다운 것을 보고 들으면 마음이 즐거워지고 이로 인해 태아의 심성과 건강이 좋아진다는 것을 일찍이 간파한 옛사람들의 지혜로운 삶을 엿볼 수 있다. 늘

자세를 바르게 하고 몸가짐을 신중하게 하라는 옛 가르침은 요즘 같이 복잡한 현대생활에서도 필요한 덕목임에 틀림없다.

중국에서 들어온 태교는 고려·조선시대를 거치면서 오늘날까지 유구한 역사를 가지고 이어져 왔다. 전통 태교가 일반 민간에까지 널리 알려지게 된 것은 유교문화가 형성되기 시작한 고려시대부터다. 태교에 관한 가르침이 최초로 나오는 우리 나라의 문헌은 고려 말기 정몽주의 어머니인 이씨 부인이 쓴 「태중훈문」이다. 임신부의 마음가짐과 태교의 중요성에 대해 다음과 같이 밝히고 있다.

"여인이 아기를 잉태하면 옛 성현들의 가르침과 지나간 행적을 더듬고, 그에 관한 문헌을 읽으며, 이를 선망하고 사모하며, 성인군자와 같은 자식 낳기를 진심으로 소원하며 마음으로부터 일반 사람들이 하기 힘든 일도 기꺼이 감당해야 한다."

—「태중훈문」

전통사회에서는 여인이 아기를 가지게 되면, 옛 성현들의 훌륭한 가르침을 배우고 본받으며 실천하는 것을 주요 덕목으로 여겼다. 총명하고 지혜로운 자식을 낳고 싶다면 임신부는 일반 사람들이 하기 힘든 금욕적인 삶을 기꺼이 감당하고 실행해야 함을 가르치고 있다. 예나 지금이나 똑똑한 자식을 보고 싶은 부모의 마음은 다르지 않음을 알 수 있다. 교훈이 담긴 선현들의 명문을 읽고 배우면 임신부의 마음이 만족스럽고 즐거워질 것이다. 이로 인해 태아의 심성과 건강도 좋아지는 것이다. 숙종 때 학자였던 송시열은 「계녀서」에서 태교의 중요성을 다음과 같이 말하고 있다.

"여인이 아기를 잉태했을 때, 음식을 조심해서 먹고, 바르게 누워서 잠을 자며, 항상 몸을 단정히 하면 아름다운 아기를 낳을 수 있다. 대개 자식은 그 어머니를 닮게 마련인데, 10개월 동안 뱃속에 있었던 아기가 어머니를 닮는 것은 당연한 이치다."

—「계녀서」

　　어머니가 하는 말과 행동, 생각은 그대로 태아에게 전해지므로, 임신부는 항상 바르고 단정한 행동을 해야 한다는 내용이다. 임신부가 지켜야 할 금기사항을 지적하면서 그만큼 태교가 중요한 것임을 강조하고 있다. 임신부는 전통 태교에서 권하는 좋은 음식을 먹어야 하며, 예로부터 금기하는 음식은 입에 대지 말아야 한다. 바르게 누워 잠을 자야 하며, 항상 몸을 단정하게 해야 바르고 아름다운 아기를 얻을 수 있다고 하였다. 음식을 먹을 때도 맛보다는 반듯한 모양을 먼저 따져, 늘 모양이 바르고 예쁜 것을 먹도록 하였다. 또 모양이 반듯한 것을 보아야 하고, 늘 바른 자세와 마음가짐을 잃지 않아야 함을 끊임없이 강조하고 있다.
　　왕명에 의해 이율곡이 편찬한 「성학집요」의 〈교자〉편에는 임신부가 지켜야 할 행동에 대해 자세하게 쓰고 있다. 다음과 같은 율곡의 기록은 어머니 신사임당으로부터 비롯된 것임에 틀림없다.

"옛날부터 부녀자가 임신을 하면 옆으로 누워서 자는 것을 하지 않았고 비스듬히 앉지도 않았다. 또 한 발로 일어서지도 않았으며 맛이 이상한 음식이나 생김새가 바르지 않은 것도 먹지 않았다. 이처럼 잠자는 것, 앉는 것, 보는 것, 먹는 것, 말하고 행동하는 것이 모두 바르면 태어나는 아기의 모습도 바르고 용모가 단정하며 재주가 뛰어나다."

ㅡ「성학집요-교자편」

「계녀서」에서 밝히고 있는 태교 내용과 거의 비슷한 것을 알 수 있다. 옆으로 누워 자는 것을 금하였고 비스듬히 앉거나 한 발로 일어서지 말라고 하였다. 또 상한 음식이나 모양새가 바르지 않는 음식을 금하였다. 임신부는 잠자는 것부터 먹는 것, 보고 말하는 것까지 모두 바르게 행동할 때 용모가 단정하고 반듯한 아기를 낳는다고 가르치고 있다. 임신 초기부터 허리를 펴고 반듯한 자세를 취하면 임신 중 골반이 비틀어지는 것을 막아주고 요통까지 방지할 수 있다고 현대의학은 말하고 있다. 또한 인간의 모든 장기는 척추에 수직으로 붙어 있기 때문에 옆으로 자는 것은 장기에 무리한 힘을 덜어 준다. 특히 엎드려 자는 것은 치명적이라고 할 수가 있다. 언제나 바른 자세를 생활화하는 것은 바로 산전체조의 시작이 되는 셈이다. 한편 임신부의 눕는 자세와 관련하여 비스듬히 기대거나 옆으로 눕는 자세를 취하는 것이 태아에게 좋다고 말한다.

조선을 대표하는 훌륭한 어머니상으로 꼽히는 신사임당은

일찍이 태교에 관한 중요성을 깨닫고 태교의 가르침을 따랐다. 신사임당이 율곡이라는 훌륭한 학자를 낳고 기른 것은 우연이 아니라, 어머니인 신사임당의 태교 덕분이었음을 감지할 수 있다. 좋은 어머니에 훌륭한 아들은 당연한 결과라 하겠다.

이밖에 「동의보감」이나 「규합총서」, 「태교신기」와 같은 문헌에서 태교에 대한 가르침이 전해져 오늘날까지 이어오고 있다. 선조의 어의로 있었던 허준은 「동의보감」에서 태교의 중요성을 의술과 관련지어 다음과 같이 지적하고 있다.

"수태 중에 어머니가 화를 내면 태아의 피가 병든다. 어머니가 두려워하면 태아의 정신이 병들고, 근심하면 기운이 병들고, 크게 놀라면 태아가 간질을 앓게 된다."

ㅡ「동의보감」

오늘날까지도 널리 이용되고 있을 정도로 알려진 「동의보감」에 의하면 태교가 잘못되었을 경우 아기에게 치명적인 질병을 가져올 수 있다고 경고하고 있다.

임신부는 늘 마음을 편하게 가지고 태교에 임해야 정서적으로 건강한 아기를 낳을 수 있다. 임신 기간 중에 어머니가 화를 많이 내거나 두려워하고 근심하면 태아의 몸과 마음에 큰 병을 안기게 된다고 어의로서 지적하고 있다. 특히 임신부가 너무 크게 놀라 충격을 받게 되면 태아가 간질을 앓을 위험이 높다고 하였다. 어머니가 겪는 무심한 감정들이 태아에게는 나쁜 영향을 끼칠 수 있다니 한시라도 태교를 잊어서는 안 된다는 결론이 나온다. 어머니의 사소한 감정변화가 장차 태어날 아기의 앞날을 망치는 결과를 가져올 수도 있다는 것을 완곡하게 지적하고 있다. 한평생을 살면서 2세를 낳아서 기르는 일처럼 힘들고도 귀중한 일도 아마 없을 듯하다.

영조시대 빙허각 이씨가 지은 「규합총서」에는 태교 중 임신부의 적절한 휴식에 대해 다음과 같이 밝히고 있다.

"일을 과하게 하여 몸을 상하게 말고… 많이 자거나 오래 누워 있지 말고 때때로 거닐어라. 달이 찬 뒤에 머리를 감지 말고 높은 뒷간에 오르지 말라."

—「규합총서」

잠을 너무 많이 자거나 오래 누워 있지 말라는 금기는 여러 문헌에서 언급하고 있는 내용이다. 「규합총서」에는 임신부가 과로하여 몸을 상하게 하지 말라고 이르고 있다. 자칫 유산으로 이어질 가능성이 높기 때문이다. 그러므로 임신 중엔 특히 과로를 피하고 휴식을 취할 것을 권하고 있다. 그러나 지나친 휴식은 태아의 체중을 늘리게 되어 자칫 난산을 초래할 수 있으므로 때때로 산책하듯 걸으라고 하였다. 200백여 년 전에 이미 적절한 휴식과 운동이 유산이나 조산을 예방할 수 있는 길이라는 사실을 어떻게 알았을까? 아마도 오랜 경험을 통해 자연스레 녹아든 살아 있는 태교 방법이었을 것이다. 또 해산달에는 머리를 감지 말고 높은 곳에 올라가지 말라고 하였다. 해산달에 머리를 감는다고 엎드리게 되면 임신부의 배를 압박하여 태아에게 저산소증을 유발할 수도 있다는 것이 현대의학의 견해이고 보면, 선조들의 지혜로움에 다시 한 번 놀라움이 앞선다. 해산달의 태아는 신생아와 같기 때문에 특히 몸가짐을 조심하라는 뜻을 담고 있다.

「태교신기」는 사주당 이씨가 4명의 자녀를 낳고 기르면서, 실제로 겪은 경험을 토대로 만든 책으로 동서양을 통틀어 태교에 관한 전문서적으로는 최초의 문헌으로 가치가 높다. 태교의 중요성을 비롯하여 임신부의 몸과 마음가짐, 음식과 행동에 관한 금기사항, 가족들이 지켜야 할 행동지침 등을 폭넓게 다루고 있다. 특히 남편에게도 태교의 책임이 있다는 것을 강조하고 있다.

"태교란 임신부 자신뿐만 아니라, 온 집안 사람들이 서로 조심하고 화난 일을 드러내지 말고, 천하고 흉한 일도 알려서 두렵고 놀라게 하지 말며, 난처한 일도 알리지 않는 것이다. 이는 임신부가 놀라게 될까 염려하기 때문이다. 자식이 어미에게서 나는 칠정(七情)을 닮기 때문에 임신부를 대접하는 도리는 기쁨, 즐거움, 성냄이 혹 지나치지 않도록 한다. 임신부의 곁에 언제나 선한 사람을 두어서 거동을 도와주고 온전히 본받을 말과 법을 알려주고, 게으르고 사기로운 마음이 일어나지 않도록 대접해야 한다."

－「태교신기」

태교란 임신부 혼자 하는 것이 아니라, 온가족들의 지지와 역할이 뒤따라야 한다는 것을 강조하고 있는 대목이다. 우리의 전통사회에서는 "아이 밴 여자의 세도같다."라는 말이 전해질 정도로 임신부에 대한 대접이 각별했으며 가족들의 협조도 적극적이었다. 임신은 임신부뿐만 아니라 온가족의 일이며, 태교 역시 온 집안 식구들이 함께 힘써야 하는 일이라는 생각이 지배적이었다. 건강하고 착한 아기를 기다리는 일은 가족 모두에게 축복이므로 임신부의 특별한 대우는 마땅한 것이다.

「태교신기」에서 말하는 칠정이란 사람이 느낄 수 있는 일곱 가지 감정을 나타내는 것으로 기쁨, 성냄, 설움, 주림, 사랑함, 미움, 욕심을 일컫는다. 임신부의 감정은 모두 태아에게로 옮아가기 때문에 주위 사람들은 임신부가 칠정의 감정들을 지나치게 느끼지 않도록 늘 배려해야 한다. 이와 관련하여 「태교신기」에는 임신부를 위해 가족들이 조심해야 할 몇 가지 금기사항을 강조하고 있다. 임신부가 있는 집안은 모든 사람이 항상 거동을 조심해야 하며, 임신부가 놀라거나 화나는 일은 아예 만들지 않아야 한다고 이르고 있다. 또 임신부에게 걱정이 될만한 말이나 두려워할 말을 들려주지 않아야 한다. 대신에 임신부 곁에 좋은 사람을 머물게 하여 늘 옆에 있으면서 도와주도록 하고, 함께 있는 사람이 마음을 기쁘고 편안하게 해 주어야 한다. 아울러 주변 사람들이 본받을 수 있는 좋은 말을 끊임없이 들려주는 것이 좋다고 하였다. 또 태교 중에는 항상 마음을 맑게 하고 고요하게 하며, 머리와 몸가짐은 물론 입과 눈을 단정하게 하여 게으른 마음, 나쁜 마음, 편벽한 마음이 들지 않도록 경계할 것을 이르고 있다.

임신부가 지켜야 할 금기사항은 헤아릴 수 없이 많다. 「태교신기」는 다음과 같이 임신부가 가져야 할 정서적 마음자세와 올바른 몸가짐을 가르치고 있다.

"임신부는 굿거리, 잡 노래와 시장에서 시끄럽게 떠드는 소리와 아낙네 잔소리와 꾸중, 술 주정, 분한 욕질하는 소리와 서러운 울음소리를 듣지 말 것이며, 오직 마땅히 사람이 들어서 좋은 글을 외우고 읽거나 거문고를 켜거나 들을 것이다."

—「태교신기」

굿거리나 잡 노래, 시장에서 들리는 시끄러운 소리 등은 임신부의 정서를 불안하게 하는 요인이 되므로 가능한 조용한 환경에서 태교에 임하기를 당부하고 있다. 또 심하게 꾸짖거나 욕하는 소리, 술 먹고 주정하는 소리, 서럽게 우는 소리도 듣지 말라고 이르고 있다. 임신부는 항상 말과 행동을 바르게 해야 하며 나쁜 소리는 가려서 들어야 한다. 나쁜 소리를 접하기 쉬운 장소에 가는 것도 삼가야 한다. 사람이 받는 스트레스 중에서 소음의 스트레스는 실로 막대하다. 특히 임신을 한 후 몸의 밸런스가 변화할 때는 심신이 안정되기가 힘들고 소음으로 인한 스트레스는 불안감과 피곤함을 더욱 가중시킨다. 대신에 좋은 글을 읽거나 거문고 소리를 들을 것을 권하고 있다. 정서적인 긴장을 유발하는 불안이나 공포, 스트레스는 태아의 성장을 방해하고 심하면 유산, 조산, 사산 등을 일으키기도 한다. 그러므로 임신부는 항상 온화한 감정과 편안한 마음을 갖는 것이 무엇보다도 중요하다.

"요즘 사람들은 아기를 가지면 괴이한 맛이 나는 음식을 먹
어 당장 구미를 돋우고, 서늘한 방에 거처하며 몸을 편케하여 심신
을 속이고, 마침내는 오래 눕고 늘 잠을 자매...(중략)... 그런 고로 해
산을 어렵게 하며 자식을 못나게 하여, 가문의 명예를 떨어뜨린 후
에 팔자를 원망한다."

―「태교신기」

「태교신기」에서 밝힌 이같은 기록은 태교를 소홀히 하면
못난 자식을 낳는다는 것을 경계한 말이다. 부모가 태교를 잘못해
못난 자식을 낳고서는 애먼 팔자나 운명 탓으로 돌렸던 것이다.
'잘되면 내탓이고 못되면 조상 탓'이라는 말과 상통하는 의미다.
임신부는 몸이 무거워 거동이 불편하고 훨씬 에너지의 소비가 많
아진다. 조금만 움직이더라도 쉬이 피로를 느끼는 것이다. 그러나
적절하게 몸을 놀리고 운동하지 않으면 태아 역시 운동이 부족하
게 된다. 그리고 운동하지 않은 임신부는 출산 시 훨씬 고생을
하게 된다. 유교적 농업 국가에서는 게으른 것은 죄악시되었고,
산모의 바른 자세를 강조하는데 어떤 것도 지나침이 없다고 생각
하는 옛 어른들에게 게으른 산모가 밉상스럽게 보이는 것도 당연
한 일이겠지만 의학의 관점에서도 운동부족은 피해야 한다. 산모
도 점점 처지게 되고 태아 또한 비만해질 위험이 크며 건강을 산
모의 직감으로 알아내기도 더욱 힘들어질 만큼 둔해질 수 있다.

「태교신기」에서는 임신부가 안전하고 편안한 몸가짐을 하는데 도움이 되는 여러 가지 금기사항을 구체적으로 제시하고 있다. 임신부의 휴식과 안위를 도모하기 위한 처방으로 태교 중에 지켜야 하는 작은 몸동작 하나에도 조심할 것을 경계하고 있다.

"앉아서 높은 곳에 있는 것을 내리지 말며, 서서 땅에 것을 집지 말며, 왼쪽에 있는 것을 오른손으로 집지 말며 오른쪽에 있는 것을 왼손으로 집지 말며, 어깨만 돌려서 뒤돌아보지 않으며, 해산달에 머리를 감지 마라. 임신부가 서거나 걸어다닐 때 한쪽 발에만 힘을 주지 말며, 기둥에 의지하지 말고, 위태로운 데 기대지 말며, 기울어진 곳을 오를 때는 서서히 하며, 내릴 때는 급히 서둘지 말며, 뛰어 건너지 말아야 한다. ...누을 때는 송장처럼 눕지 말고...산달에는 옷을 쌓아 옆을 괴고 잠자는 시간의 절반은 왼쪽으로 절반은 오른쪽으로 기대어 잔다."

—「태교신기」

이 내용들은 지금 사람들이 보기에도 조심해야 할 것들이다. 매사에 조심하지 못하면 위험한 일이 생길 수도 있기 때문이다. 특히 혼자 몸이 아님을 항상 명심해야 하는 임신부에게 경솔한 행동은 금물이다.

전통사회에서 대부분의 임신부는 오랜 경험에 의해 만들어진 여러 금기사항을 철저하게 지키려고 애쓰며, 매사에 모든 행동을 조심하고 금기사항을 실천하였다. 「태교신기」에서 밝히고 있는 금기사항들은 임신부의 유산과 조산 위험을 예방한다는 측면에서 오늘날에도 대단히 중요하게 다루고 있는 교육내용에 해당한다.

　　지금까지 옛 문헌에서 인용한 태교에 관한 내용을 보면 강조하는 것이 대동소이함을 알 수 있다. 태교란 모름지기 유별난 행사가 아니라 평소의 생활에서 올바르게 생각하고 행동함을 실천하는 것에 다름 아니다. 아기를 가졌다고 해서 어느 날 갑자기 유난을 떨면서 하는 태교는 제대로 된 태교가 될 수 없는 것이다. 태교란 평소 얼마나 몸과 마음을 바르게 관리했는가에 달려있다고 해도 과언이 아닐 것이다.

　　전통 태교에 관한 책을 쓴 사람들은 당시 덕과 학문을 겸비한 훌륭한 학자들이 대부분이다. 이런 결과는 우연이 아니라 훌륭한 어머니의 올바른 태교와 가르침에 근거를 두고 있는 것이다. 임신 중에 태교의 가르침을 당연하게 받아들이고 철저하게 실천한 노력의 산물이라고 할 수 있다. 당연히 아기는 어머니의 거울이므로 태교는 뱃속에 있을 때뿐만 아니라, 태어난 후 성장하는 과정에도 지대한 영향을 끼치게 된다. 제대로 한 태교가 훌륭한 자식을 키우게 된다는 사실에 절로 고개가 끄덕여진다. 임신부가 태아를 품고 있는 10개월의 중요성은 아무리 강조해도 지나치지 않을 것이다.

1) 임신 전의 태교 : 이럴 땐 합방하지 마라

전통사회는 오래 전부터 임신하기 전 부모의 마음가짐을 비롯하여 삼가야 할 음식이나 행동, 부성 태교의 중요성을 강조해 왔다. 태교라면 흔히 임신부의 음식과 행동을 삼가는 일이라고 생각 하기 쉽지만, 태교의 진정한 시작은 어머니가 아기를 갖기 전으로 거슬러 간다. 전통사회는 자녀교육의 출발점을 임신하기 전 부모의 마음자세에 두었기 때문이다. 사람답게 가르쳐야 한다는 우리의 전통적인 교육 관점은 출산, 임신 중에서도 특히 아버지의 태교로 잘 나타나고 있다. 최근 들어 제대로 실천한 태교가 자녀를 영재로 키우는 지름길이라는 인식이 늘면서 어머니뿐 아니라 아버지의 태교도 잇따라 중시되고 있다. 임신 전 부모가 올바른 마음가짐을 가져야, 태교 또한 순조롭게 진행될 것임은 당연한 것이다.

예로부터 선조들은 부부가 동침하는 날까지 엄격하게 제 한했는데, 이는 태교의 도가 남녀간의 교합에서부터 연유하며 그 책임은 전적으로 아버지에게 있음을 일찍이 인식했기 때문이다. 먼저 아버지로서 자신에게 떳떳하고 부끄럽지 않다는 확신이 들었 을 때, 부부가 잠자리를 해야 장차 반듯한 자식을 낳을 수 있다 는 것이다. 여기서 우리는 좋은 자녀를 낳기 위해 정성을 들였던 선조들의 엄격하고도 지혜로운 교육관을 엿볼 수 있다.

오늘날 남성들이 옛사람들의 이러한 마음가짐을 십분의 일이라도 감안하여 행동한다면, 매일 뉴스시간이나 신문지상에서 오르내리고 있는 미성년의 무분별한 임신이나 성폭행 사건같은 성과 관련된 범죄들은 상당부분 줄어들 것이다.

- 부성 태교의 중요성을 강조한 전통 태교

전통사회에서는 일찍부터 태교에서 아버지의 역할이 얼마나 중요한 지를 깨닫고 실천해 왔다. 그러므로 임신 전의 태교에서 어머니만큼이나 아버지의 역할이 강조되었던 것이다. 아버지의 태교는 뱃속에 있는 아기의 지적 신체적 발달에 커다란 영향을 끼칠 뿐 아니라, 훗날 가문의 흥망으로도 이어지기 때문이다. 이러한 태교 관습은 오늘날에도 적극 권장될만한 가치가 충분하다. 부성 태교의 중요성을 강조한 말 중에서 지금도 인구에 회자될 정도로 중요한 말이 있다.

"아비의 낳음과 어미의 기름과 스승의 가르침이 모두 한 가지다. 의술을 잘하는 자는 아직 병들지 아니함을 다스리고, 가르치기 잘하는 자는 태어나기 전에 가르친다. 그러므로 스승의 10년 가르침이 어미가 잉태하여 10달 기르는 것만 같지 못하고, 어미 10달 기름이 아비 하루 낳는 것만 같지 못하니라."

― 「태교신기」

사주당 이씨가 「태교신기」에서 밝힌 중요한 대목이다. 의술이 아무리 뛰어나도 병이 깊기 전에야 치료할 수 있고, 아무리 좋은 스승에게 배워도 선천적으로 총명함을 타고나야 훌륭한 사람이 될 수 있다. 훌륭한 스승이 10년을 가르쳐도 어머니가 10달을 뱃속에서 잘 가르침만 못하고, 어머니가 10달을 뱃속에서 가르쳐도 아버지가 하룻밤 부부 교합할 때 올바른 마음을 갖는 것만 못하다는 뜻이다.

쉽게 말하면 태어난 후 10년 동안 스승에게 배우는 것보다 어머니 뱃속의 10개월이 중요하고, 10개월의 태교 기간보다는 임신 전 아버지의 마음가짐이 더 중요하다는 의미다. 아기를 갖기 전 아버지의 청결한 마음가짐을 어머니의 태교 10개월보다 더 중요하게 받아들였을 정도로 전통 태교에서는 아버지의 태교와 역할을 강조하고 있다.

전통 태교의 큰 줄기는 뱃속의 가르침이 태어난 후 10년을 배우는 것보다 더 중요하다는 데 뿌리를 두고 있음을 알 수 있다. 때문에 올바른 성품을 가진 자식을 얻기 위해 임신 전부터 부모가 애써야 할 여러 실천 사항과 마음가짐을 강조하지 않을 수 없는 것이다. 임신 전 아버지의 마음가짐과 임신 중 10개월의 태교가 얼마나 중요한 것이었는지, 요즘 사람들은 딱히 실감하기 어려울 정도로 전통사회는 태교를 중요하게 여겼음을 알 수 있다.

- 부부가 합방해서는 안 되는 날

임신 전의 태교 방법은 「동의보감」을 비롯하여 「태교신기」에 자세하게 기록되어 있는데, 임신 전에 부부가 지켜야 할 금기 사항들을 주로 다루고 있다. 특히 「동의보감」에는 부성태교와 관련해 부부가 합방해서는 안 되는 날에 대한 언급을 많은 부분 할애하고 있다. 건강하고 똑똑한 아기를 낳기 위한 철저한 준비와 노력을 엿볼 수 있다. 전통 태교에 관한 여러 책에서 강조하고 있는 내용들은 대개가 비슷하다.

태교와 관련한 여러 문헌을 보면, 부부의 합방을 금하는 날은 대개가 예사롭지 않은 기상이나 천재지변과 관련이 깊다. 현대인들의 시각에서 본다면 옛사람들의 합방 금기사항이 다소 까다롭고 복잡하다는 불만을 터뜨릴 수도 있겠다. 그러나 이런 금기사항은 현대의학에서도 상당한 신빙성을 확보하고 있다. 임신 전 태교란 한마디로 정서적, 심리적, 신체적으로 건강한 상태에서 임신에 힘쓰라는 것이다. 아버지로서 전통적으로 금기하고 있는 사항들을 잘 지키고 법도에 따르면, 덕과 복을 갖춘 총명한 자식을 얻게 된다고 하였다. 부부가 신체적으로 정신적으로 가장 안정되고 평화로울 때 합방을 해야만 훌륭한 자녀를 낳을 수 있다는 옛사람들의 가르침을 다시 한 번 깨닫게 된다.

당시의 임신부들이 지켰던 금기사항들의 상당 부분은 오늘날 임신부들도 그대로 실천하고 있다. 전통 태교의 내용 중 많은 부분이 이미 과학성을 인정받았으며, 지금도 과학적 근거를 밝히기 위해 의학계에서 연구가 활발하게 진행되고 있다. 임신 전 합방금기와 관련된 내용을 담고 있는 옛 문헌들을 보면, 부부가 합방을 해서는 안 되는 날에 대한 예들이 대동소이함을 알 수 있다. 오늘날도 적용이 가능한 예를 몇 가지만 정리해 보면 다음과 같다.

✳ 큰 비가 내리거나 큰 바람이 부는 날

비가 오는 날은 대기에 습기가 많아지므로 평소와 달리 신체적으로 피곤함을 더 느끼게 된다. 몸이 나른해져 괜한 졸음이 몰려오거나 움직이는 것을 싫어하게 된다. 몸이 가라앉으면 마음도 가라앉게 되어 예민해지고 우울한 감정을 느낄 가능성이 높아진다. 적당히 내리는 봄비는 사람의 마음을 안정되게 하지만, 비바람을 동반한 큰 비는 걱정스럽고 두려운 마음을 불러온다. 마음이 불안한 상태에서 부부가 합방을 한다면, 임신 전 태교에 어긋나는 것이다.

❋ 천둥번개가 치는 날

예로부터 천둥번개니 벼락이라는 것은 불길하고 두려운 존재로 받아들였다. 천벌을 받을 만큼 못된 짓을 많이 한 사람을 두고 '벼락맞을 놈'이라든지 어떤 큰 변이 닥쳤을 때 '벼락이 떨어진다'라는 표현을 한 것도 이런 맥락에서 이해할 수 있다. 여기서 천벌이란 벼락을 맞아 죽는다는 무서운 뜻이 숨어있는데, 나쁜 사람을 일컫는 표현으로 이만한 것도 없을 듯하다. 벼락은 공중에 있는 전기와 지상에 있는 물건과의 사이에 방전하는 흔히 일어날 수 있는 자연현상에 불과하다. 그러나 하늘이 요란하게 울리면서 번갯불이 번쩍일 때는 누구나 본능적으로 두려움을 느끼게 된다. 하늘을 날려버릴 듯이 커다란 굉음이 울리면 웬만한 사람들도 겁에 질리게 된다. 혹시 머리 위로 벼락이 떨어질지도 모른다는 불안감 때문에 대부분의 사람들은 외출도 삼간다. 이런 날 부부합방은 엄격하게 금하였다.

우르르~ 쾅!

✽ 안개가 짙게 낀 날

안개는 수증기가 차가운 기운을 만나 미세한 물방울로 변해 연기처럼 대기 속을 떠다니는 현상을 말한다. 그러므로 뿌연 안개가 짙게 끼면, 습기가 많아져 가재도구가 눅눅해지고 몸도 무거워진다. 시야가 멀어지므로 가까운 거리에 있는 것을 잘 볼 수 없게 되어 갑갑하고 음습한 기운을 느끼게 된다. 자칫 예비 부모에게 스트레스로 작용할 수 있으므로 이런 날의 합방을 금하였다.

✻ 몹시 춥거나 더운 날

임신 전 태교의 핵심은 신체와 마음이 고루 좋을 때, 부부가 합방하는 데 있다. 날씨가 범상치 않는 날, 합방을 금기한 이유는 대개 이런 날은 음양의 조화가 깨지기 쉽다는 데 있다. 몹시 춥거나 아주 무더운 날은 인간의 생체리듬이 비정상적으로 나타난다. 혹한이 몰아치는 겨울이나 찌는 듯한 더위는 사람의 감정을 무디게 하거나 지나치게 하는 원인이 되어 심신을 지치게 한다. 이런 불완전한 날씨가 계속될 때는 가급적 부부관계를 금하는 것이 좋다.

✻ 일식과 월식이 있는 날

일식은 달에 의해 태양이 가려지는 현상이고, 월식은 지구에 의해 달이 가려지는 현상이다. 요즘 사람들은 일식이나 월식 현상이 생긴다는 정보를 들으면, 너나 없이 그 광경을 보려고 안간힘을 쓴다. 이와는 달리 옛사람들은 일식이나 월식같은 평소에 보지 못했던 자연 현상을 겪으면 일단, 불길한 징조로 받아들여 이런 날의 부부 동침을 엄격하게 금했다. 청명하게 떠 있던 달이 갑자기 가려지면서 깜깜해지거나, 벌건 대낮이 암흑 속에 잠기는 현상을 보고 옛사람들은 어떤 불길한 변고로 받아들였기 때문이다. 옛사람들은 이런 불길한 기운이 빨리 지나가기를 두려움에 떨면서 기다렸을 것이다. 일식이나 월식은 자주 볼 수 없는 자연현상이므로 이런 금기는 더더구나 철저하게 지켜졌다. 이런 날의 합방은 바보라도 하지 않았을 것이다. 이밖에 초하룻날이나 보름날, 그믐날도 합방하지 않았다.

✻ 병중이거나 앓고 난 후

남편이나 아내가 병석에 있거나 심하게 앓고 난 뒤라면 당연히 합방을 삼가는 것이 좋다. 건강한 육체에 건강한 정신이 깃들듯이 심신이 고루 편해야 부부관계도 즐겁고 원만하게 이루어지기 때문이다. 부부가 즐거운 마음으로 관계를 맺어야 장차 태어날 아기도 몸과 마음이 건강할 것이다. 심신이 쇠약하고 지친 상태에서 욕망을 억제하지 못해 맺는 부부관계는 역시 약하고 모자라는 자식을 얻는 것으로 귀결될 것이 뻔하다.

✻ 과음, 과식이나 허기졌을 때

아비가 술에 몹시 취하여 횡설수설하며 몸을 제대로 가누지 못하는 상태에서 아내를 탐하게 되면 장차 원하지 않던 자식을 보게 될 가능성이 높다. 과음한 날은 합방하지 않는 것이 여러모로 좋다. 금기하는 날은 되도록 피하고, 좋은 날을 정해 부부가 모두 평온한 마음으로 합방에 임해야 원하던 자식을 얻을 수 있다. 과하게 먹는 것은 몸을 둔하게 만들고 건강을 상하게 하는 원인이 된다. 많이 먹어 배가 몹시 부른 상태에서 잠자리를 하게 되면, 구토나 급체를 일으키는 등 소화계와 관련된 질병을 유발할 수도 있다. 반대로 몹시 허기를 느낄 때는 기운이 없으므로 정상적인 부부관계가 어려워진다. 배가 너무 부르거나 너무 고픈 때를 피해, 신체가 정상적으로 움직일 때 부부가 합방할 것을 권하고 있다.

�֍ 집안에 상을 당했을 때

집안에 상을 당했을 경우 전통사회는 특히 합방을 금했다. 전통사회에서는 부모가 돌아가시면 무덤 근처에 움막을 지어놓고 외부와 단절한 채 슬프고 엄숙한 심정으로 3년상을 치러야만 자식된 도리를 다한다고 믿었다. 그러므로 아내와 합방을 한다는 것은 조상에 대한 커다란 불경으로 여겼기 때문에 여느 때보다도 금욕적인 생활을 견뎌내야 했다. 이러한 금기는 다분히 유교적 관습에서 빚어진 것으로 보이기도 하지만, 미신으로 치부하기에는 어려운 측면도 있다.

✖ 크게 기쁘거나 신경 쓸 일이 많을 때

아주 슬프거나 우울한 것도 정신건강에 나쁜 영향을 끼치지만, 지나치게 기뻐하는 것도 정신건강에 그리 좋지 않다. 옛사람들은 무엇이든지 너무 지나쳐서 좋은 것은 없다고 하였다. 기쁨이 지나치면 감정을 조절하기 어려워지고 마음 속에 사기로운 욕정이 생기기 때문이다. 마찬가지로 집안에 신경 쓸 일이 생겼을 때는 감정이 극도로 예민해져 있으므로, 섣부른 부부합방을 금하고 걱정이 해결될 때까지 조신하게 기다리면서 마음을 진정시키는 것이 부모의 도리라 여겼다.

✖ 불빛이나 달빛, 별빛이 비치는 곳

너무 밝은 불빛이 비치는 곳에서 합방을 할 경우, 자칫 태교의 본질을 잊을까 우려한 것이 아닐까. 옛사람들은 달이나 별같은 자연에도 숭배하는 물신적 사고가 깊었기 때문에, 달빛이나 별빛이 비치는 장소에서의 합방을 금기한 듯하다. 전통 태교에서 말하는 부부관계란 오로지 훌륭한 자식을 낳기 위한 머나먼 고행의 시작이라고 해도 과언이 아닐 것이다. 건강하고 총명한 자식을 얻기 위해 좋은 날을 택해 합방을 하는 예비 부모의 심정은 엄숙하고 진지하게 이루어진다.

임신 전 태교의 중요성은 이외에도 「태교신기」에서 자세하게 다루고 있는데, 앞서 살펴본 「동의보감」에서 다루고 있는 금기 내용과 거의 흡사함을 알 수 있다.

"남녀가 같이 생활해도 입에 담지 못할 말이 있으며, 아내 방이 아니면 자지 말고, 몸에 병이 있거든 잠자리를 같이 하지 말고, 일식과 월식이 있을 때, 크게 덥거나 크게 춥거나 큰 바람이 불거나 큰 비가 오거나 큰 뇌성이 칠 때는, 감히 아내 방에 들지 말아야 한다. 허욕이 싹트지 않게 하고 간사한 기운이 몸에 붙지 않게 한 후에, 자식을 낳는 것이 아비의 도리이니라."

—「태교신기」

부부간에 서로 예의를 지켜 말을 조심하고, 잠자리를 함부로 바꾸지 말아야 하며, 아비의 몸에 병이 있을 때는 동침을 금할 것을 이르고 있다. 앞서도 보았지만, 전통사회는 날씨나 기상의 변화를 불길한 징조의 기준으로 삼았기 때문에, 이와 관련한 금기 사항은 헤아릴 수 없을 정도로 많았다. 「태교신기」에서도 일식과 월식이 생겼을 때, 크게 덥거나 추울 때, 큰 바람이 불거나 큰 비가 오고 천둥번개가 칠 때는 역시 아내와 잠자리를 같이 하지 말라고 이르고 있다. 평소와 다른 기후의 변화를 겪게 되면 몸의 생체리듬이 불규칙적으로 변하고 정서적으로도 불안해진다. 불안한 마음을 안고서 합방을 했을 경우, 그 결과는 뻔한 것이다.

몸과 마음이 건강하지 않으면 결코 좋은 자식을 낳을 수 없는 것이다. 「태교신기」는 이러한 금기를 나열함으로써, 욕정을 이겨내고 간사한 기운이 육신을 지배하지 않도록 절제한 후에 자식을 낳는 것이 아비의 도리라고 명시하고 있다. 태교가 어머니뿐만 아니라 아버지에게도 중요하다는 것을 강조한 부성 태교의 일면을 엿볼 수 있다.

- 간택(揀擇)으로부터 시작하는 왕실의 임신 전 태교

왕실에서의 임신 전 태교는 세자를 포함한 왕자 및 공주의 배우자를 일련의 심사를 통해 신중하게 가려 뽑는 간택으로부터 시작된다 할 것이다. 조선시대 왕실의 혼인은 왕가의 번영뿐만 아니라 국가의 중대사였기 때문에 배우자의 선택과정은 매우 까다로워 간택은 초간택, 재간택, 삼간택 등 모두 세 단계의 엄정한 심사를 거치는데 초간택에서 7~5명을 선발해서 재간택에서는 3~2명을, 마지막 삼간택에서 최종 신부감을 뽑는 게 상례였다.

왕의 정실인 왕비, 후실인 후궁은 물론 왕가의 배우자를 선택하고 혼례를 치르는 의식은 국조오례의(國朝五禮儀)라는 왕실의례서를 만들어 혼례의 절차를 명문화했고, 혼례를 주관하는 임시 관청인 가례도감(嘉禮都監)을 설치해 혼례를 치렀다. 대개 신부감으로는 이(李)씨가 아닌 양반 가문으로 양부모가 생존하고 왕세자보다 2~3살 연상인 처녀였다. 외척의 발호를 의식하여 아비의 지위가 높지 않아야 했으며 용모는 국모나 세자빈으로서의 덕과 복을 갖춰 어질고 인자한 빛이 도는 얼굴을 지녀야 하고 행동거지의 정숙함도 후한 점수에 빼놓을 수 없었다. 삼간택에서 최종적으로 선택된 처자는 곧바로 별궁으로 들어가 궁궐에서의 예의범절, 말씨, 교양 등을 50여일간 가례를 치르는 날까지 집중적으로 교육받았다. 참고로 조선 왕들의 연대기를 보면, 결혼 시 평균 나이는 가장 어린 9세(경종, 정조, 순종)에서부터 가장 많은 18세(선조), 혹은 21세(철종)에까지 이르나 평균 12세에서 15세가 가장 많았음을 알 수 있다. 혼례 이후 임신 전까지의 태교는 주로 당시의 양반사회에서 행해졌던 전통적인 태교의 방식과 교육에 따랐던 것으로 전해진다.

참고로 이 책에서는 대부분의 경우 겉으로 드러난 형식과는 달리 그 이면에서 벌어지는 왕실과 대신들 주변의 암투와 관련이 있는 정략결혼에 대하여는 언급을 하지 않으니, 이 책의 말미에 수록된 참고 문헌을 참고해 주기 바란다.

2) 임신 중의 태교 : 눈 가리고 귀 막고 벙어리로 10개월

길일을 정해 합방한 후 아기를 가지게 되면, 이때부터 본격적인 태교가 시작된다. 태교는 어머니만 하는 것이 아니라 아버지를 비롯하여 온가족의 관심 속에서 이루어져야 한다. 아기를 가진 임신부는 10개월 동안 자기 몸을 자기 몸으로 생각지 말고 아기를 위한 몸으로 생각하여 항상 조심해서 행동해야 한다.

태교의 교과서라 해도 지나치지 않을 정도로 오늘날까지도 유익한 태교지침서로 활용되고 있는 「태교신기」에 실려있는 금기사항 중에서 오늘날에도 적용이 가능한 내용을 중심으로 살펴보는 것도 의의가 있을 것이다.

전통 태교에 나타난 태교 중 금기사항은 크게 보지 말아야 될 것, 듣지 말아야 할 것, 말하지 말아야 할 것, 하지 말아야 할 행동 등으로 나눈다. 금기라는 것이 실상 임신부의 일상 생활, 즉 주변 환경과 깊은 관련이 있음을 알 수 있다. 임신부는 10개월 동안 보는 것, 듣는 것, 함부로 말하는 것도 삼가야 한다는 다소 가혹한 행동지침을 따라야 한다. 부모가 심신을 단련하고 행동을 절제하는 것만큼 좋은 자식을 낳는다는 당연한 사실을 잊어서는 안 되는 것이다.

– 임신부가 보지 말아야 할 것에는 어떤 것이 있을까?

변장한 배우나 광대, 원숭이, 병든 새, 싸우는 모습, 생물을 죽이거나 해치는 모습 등이다. 앞서도 언급했듯이 일식이나 월식, 무지개와 벼락, 번개, 유성 등과 같이 평소에 자주 볼 수 없는 자연현상으로 인해 생긴 장면들은 보는 것을 금했다. 이밖에 자연재해로 홍수가 나거나 나무가 부러지고 집이 무너지는 것 등을 보는 것도 금했다.

❋ 광대나 원숭이를 보지 말라

오늘날의 관점에서 볼 때 재미있게 변장한 피에로의 모습이나 귀여운 동물을 보는 것은 임신부에게 즐거움을 줄 수도 있다. 전통사회에서의 광대는 요즘과 달리 아주 천한 신분으로 업신여겼던 탓에 이런 금기사항이 더 엄격하게 적용되었을 것이다. 예로부터 일부 지역에서는 원숭이를 잔나비라 하여 여러 가지 비유를 하였다. 예를 들어 "잔나비 밥 짓듯 한다"라고 하여 하는 일이 경솔하다는 것을 비유했으며, "잔나비 잔치"라고 하여 남을 흉내냄을 비유하기도 하였다. 이처럼 원숭이는 사람을 흉내내는 우스꽝스러운 동물로 인식되었기 때문에 태교 중에 임신부가 보는 것을 달가워하지 않았다. 전통사회의 유교적 관습으로 인한 금기사항임을 알 수 있다.

❋ 병든 새, 싸우는 모습, 생물을 해치는 모습을 보지 말라

병든 새나 사람들이 심하게 다투는 모습, 생물을 해치는 모습을 금기한 것은 대부분의 사람들이 공감할 것이다. 임신부가 이같은 험한 모습을 보게 되면 겁에 질리거나 불안한 마음으로 이어져 태아에게도 불안감을 안겨줄 우려가 높기 때문이다. 혹시 기형아나 비정상적인 아기를 낳을지도 모른다는 불안감에 쌓여 임신부 우울증을 유발할 수도 있는 것이다. 임신부 우울증은 건강하고 똑똑한 아기를 낳는데 걸림돌로 작용하게 된다. 대부분의 문헌에서도 좋은 것을 보고 들으라고 거듭 강조하고 있다. 나쁜 모습을 보지 않으려면 나쁜 장소에 가는 것을 삼가야 한다. 임신부는 사소한 행동을 함에 있어도 태아를 먼저 생각하는 마음자세를 잃지 말아야 한다.

✻ 일식이나 월식, 무지개, 유성을 보지 말라

우리 민족은 예로부터 하늘에 나타난 이상한 조짐이나 기상을 보고 길흉화복을 점쳤다. 태양을 가리는 일식이나 달을 가리는 월식 현상이 일어나는 날은 음양이 불안정하므로 불길한 일이 뒤따른다는 생각이 지배적이었기 때문에, 행여나 임신부가 이런 장면을 보게 될까 조심을 시켰다. 일식이나 월식현상이 생긴 날 부부의 합방을 금기한 것과 맥을 같이 한다. 유성은 우주에 존재하는 미립 물질이 지구로 떨어질 때 공기와 마찰하여 불을 일으키는 것을 말한다. 대기 중에서 소진되어 버리기도 하지만 지상에 떨어져 운석으로 변하기도 한다. 예로부터 별똥별이 떨어지면 큰 인물이 세상을 떠난다고 믿었다. 전통 태교에서 임신부에게 별똥별을 못 보게 금기한 것은 아마도 유성이 떨어지는 장면을 보면, 태아도 소멸되지 않을까 하는 심정적 측면에서 금기한 것으로 추정해 볼 수 있다. 전통 태교에서 일식이나 월식, 무지개, 별똥별 등을 보는 것을 금기한 것에 대한 과학적 근거는 희박하다. 일부는 미신적인 부분도 있음을 부인할 순 없지만, 그 당시에는 엄연한 현실이고 신앙에 가까울 정도의 믿음이었음을 인정할 수밖에 없다.

✳ 천둥번개 치는 것을 보지 말라

천둥번개가 심하게 치는 날은 임신하기 전에 갖는 부부의 합방까지도 엄격하게 금하였다. 갑자기 어둑해지면서 요란한 굉음이 울리는 동시에 시퍼런 번갯불이 번쩍거릴 때는, 이불을 뒤집어 쓸 정도로 오금이 저리고 두려움에 떨게 한다. 천둥번개는 임신부뿐만 아니라 누구든 반갑지 않은 현상이다. 천둥번개는 다른 자연현상에 비해 실제 임신부에게 위험을 안겨줄 소지가 크다. 눈을 가리고 보지 않는다고 해결될 문제가 아니기 때문이다. 천지를 흔들듯이 요란한 굉음에 놀라 유산을 초래할 여지도 존재하기 때문이다. 천둥번개의 요란한 소리를 반복해서 듣게 되면 임신부의 신경이 극도로 예민해진다. 그러므로 조용한 환경이 필수적인 태아에게 나쁜 영향을 주게 된다. 천둥번개가 심하게 칠 때는 임신부를 혼자 두지 말고 가족들이 각별한 관심을 기울여야 하며, 무서움에 떨거나 불안해하지 않도록 마음을 안정시키고 따뜻하게 도와주어야 한다.

✳ 더럽고 혐오스러운 것을 보지 않는다

더러운 것에는 일일이 셀 수 없을 정도로 많은 것이 있다. 누더기를 걸친 거지의 모습이나 길거리에 뒹구는 배설물, 토한 오물, 상한 음식에서 기어다니는 구더기 등 사람에 따라서 이런 것을 더럽거나 혐오스러운 축에 끼어 넣을 수도 있을 것이다. 일단 더럽다고 느끼는 것을 보게 되면 역겨움과 언짢은 기분이 든다. 이런 기분이 지속되면 불안으로 이어진다. 임신부의 불안함이 태아에게 어떤 영향을 끼칠지는 굳이 말을 안 해도 알 수 있다. 이런 경우 임신부는 재빨리 장소를 옮기거나 눈을 돌려 마음의 안정을 찾아야 한다.

✴ 죄인이나 죽은 사람을 보지 않는다

집밖으로 나가면 도처에 임신부가 보아서는 안 되는 일들이 지천으로 널려 있는 것은 예나 지금이나 그리 다르지 않을 것이다. 굳이 심한 정도를 따진다면, 온갖 매스미디어가 발달한 오늘날이 더 심하긴 할 것이다. 요즘엔 텔레비전이나 신문보기가 겁날 정도로 온통 인명을 상하게 하는 사건들이 끊이질 않는다. 예로부터 임신부가 있는 집안에서는 목에 칼을 찬 죄인, 귀향을 떠나는 죄인의 모습이나 죽은 사람을 보는 것을 금하였다. 임신부가 아니라도 이런 모습을 본다면 기분이 좋지 않을 것이다. 머리를 풀어 헤치고 결박을 당한 채 끌려가는 죄인의 모습이나 죽은 사람을 임신부가 보게 되면 심한 공포심을 느끼게 된다. 임신부의 심한 공포심과 두려움은 태아에게 치명적인 악영향을 끼치게 되므로 가능한 이런 장면은 보지 않는 것이 좋다.

✴ 홍수나 태풍같은 자연재해를 보지 말라

장마철에 내린 폭우로 물이 불어나고 넘치며, 집과 논이 잠긴 모습이나 폭설로 부러진 나무 가지, 태풍으로 집이 무너지는 모습 등 자연재해로 생긴 피폐한 장면은 임신부가 보는 것을 가급적 금하였다. 자연재해로 집을 잃은 수많은 사람들의 딱한 모습을 보게 되면 임신부의 마음이 심하게 동요되고 극도의 불안으로 다가온다. 임신부의 불안은 태아에게는 금물이므로 가족들은 미리부터 대비하여 임신부가 자연재해를 겪게 되는 극단적인 상황을 만들지 말아야 한다. 태풍으로 날아가 버린 지붕이나 항구에 부서진 채 떠 있는 어선 등을 보면 임신부는 심란한 기분을 느낄 것이다. 임신부가 늘 편안한 마음으로 태아의 안위를 우선하는 자세를 잃지 않도록 주변 사람들이 도와주어야 한다.

✳ 음란한 장면을 보지 않는다

임신부뿐만 아니라 아기의 아버지를 비롯한 온가족들도 태교기간에는 가능한 임신부와 같이 금기사항을 지키는 것이 좋다. 온가족이 함께 태교에 관심을 가지고 마음가짐을 올바르게 한다면, 장차 틀림없이 총명하고 건강한 아기를 얻을 수 있을 것이다. 새나 짐승이 교미하는 장면이나 야한 그림같은 것은 음란한 마음을 불러오기 때문에 임신부가 이런 장면을 보는 것을 금하였다. 가족들 중에서도 특히 아기의 아버지는 음란한 장면을 보거나 행동을 금하여 태교 기간에 더욱 금욕적인 생활에 치중해야 한다.

– 임신 중에 듣지 말아야 할 것에는 어떤 것이 있을까?

시장의 시끄러운 소리, 음란한 굿소리, 술 주정하는 소리, 욕하고 험담하는 소리, 애처롭게 들리는 벌레울음 소리, 곡하는 소리 등이 있다. 이런 금기는 단순히 소리를 금했다기보다는 이같은 소리를 듣기 쉬운 장소에 가지 말라는 의미가 내포되어 있기도 하다.

✻ 시장의 시끄러운 소리를 듣지 말라

시장이나 사람이 많이 모이는 장소는 시끌벅적하기 때문에 정서적으로 불안해지기 쉽다는 이유로 임신부의 접근을 금하였다. 외부에서 시끄러운 소리가 들리면 뱃속에 있는 태아의 호흡이 급격하게 변하기 때문에 조용한 환경은 태아에게 필수적이다. 외부의 소리가 클수록, 오래 지속될수록 태아의 호흡에 나쁜 영향을 준다고 현대의학은 밝히고 있다. 임신부가 소음이 심한 곳에서 장기간 머물게 되면 임신부 만성스트레스를 불러와 임신중독증을 유발할 수도 있으며, 유산이나 조산 등 위험한 상황이 발생할 수도 있다. 아울러 출산 시 체중이 낮은 아기를 낳을 가능성이 높은 것으로 나타났다.

또 이름 모를 병균을 옮길 가능성이 많다는 이유로 임신부가 시장 근처에 가는 것을 금하였다. 약을 함부로 쓸 수 없는 임신부는 병을 예방하는 것이 상책이었으므로 사람들이 많이 모이는 장소에는 출입하지 않는 것이 좋다는 경고였을 것이다. 현대의학에서도 시장이나 공공장소같이 사람이 많이 모인 곳은 병균 감염의 우려가 높기 때문에 임신부의 건강에 나쁜 영향을 끼친다고 지적하고 있다. 또한 비슷한 이유로 음란한 굿판이 벌어지고 있는 장소에 가는 것을 금하였다.

✻ 술 주정하거나 욕하는 소리를 듣지 말라

술을 마시고 횡설수설하는 소리나 남을 욕하고 험담하는 소리를 듣는 것은 임신부의 정신 건강에 도움이 되지 않는다. 특히 아기의 아버지가 술을 먹고 주정을 하거나 험한 소리를 입에 담으면 뱃속에 있는 태아에게 그대로 전해지므로 조심해야 한다. 주변 사람들은 늘 임신부가 올바른 언행만을 들을 수 있도록 신경을 써야 하며 조용하고 편안한 태교 환경을 만드는 데 함께 노력을 해야 한다. 주변 환경이 바르면 임신부의 몸가짐과 마음가짐도 단정해져 태교에 온 힘을 쏟을 수 있는 마음의 여유를 가지게 되는 것이다.

❋ 서러운 울음소리를 듣지 말라

상을 당한 집에서 나는 곡하는 소리나 서럽게 우는 울음소리는 임신부의 마음을 불안하게 하는 원인이 되므로 되도록 이런 소리는 듣지 않는 것이 좋다. 임신부의 감정이 가라앉고 침울해지면 태아도 덩달아 기분이 나쁜 상태가 되어 활발한 발길질을 멈추고 조용해진다. 임신부의 침울한 기분은 심한 스트레스로 이어져, 태아의 뇌 기능을 떨어뜨리고 태어난 후에도 건강한 아기로 자라기가 어려워진다. 몸과 마음은 동전의 앞면과 뒷면과 같기 때문에 임신부를 비롯한 가족들은 임신부가 심신을 잘 다스리도록 도와주어야 한다.

❋ 서럽게 우는 벌레울음소리를 듣지 말라

풀벌레나 짐승의 소리는 듣는 사람의 상태에 따라, 슬프게 들릴 수도 즐겁게 들릴 수도 있다. 해석하는 사람에 따라 똑같은 소리도 상대적으로 들리기 때문이다. 가을밤에 은은히 들려오는 풀벌레 소리나 귀뚜라미 소리는 듣기에 따라 구슬프게 들릴 수도 있지만, 정겹게 들리기도 한다. 전통 태교에서 굳이 구슬프게 들리는 곤충의 울음소리를 금기한 것은 임신 기간 동안 극도로 예민하고 약해진 임신부의 마음을 더 나약하게 만들지도 모른다는 우려 때문일 것이다. 태교에 관한 것이라면 사사롭고 작은 부분까지도 조심했던 옛사람들의 정성을 느낄 수 있다.

자연의 소리를 자주 듣는 것이 태아나 임신부에게 더 좋은 영향을 준다고 현대의학은 밝히고 있다. 벌레울음소리에 대한 금기가 현대 해석과는 다소 거리가 있지만, 예나 지금이나 임신부의 감정을 우울하게 하는 소리는 듣지 않는 것이 좋다는 데는 시대를 뛰어넘어 일치점을 찾을 수도 있다. 빗방울이 떨어지는 소리나 풀벌레소리, 파도소리, 아름다운 새소리 등과 같은 자연의 소리를 임신부가 직접 듣는다면 태아의 정서에 상당히 좋은 영향을 끼친다는 것이다. 요즈음은 자연의 소리를 따로 묶은 CD나 테이프가 태교음악으로 널리 이용되고 있다. 소음은 태아의 호흡에 나쁜 영향을 미치고 양수의 감소를 가져와 태아건강에 해롭다. 그러나 자연의 소리는 임신부뿐만 아니라, 도시생활의 소음 속에서 지친 날들을 살아가는 현대인들의 정서순환에도 도움이 될 듯하다.

❋ 저속한 잡담을 듣지 않는다

여자 셋이 모이면 접시가 깨진다는 말이 있다. 여자나 남자나 여럿이 모이게 되면 일단 다른 사람의 이야기를 하거나 객쩍은 우스개 소리나 저속한 잡담 등을 일삼게 된다. 전통 태교는 임신부에게 저속한 잡담이나 음담패설을 직접 입에 담는 것은 물론이려니와 듣는 것조차도 금하였다. 태교 기간에는 특히 여럿이 모이는 장소에 가서 본의 아니게 음란하고 저속한 말을 듣지 않도록 조심해야 한다. 주변 사람들이나 가족들의 도움없이 혼자서는 할 수 없는 것이 태교라는 것을 단적으로 보여주고 있다. 임신부와 자리를 같이하는 경우 친척이나 친구들도 태아에게 좋은 영향을 줄 수 있는 아름다운 말을 해 줄 의무를 다해야 한다.

❋ 이치에 맞지 않는 말을 듣지 않는다

말도 안 되는 허황한 말이나 억지를 부리며 떼를 쓰는 말, 횡설수설 무슨 뜻인지 알 수 없는 말은 임신부가 들어서 좋을 것이 없다. 임신 6개월이 넘으면 태아의 청각 기능이 반응을 시작하기 때문에 외부에서 들려오는 온갖 소리는 태아에게 그대로 전해진다. 뱃속에 있는 태아가 어떻게 일일이 말하는 내용까지 알까 싶은 생각도 들겠지만, 태아는 분명히 어머니가 하는 말을 듣고 심지어는 기억까지 한다. 임신부가 이치에 맞지도 않는 말을 듣거나 맞장구까지 친다면, 태아는 좋아하지 않을 것이다. 태아의 존재를 존중하고 소중하게 다루는 마음이 곧 태교의 시작이자 끝이라고 해도 지나치지 않을 것이다.

- 임신 중에는 어떤 말을 하지 말아야 할까?

「태교신기」에는 항상 말을 조심하라고 가르치고 있다. 특히 임신부의 말과 관계된 금기사항의 종류가 많다. 아랫사람을 심하게 꾸짖는 말, 귀엣말, 헛소문을 퍼뜨리는 말, 모진 소리나 욕설 등은 당연히 태교 중에 하지 말아야 할 말이다. 태교의 핵심은 임신부의 몸과 마음가짐을 조심하는 데 있다. 그러므로 간사한 생각이나 단정치 못한 언행, 남을 헐뜯는 말 등은 아예 입에 담지 말아야 하는 것이다. 이런 나쁜 언행과 몸가짐은 결국 태아에게로 돌아갈 것이기 때문이다.

❈ 거짓말하는 것을 금한다

사람을 속여 거짓말을 하거나 희롱하는 말은 당연히 임신부가 해서는 안 되는 금기사항이다. 임신부의 마음에 사사로운 생각이 가득 차 있으면 제아무리 다른 금기사항을 잘 지킨다고 해도 태교가 제대로 이루어질 수 없다. 마음을 곱게 써야 착하고 건강한 아기를 낳을 수 있는 것이다. 하루하루 가슴에 손을 얹고, 본의 아니게 다른 사람을 속이거나 희롱한 적이 없는지 반성하는 습관을 갖는 것도 올바른 태교에 도움이 될 듯하다.

❈ 아랫사람이나 동물을 꾸짖는 말을 삼간다

집에서 기르는 동물을 상대로 심하게 야단을 치거나 함부로 대하는 것은 태교의 도에 어긋나는 행위다. 비록 말 못하는 하찮은 동물일지라도 막말을 해서는 안되며, 몸소 부리는 아랫사람에게도 인간의 예를 지키면서 대해야 한다. 설사 아랫사람이 잘못을 했다고 해도 심하게 나무라기보다는 조용한 음성으로 좋게 타이르는 것이 임신부의 심신을 건강하게 하는데 도움이 된다. 임신부는 나쁜 마음을 가지거나 말을 함부로 해서는 안 된다. 태아는 어머니와 일심동체인 만큼 어머니의 일거수 일투족을 뱃속에서 그대로 보고 배울 수 있다는 사실을 잊어서는 안 된다.

❋ 귀엣말이나 헛소문을 옮기지 않는다

임신부는 말 나온 데가 분명하지 않은 뿌리없는 말이나 근거없는 소문을 퍼뜨리는 것을 삼가야 한다. 나쁜 것을 삼가는 일 중에서 보고 듣는 것은 때에 따라 임신부 자신의 의지와는 무관하게 겪을 수도 있다. 그러나 나쁜 말이나 사리에 어긋나는 말을 삼가는 것은 임신부 자신의 의지에 따라 얼마든지 가능한 일이다. 바른 마음을 가진 임신부라면, 귀엣말로 소곤거리는 행동이나 근거없는 남의 이야기를 재미로 떠벌리는 일은 하지 않을 것이다. 태아가 두 귀를 세우고 어머니의 말을 듣고 있다는 사실을 망각해서는 안 된다. 말을 하되 즐겁고 듣기에 좋은 이야기를 나누고, 교훈이 될만한 가르침을 듣고 태아에게도 그대로 들려주는 것이 태교를 하는 어머니의 올바른 마음자세다.

❋ 모진 소리나 욕설을 삼간다

몹시 화가 나거나 분한 일을 겪어도 임신부는 입에 나오는 대로 막말을 하거나 모진 소리를 하지 말아야 한다. 태교를 하는 임신부가 태아를 위해 이 정도의 인내심도 갖지 못한다면 어머니 될 자격이 없다고 할 수 있다. 아기를 가진 임신부의 10개월은 태아의 몸이 되어 행동하고 생각해야 하기 때문이다. 화가 나거나 분한 일을 당해도 마음에 오래 담아두지 말고 한쪽 귀로 듣고, 한쪽 귀로 흘려버리는 것이 정신건강에 이롭다. 이럴 때일수록 여유있는 마음을 가지고 편안한 생각을 해야 한다. 임신부의 마음에 분기가 서리고 언짢음이 배면 태아의 심기도 어머니를 닮아 화를 품기 때문이다. 화가 날수록 너그러운 마음을 갖고 이해하는 아량을 발휘하는 것이 태아에게도 좋다.

❋ 말할 때 손짓하거나 웃을 때 잇몸을 보이지 않는다

말할 때 손짓을 하거나 잇몸을 보이며 웃는다고 해서 태아에게 치명적인 잘못을 초래하는 것은 아니다. 전통 태교에서 이처럼 임신부의 사사로운 행동 하나에도 금기를 한 것은 만에 하나 생길 수 있는 사고의 불씨를 미리 막자는 데 그 뜻이 있을 것이다. 누누이 강조하는 말이지만 임신부의 10개월은 아무리 조심해도 모자라지 않다. 말할 때 손짓을 하는 동작은 대개가 누군가를 업신여기거나 아랫사람을 무시하여 말로 할 것을 손가락으로 가리키는 경우다. 다른 사람을 업신여기는 마음은 태교의 도에 어긋나는 행위다. 또 웃을 때 잇몸을 보이지 말라는 금기는 아마도, 잇몸이 보이도록 크게 웃지 말라는 뜻일 것이다. 전통 태교에 따르면 임신부는 아무리 좋은 감정이라도 지나치게 드러내는 것을 금하고 있다. 좋은 것도 지나치면 모자람만 못하다고 하듯이 늘 적절한 감정의 표현이 태아에게 가장 편하고 안정된 환경을 만들어주기 때문이다.

– 임신 중에 하지 말아야 할 행동에는 어떤 것이 있을까?

「태교신기」에는 환경의 중요성을 여러 곳에서 강조하고 있는데, 이는 임신부의 마음을 편안하게 하여 혹시 일어날지도 모르는 불상사에 대비하라는 의미가 깊다. 태아와 임신부에게 좋은 환경이란 별스럽고 특별한 것이 아니다. 일상 생활 속에서 언제나 노출되어 있는 작은 위험을 항상 조심하고, 사사로운 행동 하나에도 태아를 위해 한 번 더 생각해 본 다음, 행동하고 실천하는 것이 좋은 환경을 만드는 비결이다. 전통 태교에서 금기한 내용 중에서 몇 가지는 유교적, 미신적인 이유로 금기한 경우도 있지만, 대부분의 내용들은 이미 과학적으로 입증되었으며, 오늘날 많은 임신부들이 태교지침으로 적극 활용하고 있는 것들이다.

임신부가 금기해야 할 행동은 수없이 많다. 임신 중에 금하는 부부관계를 비롯하여 잠자리, 약물, 걸음걸이, 위험한 장소에 대한 금기 등 일일이 다 알 필요는 없겠지만, 알아두면 좋은 것을 중심으로 몇 가지 정리해 보면 다음과 같다.

✳ 임신 중에는 부부관계를 금한다

전통 태교는 임신 중에는 부부관계를 하지 말라고 이르고 있다. 임신 중에 부부관계를 가지게 되면 아기 지능이 나빠진다고 했으며, 특히 해산달 부부관계를 하면 아기가 병들거나 일찍 죽는다고 경고하고 있다. 특히 임신 초기 출혈이 있거나 조기 진통이 오고 조산의 기미가 있는 경우는 절대 피해야 하며, 일방적인 욕정으로 인한 관계는 삼가는 것이 좋다고 덧붙이고 있다. 성관계가 금욕적인 생활에 위배된다는 유교관습이 지배적이던 전통사회에서, 임신 중의 부부관계를 금기한 것은 당연한 제재였을 것이다. 특히 임신부의 올바른 몸가짐을 중요하게 여겼기 때문에, 성욕이라는 본능적인 욕망 따위는 부모로서 당연히 이겨내야 하는 것이라고 믿었다.

그러나 현대의학에 따르면 임신 기간 중에 무조건 부부관계를 금할 필요는 없다고 한다. 임신 중 부부관계를 맺으면 지능이 떨어지는 아기를 낳는다고 했는데, 실제로는 그 반대라고 현대의학은 밝히고 있다. 머리 좋은 아기를 원한다면 오히려 임신 중에 부부가 관계를 즐겁게 자주 하는 것이 좋다고 한다. 즐거운 마음으로 하는 부부의 성생활은 임신부의 뇌를 강렬하게 자극하여 태아에게 그대로 전달되기 때문에, 태아의 뇌 발달을 촉진하는 요인으로 작용한다는 것이다. 욕정이 앞서서 하는 부부관계가 아니라면 임신 중이라도 얼마든지 즐거운 성생활이 가능하다는 것이다. 다만 성관계 후 출혈이나 복통, 양수같은 액체가 흘러나오는 이상신호가 오면 바로 의사와 상의해야 한다고 경고하고 있다.

✳ 엎드리거나 구부린 자세로 잠자지 말라

임신부가 엎드리는 자세를 자주 취하거나 구부린 자세로 잠을 자면, 임신부의 복부를 압박하게 되므로 태아에게 저산소증을 초래하기 쉽다. 태아가 뱃속에서 산소를 제대로 공급받지 못하면 호흡에 문제가 생겨 심각한 결과를 가져온다. 그러므로 임신 초기부터 옆으로 누워 자는 생활습관을 들여 태아의 건강에 신경

을 쓰는 것이 좋다. 나쁜 자세가 습관화되지 않도록 임신 초기부
터 바른 자세를 몸에 익혀야 한다. 편안한 잠자리를 생활화하면
몸이 퉁퉁 부어 오르는 임신부의 부종을 예방하는 데 도움이 된
다. 또 임신중독증 예방에도 도움이 될 뿐 아니라 순산하는 데도
유리하게 작용한다. 불편한 잠자리는 하루의 시작을 힘들게 하지
만, 편하고 바른 잠자리는 혈액순환을 원활하게 하며 숙면을 취하
는 데 결정적인 역할을 한다.

✹ 여름 한낮에 낮잠을 자지 않는다

전통 태교는 너무 덥거나 추운 날은 낮잠 자는 것을 금하
였다. 무더위가 기승을 부리는 여름에는 대부분의 사람들이 더위
를 먹어 쉽게 지치고 피곤해 한다. 시원한 그늘만 찾거나 차가운
냉수만 찾는다. 임신부는 특히 날씨의 변화에 민감하여 쉽게 지치
고 짜증을 많이 낸다. 무더운 여름철은 천하장사도 맥을 못쓴다는
데 뱃속에 아기를 품고 있는 임신부는 더욱 기력이 쇠잔해지고
보통사람보다 체온이 더 높아지기 때문에 더위를 더 느낀다. 기력
이 점점 떨어져 움직이는 것을 싫어하게 되고 틈만 나면 눕게 된
다. 가장 더운 한낮에 낮잠을 자게 되면, 아무래도 임신부의 몸에
땀도 많이 배고 땀띠도 생기기 쉽다.

임신부는 임신하지 않는 여성에 비해 호흡하는 양이 많아지
고 체온이 높아진다. 체온이 높아지면 모기를 유인하는 휘발성 물질
을 더 많이 배출하기 때문에 임신부는 여름에 모기의 표적이 되기
쉬우므로 조심해야 한다. 뇌염모기에게 잘못 물리면 병에 걸릴 위

험이 높으며 심한 경우 유산이나 사산할 수도 있다고 현대의학은 경고하고 있다. 현대의학은 또 식곤증이 몰려오는 오후 1~2시쯤이면 임신부의 기력이 떨어지는 시간대이므로 태아를 위해 한 30분 정도의 감미로운 낮잠에 빠져보는 것도 나쁘지 않다고 조언한다.

❋ 문틈쪽으로 눕지 않는다

외풍이 심한 전통 가옥에서는 한겨울이면 문틈 사이로 은근히 찬바람이 들어온다. 임신부가 차가운 윗목이나 문틈쪽에서 자다간 감기에 걸리기 십상이다. 약을 함부로 먹지 못하는 임신부에게 감기는 항상 주의해야 할 병이다. 문틈쪽에 누웠다가 밖에서 누군가 문을 벌컥 열거나 급하게 방안으로 들어오다가 임신부와 부딪치기라도 하면 예기치 못한 불상사가 일어날 수도 있다. 임신부는 항상 몸가짐을 바르게 하여 누울 자리나 앉을 자리는 꼭 가려야 한다. 임신부에게 이롭지 못한 위험은 방안뿐만 아니라 도처에 있다는 것을 명심해야 한다.

❋ 너무 많이 자거나 오래 누워 있는 것을 금한다

임신 중에는 아무래도 몸을 과보호하느라 운동 부족인 경우가 많다. 몸이 무거우니까, 항상 조심해야 하니까 하면서 임신부 스스로가 움직이는 것을 귀찮게 여겨 누워있기를 좋아하게 된다. 안일함과 나태에 빠져 움직이는 것을 싫어하고 하루종일 누워 지내거나, 잠을 너무 많이 자게 되면 임신부는 물론이려니와 태아의 체중과다를 불러오게 된다. 태아의 체중이 과하게 늘어나면 출산할 때 난산을 초래하기 쉽다. 순산을 위해서 임신부는 가끔 산책하거나 적절한 운동을 하여 몸을 가볍게 해야 한다. 임신부의 간단한 운동은 태아의 뇌를 활성화시키는 것은 물론 체내에 산소를 충분히 공급해 주므로 태아에게 좋은 환경으로 작용한다.

✳ 배불리 먹고 자는 것을 금한다

임신을 하게 되면 평소에는 먹지도 않던 음식을 과식하는 경향이 있다. 첫 임신인 경우 특히 불안이나 긴장으로 인한 스트레스가 심해져 운동을 게을리 하거나 먹는 것으로 해소를 하려고 한다. 또 아기를 위해서라는 이유 아닌 이유로 이것저것 배불리 먹어 임신부의 비만을 초래하기 쉽다. 임신부의 체중과다는 임신중독증이나 고혈압, 심장병같은 여러 질병을 유발하며 출산 때 난산으로 고생하는 경우가 많다. 음식을 먹고 난 뒤 곧바로 자는 것은 모든 병을 불러오는 위험한 행위이므로, 포만감이 느껴질 정도로 배불리 먹었다면 반드시 운동을 하여 소화를 시키고 잠을 청해야 한다. 균형잡힌 음식을 적당히 먹으며 가벼운 운동을 해 주는 것이 임신부의 체중 증가를 방지하는 최선의 방법이다.

✳ 취침시간의 반은 왼쪽으로, 반은 오른쪽으로 누워라

해산달에는 옷을 쌓아 곁에 놓고 하룻밤의 반은 왼쪽으로 기대어 자고 하룻밤의 반은 오른쪽으로 기대어 자도록 권하고 있다. 해산달에 똑바로 누워서 자게 되면 임신부의 배를 압박하게 되어 태아의 호흡곤란을 유발할 수도 있기 때문에 조심해야 한다.

임신 9개월인 태아는 뱃속에서도 신생아처럼 행동할 뿐 아니라 어머니의 기분이나 건강 상태에 직접적인 영향을 받기 때문에 특히 조심해야 한다. 태아가 편하게 호흡할 수 있도록 오른쪽 왼쪽으로 적당하게 움직여 주는 것이 좋다.

❋ 해산달에는 똑바로 눕지 말고 머리를 감지 마라

해산달이 되면 임신부는 음식을 든든히 먹고, 천천히 걷기를 자주하며, 잠된 사람을 멀리 하고, 몸이 아파도 뒤척이지 않는 등 아기 낳을 준비를 철저하게 해야 한다. 해산달이 가까워지면 배를 압박하는 자세로 머리를 감지 말고, 똑바로 눕는 것을 금하였다. 전통 태교에 따르면 해산달에 임신부가 기대어 자면 순산하는 데 도움이 된다고 하였다. 앞서도 다루었지만, 현대의학에서도 허리를 구부려 머리 감는 것을 금하고 있는데 이는 태아의 저산소증을 예방하기 위한 처방 때문이다. 임신부의 구부린 자세가 태아의 저산소증을 가져온다는 것을 오래 전에 내다볼 수 있었던 전통 태교의 과학성을 높이 평가하지 않을 수 없다. 분명한 과학적 근거가 있는데도 불구하고 현재 대부분의 병원에서는 여러 가지 의학적 시술을 목적으로 임신부에게 똑바로 눕기를 강요하고 있다. 이런 일방적인 강요는 전통 태교에도 과학적 이론에도 위배되는 것이므로 서둘러 시정할 필요가 있을 것이다.

한편으로는 동양 명상의학의 관점에 비추어 볼 때 한국의 경우에는 땅의 기가 위로 올라오는 경향이 있으므로 평소에도 밤에 머리를 감는 것은 기의 순환에 불안함을 가져다 준다. 특히 여자 그리고 임산부에게는 해산달뿐만 아니라 밤에 머리 감는 것은 좋지 않다고 말하고 있다.

✽ 침과 뜸, 탕을 함부로 쓰지 말라

　　예로부터 임신부는 웬만큼 아파도 가능하면 침이나 뜸을 쓰지 않았으며 약을 함부로 먹지 못하게 하였다. 이러한 금기는 현대의학에서도 임신 중의 약물 복용을 금하는 것과 일치한다. 한편에선 임신 중이라고 무조건 약을 먹지 말아야 하는 것은 아니라는 의견도 나오고 있다. 태아에게 큰 해가 되지 않는 약물은 임신부의 치료차원에서 복용이 가능하다는 것이다. 그러나 임신부의 몸을 위한답시고 무분별하게 보약을 먹이거나 익모초와 같은 약물을 임의대로 복용하는 것은 삼가도록 하였다. 탕이나 침, 뜸을 함부로 취하는 것을 금한 것은 태아의 유산, 조산, 기형아 발생과 같은 치명적인 결과를 미리 막자는 데 있다. 현대의학은 부득이한 경우에는 의사의 처방에 따라서 한다고 경고하고 있다.

✽ 올라가거나 내려올 때 천천히 움직인다

　　임신부는 태아의 발달을 저해하거나 유산의 위험이 있는 행동을 하지 말아야 한다. 임신부는 기본적으로 천천히 움직여야 하며, 특히 계단이나 높은 곳을 오르내릴 때는 매사에 조심하고 신중해야 한다. 되도록 높은 곳에는 올라가지 않는 것이 상책이다.

✲ 한 발로 서거나 기둥에 기대어 서지 말라

임신부가 서 있거나 걸어다닐 때 한 발로 서는 행동은 위험하기 그지없다. 임신부의 사소한 몸가짐 하나가 태아에게 나쁜 영향을 줄 수 있는 꼬투리가 되기 때문이다. 한쪽 발에 힘을 주고 까치발로 다니다가 넘어져 다치기라도 하면 큰일이므로, 서 있거나 걸어다닐 때는 두 발로 단정하고 바르게 걸어야 한다. 기둥에 기우뚱하게 기대서는 행동을 금한 것은 임신부의 바른 몸가짐에 어긋난다고 여긴 옛사람들의 판단에서 기인한 것이다.

✲ 위태로운 곳을 밟지 않는다

전통 태교의 가르침은 금기에서 시작해서 금기로 끝난다고 해도 과언이 아닐 정도로, 온통 임신부가 해서는 안 되는 행동을 거듭 강조하고 있다. 임신부는 길을 다닐 때도 주위를 살펴야 한다. 위험이 도사리고 있는 공사장 근처나 위태로운 장소에는 접근을 삼가는 것이 좋으며 길바닥이 고르지 못하고 기울어진 길은 다니지 않는 것이 좋다. 임신부의 작은 사고가 태아에게는 커다란 불상사로 이어질 수 있기 때문이다.

✲ 급히 달리거나 뛰어다니지 말 것

임신부는 늘 천천히 움직이고 여유있는 마음을 유지해야 한다. 급한 일이 있다고 서두르거나 빠르게 뛰어다니는 행동은 삼가야 한다. 급한 마음에 신호등의 불이 깜빡거리는 중에 횡단보도를 건너려 하는 행동은 특히 조심해야 한다. 홀몸도 아닌 임신부가 쫓기듯이 길을 건너는 것은 심리적으로도 불안할 뿐 아니라 넘어져서 다칠 위험도 있으므로 늘 조심해야 한다. 격렬한 몸 동작이나 과격한 움직임을 피하고, 천천히 산책하듯이 걷는 습관을 들이는 것이 태아에게 좋다.

✱ 우물을 엿보거나 무덤 근처에 가지 않는다

　요즘에는 우물을 보기가 어렵지만 물이 귀하던 옛날에는 집 집마다 마당 한 귀퉁이에 우물이 있었다. 깊고 캄캄한 우물 밑바닥 을 내려다보면 저절로 빨려들 것처럼 왠지 모를 무서움이 일어난다. 임신부가 무서움을 갖게 되면 곧바로 뱃속에도 무서움이 전해져 태 아에게 나쁜 영향을 주게 된다. 그러므로 임신부는 되도록이면 무서 움을 유발할 수 있는 우물이나 무덤 근처에 가는 것을 삼가야 한다.

✱ 차가운 곳이나 더러운 곳에 앉지 않는다

　예로부터 여자는 차가운 곳에 앉지 말라고 하였다. 장차 좋은 자식을 낳으려면 아기집을 늘 따뜻하게 보호해야 하기 때문 이다. 엉덩이를 차갑게 하면 자궁내에 질병이 발생할 확률이 높기 때문에 건강한 아기를 원한다면, 따뜻한 곳에 앉는 습관을 들여야 한다. 임신 중에 차가운 곳에 앉았다가 감기라도 든다면 임신부의 심신이 지쳐 결국 태아에게도 나쁜 영향을 초래하기 쉽다. 더러운 곳에 앉는 것을 금한 것 역시 아무 곳이나 앉지 말고 항상 장소 를 가려서 앉으라는 임신부의 바른 몸가짐에 대한 가르침이다.

❄ 밤이나 바람 부는 날, 비 오는 날은 외출을 삼간다

임신부에게 10개월은 몸과 마음 어느 것 하나도 소홀히 할 수 없는 일이다. 집밖을 나가면 도처에 임신부가 보고, 들어서는 안 되는 것들이 기다리고 있다. 그렇다고 집안에만 있을 수는 없는 일이므로 가능하면 임신부는 밝은 낮이나 화창하고 포근한 날을 골라 외출하는 것이 좋다. 캄캄한 밤이나 바람이 심하게 부는 날, 비가 오는 궂은 날은 아예 외출을 하지 말아야 한다. 이런 날은 특히 임신부의 몸과 마음이 불안해지기 쉽기 때문에 집안에서 조용하게 지내는 것이 마땅하다.

❄ 무거운 것을 들지 않는다

임신부가 무거운 것을 들게 되면 온몸에 힘이 들어가기 때문에 태아에게 해롭다. 행여나 무거운 물건을 들다가 놓쳐 발등이라도 찍거나 나뒹굴기라도 하면 임신부가 심하게 놀라게 된다. 임신부가 갑자기 놀라게 되면 태아도 생체리듬에 이상이 생기고 호흡에 이상을 초래하게 된다.

❄ 높은 데 오르거나 깊은 데 가지 않는다

임신부는 늘 몸을 반듯하게 하고 조심스럽게 다루어야 한다. 높은 곳에 있는 물건을 꺼내거나 높은 산등성이에 오르는 행동은 특히 조심해야 한다. 잘못하여 넘어지거나 높은 곳에서 떨어지기라도 하면 십중팔구 유산으로 이어질 위험이 크기 때문이다. 전통 가옥의 경우, 구조상 높은 문지방이나 화장실, 우물가 등 넘어지거나 다치기 쉬운 곳이 있는데, 전통 태교에서는 이런 곳을 '태살'이 낀 곳이라 하여 임신부의 출입을 금하였다.

✳ 기운 빠지는 일을 하지 않는다

전통사회에서 여성은 임신부라 해도, 세도가가 아닌 일반 가정에서는 할 일이 많았다. 전통 태교에 따르면 주변에 일을 도와줄 사람이 없거든 미련스럽게 일에 덤비지 말고 임신부 자신의 능력에 맞는 일만 하라고 일렀다. 친히 누에를 치거나 직조기에 올라 베를 짜는 것을 금하였으며, 바느질할 때도 바늘에 손이 찔리지 않도록 조심해야 한다고 하였다. 임신 중에는 아무리 일이 많아도 매사에 조심해서 하고, 기운이 빠지는 힘든 일은 일부러 찾아서 할 필요가 없음을 강조하고 있다.

✳ 칼로 생물을 베지 않는다

태어나는 자식이 건강하고 복을 받으며 살기를 바라는 부모의 마음은 한결같을 것이다. 태교는 임신부만 하는 것이 아니라 남편에게도 똑같이 적용된다. 옛말에 "아내가 임신을 하면 백정도 짐승 잡는 일을 삼간다"라고 하였다. 아내가 임신을 하면 남편도 살생을 금하여 혹시 아기에게 올지도 모르는 해악을 막으려는 마음에서다. 땔감나무를 칠 때도 큰 가지 대신에 곁가지를 칠 정도로 전통 가정에서는 아버지의 태교가 철저하였다. 그러므로 임신부는 칼로 생물을 베는 것을 삼갔으며, 음식을 썰 때는 반드시 반듯하게 썰도록 하였다.

✽ 많이 먹거나 옷을 덥게 입지 말라

임신을 했다고 해서 음식 투정을 하거나 이것저것 먹고 싶다는 생각에 과식하게 되면 건강하고 똑똑한 자식을 낳을 수 없다. 영양을 고루 갖춘 균형있는 음식을 섭취하는 것이 태아뿐만 아니라 임신부의 건강에 유익하다. 춥다고 옷을 많이 껴입거나 덥다고 옷차림을 허술하게 하는 것은 임신부의 바른 몸가짐에 어긋나는 일이며 올바른 마음가짐과도 거리가 멀어져 장차 태어날 아기에게 나쁜 영향을 끼치게 된다.

「태교신기」의 금기사항을 보면, 임신부가 처한 환경이 태아에게 얼마나 커다란 영향을 미치는지를 여실히 보여주고 있다. 이러한 금기는 대체로 오랜 세월 속에서 무수한 사람들에 의해 얻어진 경험의 산물이다. 임신 중에 안타깝게도 이런 상황을 겪고 유산을 경험했던 갖가지 사례들이 모이고 모여서 금기사항이 되었던 것이다. 현대에 비추어 볼 때 전적으로 다 믿을 수 있는 사례는 아닐지라도 공감이 가는 내용들도 많을 것이다. 요즘 사람들에게는 다소 미신적인 면도 없지 않지만, 상당 부분은 현대의학에서도 입증될 만큼 합리적인 근거를 갖추고 있는 것이 사실이다.

현대 사회가 개개인의 감정을 우선하는 반면, 전통 사회에서는 개인의 감정보다는 가족, 집안, 가문의 명예를 우선하였다. 그러므로 임신부는 올바른 태교와 자녀교육을 위해서라면 어떤 금기도 지킬 수 있는 마음자세를 갖추어야 하며, 한술 더 떠서 가족들에게도 태교에 어긋나는 무수한 금기사항을 지키도록 요구하였다. 오늘날과 비교할 수 없을 정도로 태교의 중요성을 강조했음을 알 수 있다. 전통적인 태교를 그대로 다 실천할 필요는 없겠지만, 과학적 근거가 분명하고 합리성이 있는 부분은 되도록 지키는 것이 좋다. 임신기간 중 부모가 좋은 것을 보고, 듣고, 느껴야 건강하고 똑똑한 아이를 낳을 수 있다는 전통 태교의 중심 생각을 현대의학에서도 그대로 적용하는 것을 보면 그저 놀랍고 신기할 뿐이다. 뿌린 만큼 거둔다고 하였다. 정성을 다하면 좋은 아기를 낳을 수 있을 것이다.

2. 유별난 왕실 태교

태교의 유래는 중국 문헌인 「대대예기」에서 찾을 수 있는데, 훌륭한 황제를 만들기 위하여 뱃속에서부터 시행하던 교육으로 주로 왕가나 상류사회에서 시작되었다. 따라서 태교가 상류사회의 산물이었음을 알 수 있다.

"태 속에 있는 자식을 교육하는 방법을 구슬판때기에 새겨서 황금의 상자에 간직하여 임금이 조상을 모시는 사당에 두고 후세의 경계가 되도록 한다."

─「대대예기」

처음 태교가 도입될 당시에는 왕족이나 상류사회에서만 특별하게 이루어지다가, 차츰 서민사회로 전해짐에 따라 대부분의 집안에서는 훌륭한 자식을 얻기 위한 방법으로 전통 태교를 따르고 실천해 왔다. 보다 훌륭한 후손을 낳아 기르고 싶은 마음은 동서고금을 막론하고 모든 부모의 본능적인 욕구일 것이다.

태임은 중국 주나라의 건국 시조인 문왕의 어머니로, 조선시대 여성들에게 좋은 어머니의 본보기이자, 태교의 표본으로 삼았던 여성이다. 문왕은 중국 역사상 가장 이상적인 국가로 알려진 주나라를 세운 왕으로 조선시대 사람들에게 성인으로 추앙받던 인물이었다. 「열녀전」에는 태임이 아들 문왕을 임신하고 행한 태교의 기록을 다음과 같이 쓰고 있다.

"태임의 성품이 단정하고 한결 같으며 정성스럽고 장중하여 오직 덕행을 하다가 임신을 했는데, 눈으로는 나쁜 빛깔을 보지 않고 귀로는 음탕한 소리를 듣지 않으며 입으로는 오만한 말을 하지 않으며 태교를 실천하였다."

—「열녀전」

태임은 임신을 한 순간부터 정결한 생각을 하고 부정한 것은 보지도 듣지도 말하지도 않았다. 불결하고 더러운 음식은 입에 대지 않았으며, 음란하고 위험한 장소에 가는 것을 삼갔다. 태교의 실천을 철저하게 지킨 결과, 태임은 문왕과 같은 훌륭한 아들을 낳아 장차 나라의 튼튼한 기둥으로 키워낼 수 있었던 것이다.

태임과 관련된 인물로 신사임당을 들 수 있다. 신사임당은 임신 중에 문왕처럼 훌륭한 아들을 낳기를 원했다고 한다. 그래서 문왕의 어머니인 태임을 스승으로 삼는다는 뜻에서 자신의 호를 사임당으로 정하고 항상 훌륭한 자식을 낳기를 기원하였다고 한다. 조선의 태임이라고 할 수 있는 신사임당 역시 율곡이라는 훌륭한 아들을 낳아 길렀다는 점에서 태임과 비교해 결코 뒤쳐지지 않는 어머니란 평가를 받는다. 태교의 핵심은 임신부의 몸과 마음을 잘 다스리는 데 있다. 임신부가 갖는 나쁜 생각이나 모진 언행은 곧바로 태아에게 전달되어 정서에 악영향을 끼친다고 믿었던 당시 사람들의 자녀교육에 대해 새삼 놀라움을 느낀다.

1) 전통 태교에 바탕을 둔 왕실 태교

전통 태교에 바탕을 두고 있는 왕실 태교는 앞서 살펴본 전통 태교와 크게 다를 것이 없다. 다만 일반 백성들에 비해 좀 더 엄격하고 별나다 싶을 정도로 체계적으로 이루어져 왔다는 데 차이가 있을 것이다.

아들, 아들을 얻기 위한 노력은 임신하기 전부터 시작된다. 조선시대의 아들을 낳기 위한 노력은 노비집안에서부터 평민, 양반, 왕실에 이르기까지 하나도 다를 것이 없이 절실한 사안이었다. 조선사회에서는 부모의 생명을 잇는 것은 오로지 집안의 큰아들을 통해서만 가능하다고 믿었다. 아들을 좋아하는 풍조는 비단 조선사회에만 한정되어 있는 것은 아닐 것이다. 아무리 시대가 변하였다고 하지만, 요즘도 아들을 보기 위해 딸을 내리 10명 가까이 낳은 부부들의 이야기가 심심찮게 소개되기도 한다.

왕이 아들을 얻지 못하면 왕실은 근심이 쌓이고 쌓여, 종사의 안위까지 위협하는 요인으로 작용했다. 해서 조선 왕실은 아들을 얻기 위해 왕비를 포함하여 여러 명의 후궁들을 맞이하여 대를 이을 아들 낳기에 필사적인 노력을 기울였다. 왕궁은 물론이려니와 사대부가의 임신부도 늘 마음을 평화롭게 가지고 정결하며 온화하고 부드러운 덕을 쌓아야 한다. 앞서 보았던 합방 전의 여러 금기사항의 엄격함은 왕실이라고 예외가 없었다. 일식이나 월식현상이 일어나는 날이나 바람이 심하게 불거나 번개가 치는 날은 왕에게 미리 동침해서는 안 된다는 전갈이 내시로부터 전해진다. 이러한 조치를 엄격하게 취한 것은 혹여, 명이 짧은 아기나 정신질환을 가진 아기를 낳을 수 있다는 우려와 금기가 고려된 것이다.

아들을 얻기 위한 일차적인 노력의 산물은 길일을 택하여 합방하는 것이었다. 아들이 들어설 길일이라는 결정이 나면 왕과 왕비는 잠자리를 같이 한다. 조선시대 왕실에서 아들을 낳을 수 있는 길일을 정하는 일은, 보통 경험 많은 나이든 상궁이나 관상감의 관리들이 맡았다. 욕정이 치솟는다고 아무 날이나 합방할 수 없는 일이었으며, 반대로 내키지 않는다고 해서 정해진 길일에 합방을 그만두는 것도 엄격하게 통제하였다.

- 가야금, 거문고 연주를 듣는다

길일을 정해 합방한 다음날부터 왕가에서는 아들이 들어

서는 데 좋다는 음식을 가려서 왕비에게 먹이고, 여러 가지 노력을 들인다. 정성을 들인 결과, 왕비가 순조롭게 잉태를 하게 되면 이때부터 태교가 본격적으로 진행된다. 일반 사가의 임신부와 달리 왕비나 후궁이 장차 왕이 될 아기씨를 잉태할 경우, 특별하고 귀한 존재로 인정받아 온갖 예우를 받았다. 왕실에서는 먼저 조용한 분위기를 만드는 데 전력을 기울인다. 조용한 별궁에서 지내면서 좋은 음식과 음악, 글을 늘 접하면서 신선처럼 지냈다. 왕실에서는 궁중아악의 잔잔한 음률이 임신부를 정서적으로 안정시키고 태아의 정서에도 좋은 영향을 끼친다하여 적극 권장하였다.

왕비의 잉태 직후 궁중 악사는 가야금이나 거문고같은 은은한 궁중아악을 뱃속의 아기씨를 위해 임신부 곁에서 정성스럽게 연주한다. 반면 장단에 따라 높낮이가 심해 인간의 감정을 자극하며 격하고 예민하게 만든다는 이유로 피리독주는 금하였다. 요즘의 부모들이 상상하기 어려울 정도로 까다롭고 유별난 태교가 이루어졌음을 알 수 있다.

오늘날에도 음반판매장에 가면 태교에 관한 클래식이니 가야금 연주니 하는 CD가 많이 나와 있다. 이미 임신 중에는 클래식을 듣는 것이 태아와 산모의 정서적인 면에 도움이 된다고 밝혀진 바 있다. 시끄러운 음악은 예민해져 있는 산모의 신경을 날카롭게 만들 수도 있지만 잔잔한 클래식을 듣는 것이 여러 모로 좋다는 것이다. 출산을 앞두고 모차르트 CD를 10장 정도는 구비해 놔야 사려깊은 부모라 하지 않을까? 적절한 자극은 태아를 가진 부모에게 필요하다. 그것이 장차 아인슈타인을 탄생시킬 보장을 주는 것은 아니지만 좋은 음악을 듣는 것은 일차적으로 산모의 심리적 안정에 도움이 된다고 하겠다.

- 임신 전후 단 것을 금한다

왕비나 후궁이 임신을 하면 가장 먼저 강구되는 것이 임신부의 식생활에 관한 것이다. 임신부가 단 것을 많이 먹으면 태어날 아기의 머리가 나빠진다는 설이 왕실에서는 전해져 오고 있어, 왕비가 단 것을 먹는 것을 엄격하게 금했다. 현대 영양학적 관점에서도 볼 때 단 것을 많이 섭취하면 칼슘부족을 불러와 체

온을 내려가게 한다고 한다. 또한 체중 과다의 태아를 낳을 우려
가 있다. 그러므로 수태 전후의 당분 과량 섭취가 태아의 두뇌와
관련이 깊다고 믿었던 옛사람들의 생각이 합리적 근거를 확보한
셈이다. 당시 전의들이 수태 전후의 임신부에게 당분을 줄이라는
처방을 내린 것은 현대에서도 놀랄만한 일이다.

- 임신 2개월, 입덧 음식 만들기에 전전긍긍

임신 2개월부터 시작하는 입덧으로 왕비가 음식을 잘 먹
지 못하거나 편식을 하게 되면, 담당상궁은 안절부절 못하고 불안
해 한다. 임신으로 인한 불안 등으로 왕비나 후궁이 편식조절을
하지 못할 경우, 담당상궁은 심한 문책을 받았기 때문이다. 전의
의 진맥 결과 태아의 맥박이 정상이 아닌 것으로 나오면, 왕비의
편식을 조절하지 못하였다는 책임을 물어 담당상궁은 궁중에서
쫓겨나는 고초를 당하기도 하였다. 임신으로 예민해진 왕비의 먹
거리는 이래서 다른 때보다 몇 배로 정성을 들여, 임신부의 입맛
을 돋우는 음식 만들기에 전력을 기울였다.

드라마에서 종종 접하게 되는 이야기가 오밤 중에 순대니
통닭이니, 그 계절에 구하기 힘든 음식을 먹고 싶다고 떼를 부리
는 산모의 경우다. 입덧이 심하게 되면 음식이 먹고 싶지 않고 신
것이 먹고 싶어지게 마련이다. 신 음식은 폐의 기능을 강화시킨
다. 임신을 하면 심폐 기능이 자연히 강화되어야 태아에게도 충분
한 산소를 공급해 줄 수 있다. 동양의학에서는 먹고 싶은 것을 먹
는 것이 가장 좋다고 한다. 몸에서 스스로 필요한 것을 찾는다는

이유에서다. 한밤 중에 유난을 떨고 희귀한 음식을 내어 놓으라는 것은 일종의 임산부의 특권이겠지만, 굳이 입덧이 심한 경우가 아니라면 먹어서 해로운 음식을 제외하고는 잘 먹는 것이 좋다. 임산부는 보통 사람보다 훨씬 많은 영양이 필요하다.

- 임신 3개월, 본격적인 별궁생활 시작

옛날의 성왕들은 태교 방법을 만들어 왕비가 임신한 지 3개월이 되면 별궁에 나가 조용히 지내도록 하였다. 귀한 씨를 품고 있는 왕비는 이에 걸맞은 대우를 받았는데, 음식도 예에 맞추어 먹게 하였다. 이것은 뱃속의 아기를 미리 가르치기 위한 것이라고 「태교신기」에 기록되어 있다.

"옛날에 성왕들이 태교법을 만들어 왕비가 잉태한 지 석 달이면, 별궁에 나가 거처하게 하여 눈으로는 요사스럽고 악한 것을 보지 않게 하고, 귀로는 망령된 소리를 듣지 않게 하며, 음악과 음식도 예에 맞아야 듣고 먹게 하였으니, 이는 임신부를 사랑하여서 그렇게 함이 아니라 뱃속의 아기를 미리 가르치려 함이니, 아기를 낳아서 조상만 못하면 불효라 하였다."

—「태교신기」

　　임신 3개월이 되면 왕비는 별궁에서 지내며 본격적인 태교 생활에 들어간다. 별궁에는 출입 제한이 엄격하여 출입상궁이나 내관 이외에는 함부로 들어갈 수 없도록 통제되었다. 임신을 한 왕비는, 왕비의 몸이 아니라 장차 나라를 이끌 예비 왕의 몸으로 돌아가 매사에 조심하고 철저한 금욕생활을 감당해내야 한다. 왕비는 늘 조용히 묵상하듯이 바르게 앉아 예쁘고 아름다운 것만 보고 좋은 이야기만 들으며 올바른 언행을 실천하며 시, 서, 화 수업을 게을리 하지 않았다. 온 궁중이 태아와 한몸이 되어 왕비와 태아의 심리적 안정을 꾀하는 데 온갖 정성을 기울였다. 왕이 되는 길도 멀고 험하지만, 예비 왕을 잉태한 왕비의 길은 더욱 험난하고 어려운 관문의 연속이었다.

　　어머니와 태아가 같은 몸이라는 생각은 오늘날의 태교관점이나 별반 다르지 않다. 다만 훨씬 금기시되는 것이 많았고 주의해야 하는 것이 많은 별궁의 생활이라는 것이 다른 것 뿐이다. 오늘날에 임산부들의 안정을 위해 임신을 한 동안에는 친정을 찾는 산모들이 늘고 있다. 핵가족화된 사회이기 때문에 혼자 몸관리 하는 것이 쉬운 일이 아니라 어머니의 도움을 받는 것이다. 경험이 많은 어른을 찾는 것도 한 방편이긴 하다. 별궁에 따로 나와 생활을 하는 것도 다 심신의 안정을 위해서기는 마찬가지다.

- 임신 5개월, 태아를 위한 경서공부 시작,
임신 6개월, 태아를 위한 모의글방 진행

태동이 시작되는 임신 5개월이 되면, 왕비와 태아를 위해 목청 좋은 내관들이 왕비의 방 앞에서 4서 3경을 읽는 일과가 생긴다. 왕비의 마음을 평정시키고 수양하는 것에 중점을 두었지만, 이보다도 더 태아의 조기교육이라는 명목의 경서공부 시작이 주목적이었다. 조선 왕실에서는 모체의 배를 발길질하는 태동을, 태아가 글을 배우겠다는 몸짓으로 받아들여 임신 5개월에 접어들면, 으레 유교경서를 읽어 왕비를 비롯한 태아에게 학문을 가르치는 일과를 엄격하게 지켰다. 조선 왕실의 조기교육은 임신부의 뱃속에서부터 시작되었음을 알 수 있다. 태아기의 교육을 강조한 것은 전통 태교에 근거한 것이다. 태동을 태아가 뭔가를 배우고 싶다는 뜻으로 해석한 옛사람들의 합리적이고 적극적인 사고방식의 일면을 엿볼 수 있다. 물론 뱃속에 있는 아이가 글을 배우고 싶어하는지, 또는 그것이 장차 태어나는 아이에게 어떤 득이 될 것인지는 밝힐 수 없지만 어머니 자세의 중요성을 간과할 수 없다는 뜻일 것이다.

임신을 한 후 6개월이 되면, 왕실에서는 당직 내시들이 묻고 답하는 식으로 진행하는 모의 글방을 차린다. 「천자문」이나

「동몽선습」, 「명심보감」 등을 해설까지 붙여가며 낭랑한 목소리로 낭독하여 왕비에게 들려주었다. 이는 태아 때부터 덕을 쌓고 바른 길을 가르쳐 총명한 군주로 키우기 위한 왕실의 엄격한 태교의 일환으로 해석된다.

– 임신 7개월, 콩으로 된 음식을 먹는다

임신 7개월이 되면 왕비는 아침 식사하기 전에 왕실주방에서 나오는 순두부를 먹는다. 콩으로 만든 순두부가 뇌를 발달시킨다는 것이 당시 왕궁의 정설이었기 때문에 주로 콩으로 된 음식을 많이 먹었다. 특히 어미의 젖을 먹고 자라는 포유동물의 고기에는 피비린내 나는 살기가 서려있다 하여 주로 콩이나 야채를 먹었다. 이밖에 새우나 조개, 생선, 김, 미역 등의 해조류를 먹었다. 해산물 중에서 특히 게나 문어 등은 기피하는 음식이었다. 이유는 만에 하나 왕비가 게 음식을 먹어 게걸음을 걷는 왕자라도 낳게 될까 우려한 까닭에서다. 반상이 존재하던 당시, 양반걸음에 비길 때 옆으로 왔다갔다 걷는 게걸음은 품위없고 천한 걸음이라고 여겼기 때문이다. 앞서 전통 태교에서 살펴보았던 주술적인 요인에 의해 금기했던 태교음식의 하나였다. 당시 왕실에서 금기했던 게는 미신적인 이유로 못 먹게 한 음식이었음을 알 수 있다.

현대의학의 관점에서 볼 때 게를 먹는다하여 게걸음을 하거나, 닭을 먹어 태아가 닭살이 된다는 것은 아무런 상관이 없는 것으로 밝혀졌으나, 아직도 어른들은 그런 미신들을 믿는다. 하지

만 콩으로 된 음식은 저지방, 고단백질의 식품이므로 태아의 신체
발달에 도움이 된다.

- 임신 9개월, 영양관리에 집중한다

현대의학에 의하면 인간 뇌의 무게는 임신 9개월에서 출생
시까지 극도로 늘어난다고 한다. 장차 태어날 태아의 뇌 무게를
결정짓는 이 시기는 어느 시점보다 더 임신부의 영양 공급에 신
경을 써야 하는 것이다. 궁중에서는 아기씨 탄생 1개월 전인 9
개월부터 왕비의 영양관리를 담당할 내명부 전담 상궁의 수를 두
배로 늘렸다. 여기서도 알 수 있듯이 왕실에서 태교를 둘러싸고
임신부의 먹거리에 얼마나 정성을 기울였는지 알 수 있을 것이다.
우연이라고 하기에는 옛사람들의 지혜가 너무도 놀랍다.

- 해산달, 비상근무에 들어가는 왕실

해산달이 가까울수록 왕비 곁에서 수발을 드는 상궁의 수
가 늘어난다. 왕비의 만삭이 다가오면 조정에서는 출산준비를 철
저하게 서두른다. 먼저 예정일보다 서너 달쯤 전에 산실청이라는
출산기관이 설치되고, 동시에 의정부의 3정승과 내의원의 숙련된
어의들이 왕비의 출산 때까지 왕실에 머물며 비상근무에 들어가
준비에 만전을 기하게 된다. 10개월의 임신 기간 중 왕비의 생활
은 거의 수도자에 가까울 정도로 엄격하고 철저하게 이루어진다.

세상을 좌지우지하는 최고의 자리로만 보이는 왕좌의 자
리는 그만큼 끊임없는 인내와 책임감으로 단련되어야 겨우 얻을

수 있는 힘든 고지였음을 알 수 있다. 권력을 누리는 단맛 뒤에는 곰의 쓸개만큼이나 쓰고 힘든 기나긴 단련의 과정이 있었음을 미루어 짐작할 수 있다.

3. 요즘의 태교 풍속도

오늘날 태교의 관심은 전통사회 못지 않게 높다. 그러나 많은 임신부들이 자기 나름대로의 태교 가치기준을 세우지 않은 채, 전통 태교가 좋다고 하니까 무조건 환경을 무시하고 이론적으로 따르는 것은 문제가 있다. 전통 태교에 담겨있는 임신부의 마음가짐보다는 겉모습만 맹목적으로 따르고 있는 것이 대부분이다. 많은 임신부들이나 가족들은 무늬만 전통 태교를 따를 뿐, 전통 태교의 경험적 산물을 외면하고 있다.

최근에는 젊은 임신부들의 관심을 끄는 베이비 상품들이 많이 등장하고 있다. 부모가 아이의 소리를 들을 수 있고, 또 아이에게 말을 전할 수도 있는 기계까지 선보이고 있다. 임신부가 병원 진찰을 받으러 가면 초음파 검사를 필수적으로 하는데, 임신부는 진찰을 받으면서 태아의 심장박동 소리를 뚜렷하게 들을 수 있으며, 뱃속에 있는 아이의 모습까지도 개월 단위로 볼 수 있고, 사진으로 간직할 수도 있게 되었다. 과학의 힘은 날이 갈수록 깜짝 놀랄 일들을 쏟아 내고 있다. 과연 과학의 발달만큼 인간의 사고는 발달하고 있는 것일까?

태교는 임신부 혼자서 하는 것이 아니라 아기의 아버지를 비롯한 모든 가족들의 사랑과 관심 속에서 이루어져야 한다는 것을 전통 태교에서는 분명히 밝히고 있다. 임신부의 올바른 몸가짐과 마음가짐은 가족들의 도움 없이는 불가능하다. 가족들의 애정어린 사랑만큼 더 좋은 영향을 끼치는 태교도 없을 것이다. 현대의 관점에서도 해석을 달리할 필요 없이 명쾌한 이론이다. 그럼에도 불구하고 많은 임신부들은 전통 태교가 말하고 있는 중심 생각을 읽기보다는 형식적인 일면에 휘둘리는 경향이 없지 않은 것 같다.

요즘 신세대 엄마들 사이에서는 태아를 위한 임신부 영어교실이 붐비고, 악기교실 강좌도 만원사례라고 한다. 영어나 악기만 배운다고 과연 태아에게 도움이 될까? 태아의 정서에 좋다하여 평소에는 듣지도 않던 클래식을 억지로 듣는 경우를 종종 본다. 임신부의 마음상태가 곧바로 태아에게 영향을 준다는 사실을 안다면, 이런 우는 범하지 않을 것이다. 진정한 태교는 세세한 방법을 따르는 데 있는 것이 아니라, 임신부의 올바른 마음자세에 달려 있음을 잊어서는 안 될 것이다. 아기를 위해서라는 일방적인 이유로 괴로움을 참아가면서까지 하는 행동은 태아에게 아무런 도움이 안되며, 임신부에게도 스트레스로 작용하게 된다.

텔레비전 드라마를 보다보면 평소에는 입에 대지도 않던 이상한 음식을 먹고 싶다고 하다가, 막상 음식을 구해오면 어느새 입맛이 달라졌다며 또 다른 음식을 구해오라고 한다. 이런 경우를 한두 번은 보았을 것이다. 굳이 화면을 통하지 않더라도 주변 사람들을 통해서도 종종 보아온 행동이다.

요즘 유행하는 이러한 태교는 대개가 태아는 뒷전에 두고 부모의 욕심을 태아에게 전가시키는 경향으로 흐르고 있다. 아기에게 좋은 것을 먼저 생각하기보다는 어머니가 좋아하는 것을 일방적으로 강요하는 면도 없지 않다. 이러한 임신부의 변덕이 입덧이라는 예민한 미각에서 기인하고 있다는 점을 감안하더라도, 과연 태아를 위한 행동인지 의심이 들 정도로 요즘 세태는 좀 유별나다. 무엇을 먹든지 임신부 자신이 먹고 싶은 것이 아니라, 아기가 먹고 싶은 거라며 핑계를 대면서 자신의 온갖 행동을 합리화시킨다.

　　태교는 평소와 다른 특별한 행동이나 마음가짐이 아니다. 태교는 일상 생활에서 묻어나는 모든 행동과 마음가짐의 연결선상에 있다. 물론 임신 전보다는 더 실천적이고 부지런하며 매사에 절제해야 한다는 새로운 마음가짐이 뒤따른다. 이런 과정은 2세를 잘 키우고 싶어하는 세상 모든 부모의 공통된 관심사다. 부모는 저절로 되는 것이 아니라 만들어지는 것이므로, 자질을 갖추기 위한 노력을 끊임없이 해야 한다. 항상 올바르게 행동하고 생각하는 생활 속에서 훌륭한 아기가 태어나는 것은 수학공식처럼 당연한 것이다.

1) 임신부가 좋아하는 음악을 들려주어라

　　음악이 태아에게 좋은 영향을 미친다는 사실은 이미 과학적으로 밝혀졌지만, 음악의 장르나 종류와는 무관하며 임신부가 좋아하는 음악을 선택하는 것이 태아에게 가장 좋다. 태교음악이

라 하면 많은 사람들이 클래식을 권하는데 꼭 그럴 필요는 없다. 듣는 음악이 너무 즐거워 따라 부르고 싶고 절로 발장단이 맞춰지는 음악이라면 자신에게 맞는 정말 좋은 태교음악이다. 이해하지도 못하고 좋아하지도 않는 클래식을 억지로 듣는 것보다는, 신나고 즐거운 가요나 부모가 다정하게 불러주는 노래가 태아에게 더 좋은 영향을 준다.

임신 6개월부터 태아의 청각이 반응하므로, 이때부터는 가사가 있는 음악을 들려주는 것이 태아에게 좋다. 태아에게 가장 좋은 태교음악은 아버지가 직접 불러주는 노래다. 오후 8~11시는 태아의 청각 신경이 가장 예민한 시간대이므로, 이 시간을 이용하여 음악을 들려주거나 태아와 대화하는 시간을 갖는다면 금상첨화다. 뱃속에 있을 때 음악을 많이 들려주고 정서적인 태교를 많이 받은 아기는 태어나서도 침착하고 무난한 성격으로 자라기 쉽다고 한다. 임신부와 가족들은 태아가 5감을 느낀다는 사실을 항상 기억해야 한다.

임신부가 내키지 않는 일을 하는 것은 아기도 싫어한다. 태아를 위한다고 억지로 동화책을 읽어주는 것보다는 임신부 자신이 좋아하는 책을 즐겁게 읽어주는 것이 태아에게 더 유익하게 작용할 것이다. 물론 임신부가 좋아하는 모든 것들이 태아에게 영향을 끼친다는 사실만 잊지 않는다면, 임신부와 태아가 다 좋아하는 일치점을 찾을 수 있을 것이다. 태아를 위한 맹목적인 책임감이나 남들이 다하니까 나도 라는 식의 무조건적 선택보다는, 전통 태교에서 가르치고 있는 진정한 태교의 길을 스스로 찾는 혜안을 가져야 한다. 이런 노력을 계속하다 보면, 어느 순간 여러 가지 절제 사항들을 자연스럽게 받아들이게 될 것이다.

2) 태아와 많은 대화를 나누어라

임신부가 부드러운 음성으로 태아에게 말을 건네는 것 즉, 태담태교는 태아와 친밀한 관계를 만듦에 있어 아주 중요한 역할을 한다. 지속적으로 이루어지는 태아와의 대화는 임신부와 태아의 정서를 안정시키고, 나아가 태아의 뇌 발달에도 지대한 영향을 끼친다. 외부의 적절한 소리 자극은 태아 뇌의 포도당과 산소의 양을 높여 준다. 특히 부모의 다정한 목소리를 자주 들으면 뇌의 발달을 가져와 장차 똑똑한 아기를 낳게 된다. 부모가 태아에게 사랑과 관심을 가지고 대화하는 것은 태교의 출발이라 할 수 있다.

태아가 청력을 갖추게 되는 임신 6개월이 되면, 태아에게는 예민한 청각기능과 말의 억양을 구분할 수 있는 능력이 생기기 때문에 목소리에 곧잘 반응을 보인다. 뱃속의 태아가 가장 예민하게 반응을 일으키는 목소리는 당연히 어머니의 소리다.

그러나 공기를 통해 전달되는 외부인의 목소리 가운데서 아버지의 목소리가 태아의 정서적 안정에 가장 도움이 되며, 태아의 뇌 기능에 더욱 큰 영향을 준다고 한다. 그 이유는 일반적으로 톤이 굵고 낮은 남성의 목소리가 여성의 목소리보다 주파수가 낮아 복부를 통해 태아의 귀에 잘 전달되기 때문이다. 그러므로 아버지가 태아에게 애정을 듬뿍 담아 웃으면서 칭찬하거나 부드럽게 말하면 태아의 정서에 더할 수 없이 좋은 영향을 주게 된다. 물론 어머니의 조용하고 사랑이 담긴 목소리도 태아의 뇌 발달에는 절대적이다. 반면에 매일 반복되는 신경질적인 목소리나 큰 목소리는 스트레스로 작용해 태아의 뇌 기능을 떨어뜨린다. 태아에게 들리는 부모의 음성은 태아의 뇌 발달과 청력 발달에 결정적인 역할을 하는 것을 알 수 있다. 태아와 대화를 할 때는 부드럽지만 분명한 말투로 하는 것이 좋으며, 말의 높낮이를 살려서 말하는 것이 좋다. 조용한 목소리로 책을 읽어 주거나 대화를 나누는 태교는 태아가 세상에 태어난 후에도 그대로 이어져 유아교육에서도 중요하게 작용한다.

3) 평온한 마음을 가져라

　　임신부는 10개월 동안 신체상의 큰 변화를 겪기 때문에 예민해지기 쉽고, 출산에 대한 공포로 인해 심리적으로 긴장하고 불안해 한다. 임신부가 정신적인 스트레스를 많이 받으면 태아도 같이 스트레스를 받게 된다. 임신부가 정서적으로 불안하여 스트레스를 지속적으로 받으면 뇌하수체에 스트레스 호르몬이 증가하여, 태아의 뇌 세포 성장을 억제하므로 뇌 발달에 나쁜 영향을 준다고 현대의학은 밝히고 있다. 임신부의 스트레스로 인해 태아의 두뇌발달에 방해를 받게 되면, 태어난 후에도 기억력이나 면역기능이 떨어지는 것으로 알려지고 있다.

　　그러므로 임신부는 늘 침착하고 평온한 마음을 가지도록 애써야 한다. 무엇보다도 가족들은 태아에게 직접적인 영향을 끼치는 임신부의 정서적인 면에 늘 신경을 써야 하며, 건강을 잃지 않도록 관심을 기울여야 한다. 임신부가 울거나 놀라거나 화를 내는 일이 없도록 가족들은 세심한 배려를 기울여야 한다. 임신부가 정신적으로 안정되지 못하면 곧바로 태아에게 나쁜 영향을 주기 때문이다.

　　심한 우울증에 시달린 임신부가 낳은 아기는, 그렇지 않은 임신부가 낳은 아기보다 더 자주 질환을 앓아 병원을 찾는 수가 훨씬 많았다는 연구결과도 나와 있다. 임신부가 흥분을 하거나 분노에 차 있으면 태아도 비슷한 흥분 상태에 놓이게 된다. 스트레스로 흥분을 하게 되면 임신부의 혈액 안으로 증가한 스트레스 호르몬이 태반을 통하여 태아에게 전해져 태아도 똑같은 긴장감과 흥분 상태를 겪게 된다. 특히 스트레스 호르몬의 한 종류인 아드레 날린은 임신부의 자궁을 수축시켜 태아에게 전해지는 혈류량을 떨어뜨린다. 이 때문에 산소와 영양분을 충분하게 공급하지 못해 태아의 뇌 발달에 치명적인 손상을 입히게 된다. 이런 태아는 태어난 후에도 저능아나 정서가 불안한 아이로 자라게 될 우려가 높다.

반대로 임신부가 즐겁고 명랑한 기분을 유지하면 태아 뇌의 신경전달물질계가 자극을 받아 뇌 발달을 촉진한다. 임신부의 감정에 가장 깊은 영향을 주는 사람은 아기의 아버지이므로 임신부가 평온한 마음과 자세를 가지도록 항상 배려해야 한다. 옛말에 '시댁 식구 스무 명보다 남편 하나가 낫다'는 속담이 있을 정도로 임신부의 정신적 안정을 위해서는 남편의 관심과 사랑이 중요하게 인식되었다. 현대의학에서도 남편의 적극적인 관심과 애정이 임신부의 긴장과 불안을 줄이는 데 도움이 되며, 가족들의 적극적인 관심 또한 임신부가 느끼는 막연한 근심과 스트레스를 완화시키는 역할을 한다고 밝히고 있다.

오늘날 대개의 병원들이 임신부 한 사람의 생리적인 변화에 주안점을 두고 있는 반면, 전통 태교는 임신부를 포함하여 남편, 가족 모두가 관심을 가지고 예방하는 태교를 적극 실천하였다. 특히 임신부의 생리적인 변화뿐만 아니라 정신, 사회, 문화적인 측면을 고루 강조했다는 점에서 더욱 높은 평가를 하게 된다. 전통 태교의 주술적이고 미신적인 면만을 강조하여 배척하기보다는 선현들의 지혜가 함축되어 있는 우리의 전통문화에도 관대한 애정을 가질만하다. 전통 태교에서 강조하고 있는 임신부와 가족들의 금기사항과 마음가짐은 오늘날 병원에서 실시하고 있는 임신부 교육의 내용에도 거의 다 활용되고 있다. 전통 태교는 임신부 자신의 올바른 언행과 몸가짐, 온가족이 기울인 노력의 과정이라는 측면에서도 오늘날 산업사회에서 더욱 절실하게 필요한 덕목일 것이다.

4. 전통사회에 있어서 훌륭한 태교 이야기들

훌륭한 어머니에게서 잘난 자녀가 태어나며 어릴 때의 교육이 그 사람의 평생을 좌우한다는 것은 만고불변의 사실일 게다. 교육의 시작이며 가장 영향력이 큰 것이 가정교육이며 그 가정교육은 훌륭한 태교로부터 시작한다는 점에서 그 예들을 들어 보려 한다. 타임지가 선정한 미국에서 가장 영향력 있는 사람이며 「성공하는 사람들의 7가지 습관」의 저자인 스티븐 코비 박사는 "리더들은 먼저 자신과 가정에서의 신뢰회복을 통해 가정에서의 성공을 보장받아야 하고, 이는 곧 직장의 성공으로 이어질 수 있다."라고 하여 가정교육을 강조하였는데 이는 우리의 동양사상 중 균형잡힌 원칙중심의 성품교육과 상통하는 점이며, 가정교육에서부터 시작하는 수신제가(修身齊家)를 생각나게 한다.

✱ 요석공주

신라시대의 유명한 고승이었던 원효대사가 출가하여 수도하던 중에 요석공주를 만나 낳은 이가 설총이었다. 요석공주는 임신 중에 「관음경」,「승만경」,「금강경」 등을 외었는데 그 이유는 아들을 구하는 마음에서였으며, 그는 "평생 소원이 천하에 으뜸가는 남자와 배필을 지어서 상감마마 다음가는 아들을 낳아 나라에 바치고 싶다."라고 할 정도로 현모가 되기를 소원하였고 뜻을 이루었다(김부식, 삼국사기; 이광수, 원효대사, 경향신문, pp.133~173 중에서).

❊ 문왕(文王)의 어머니 태임(太任)

중국 주나라 문왕의 어머니인 태임은 태교를 자신의 덕목으로 삼고 열심히 실천했다. 올바른 언행과 머리를 총명하게 하기 위한 가르침 등을 잘 실천한 결과 훌륭한 인물을 얻었다. 지금까지 전해오는 "아이 배어 하나를 가르치니 열을 알더라."라고 하는 말은 바로 태임이 문왕을 잉태하고 경험한 바를 전하는 말이다.

❊ 신사임당

신사임당은 자신이 시문에 능하고 글과 그림에 뛰어났을 뿐 아니라 남편에게는 현숙하고도 어진 아내였으며, 자식들에게는 엄하고도 자상한 어머니였다. 임신 중에 특히 글을 많이 읽고, 사색을 많이 했으며 태교를 마음에 새기고 실천하고자 태임(太任)의 임(任)자를 붙여서 사임(師任)이라고 했다는 설이 있을 정도로 태교와 양육의 모범이 되어 동방의 현인이라 칭송받는 이율곡 선생과 천재 여류시인 매창 등 일곱 남매를 모두 훌륭한 재사(才士)요 효자(孝子)로 키워 한민족의 어머니상을 보여 준다.

❈ 정몽주의 어머니

어릴 적부터 꽃씨를 뿌리고 가꾸면서 아무리 좋은 종자라도 가꾸는 것을 소홀히 하면 꽃도 잘 피지 않고 열매도 부실함을 알았고, 서로 다른 동물끼리 접종을 시켜보니 두 종류의 성품을 갖고 태어난다는 사실 등에서 많은 것을 깨달아, 인간의 수태, 태중, 출산의 각각의 중요성을 발견하고 태교를 실천하기에 이르렀다. 그리하여 성현의 지나온 행적을 더듬고 책을 읽으면서 위인을 낳기 위한 옳은 방법을 실천하였다고 한다.

❀ 강감찬의 아버지

강감찬은 그의 부친이 그를 낳을 때 수많은 여성의 구애를 마다하고 백 명째 되는 여인과 정을 맺어 수태시킨 결과 그만큼 훌륭한 무사인 아들을 갖게 되었다고 한다(전후신문, 1972년 5월 19일자, 4면에서 재인용).

❀ 사주당 이(李)씨

유희의 어머니인 이씨는 어릴 적부터 박통(博通)경사(經史)하였으며 행동도 단정하였다. 생활 형편이 어려운 가운데도 태교를 잘 실천하여 1남 3녀를 모두 훌륭하게 길렀다. 또한 태교를 몸소 행했을 뿐만 아니라 「태교신기」라는 명저를 남겨서 세인들의 태교 교육과 실천에도 크게 공헌하였다.

❀ 공자의 어머니

춘추전국시대의 공자의 어머니는 노나라의 니구산을 찾아가 아들을 위한 기도로 잉태하였으며, 그 정성으로 임신 중에도 열심히 태교를 실행한 결과 성인 군자를 낳았다고 한다.

❀ 맹자의 어머니

맹자의 어머니는 전국시대 사람으로 요순을 본받으며, 잉태 후에 말과 몸을 조신하였고 출산 후에도 아들을 위하여 주위 환경이 마땅치 않으면 아들의 교육환경을 위하여 세 번 이사를 하는 삼천지교(三遷之敎)를 실천하여 맹자를 훌륭한 인물로 길렀다.

5. 과학으로 증명된 전통 태교

흔히 아이들의 성격이나 재능은 부모의 유전자에 의해 결정된다고 생각하기 쉽다. 그러나 최근에 밝혀진 내용에 따르면, 아기의 지능지수는 부모의 유전인자에 의한 것이 아니라 자궁내의 환경에 따라 결정된다고 하였다. 특히 태내에서 충분한 산소와 영양분을 공급받고 심신이 편안한 모체에서 태어난 아기일수록 지능지수가 높은 것으로 나타났다. 임신 후 자궁내 환경이 유전적 요인보다 더 영향을 많이 끼치며, 그만큼 중요하다는 것을 입증한 셈이다. 이러한 결과가 나오자 일각에서는 태교를 새로운 교육의 단계로 주목하고 있다. 전통 태교가 과학적으로 증명되는 순간이기도 하다.

그러나 한편에서는 전통 태교가 비과학적이고 근거가 없는 것이라고 일축하고 있다. 그 까닭은 태교라는 것이 정서적 성향이 강해 눈에 보이지 않고 실제로 증명해서 보일 수 없다는 생각과 전통 태교의 주술적 요소가 두드러지기 때문이다. 이러한 이유로 우리의 전통 태교가 미신이나 고루한 관습으로 여겨져 뒷전으로 내몰렸던 것이 사실이다. 최근에야 이러한 생각들이 깨지면서 전통 태교의 과학적 근거와 옛사람들의 지혜가 속속 밝혀지고 있다. 아울러 전통 태교를 과학적으로 입증하려는 사람들이 늘고 있으며 점점 관심이 고조되고 있다.

가 나 다 라
마 바 사
...

腹以懷我
乳以哺我
...

　　임신 24주가 되면 태아의 뇌 세포가 조직화되기 시작한다.
이때부터 태아도 시각, 청각, 미각, 후각, 촉각 등 5감을 느낄 수
있으며, 5감을 통해 배운 것을 학습할 수도 있다고 한다. 일반적으로
시각과 청각은 임신 6개월부터, 미각과 후각은 임신 7개월쯤 반응
을 보이기 시작한다. 태아는 소리와 진동을 통해 외부의 소리를
듣기 때문에 5감 중에서도 특히 청각에 대한 기억을 가장 본능적
으로 느낀다. 그러므로 임신부를 비롯한 가족들은 항상 부드럽고
고운 말을 가려서 사용하여야 하며, 태아가 놀라는 일이 없도록
조용한 환경을 만드는 데 힘을 모아야 한다. 임신 7개월쯤 된 임
신부의 배에 강한 불빛을 비추면 태아가 꿈틀거리는 것도 태아가
외부의 빛을 시각적으로 인식한다는 증거다. 강한 빛은 태아에게
스트레스로 작용하기 때문에 임신 중엔 조명이 현란한 장소에는
가지 않는 것이 좋다. 태아는 차가운 것을 싫어하기 때문에 임신

부가 얼음물을 마시면 배를 차는 행동을 함으로써 불쾌감을 나타내기도 한다. 태아의 사소한 동작 하나에도 나름의 원인이 있다는 사실을 안다면, 임신부는 어떤 행동이라도 조심하지 않을 수 없을 것이다. 살아있는 모든 생명이 오묘하고 신비롭기 그지없다.

태아는 엄마의 말과 생각은 물론 보고 듣고 먹는 모든 일을 정서적으로 함께 공유하기 때문에 어떤 행동이나 가려서 해야 한다. 10개월의 임신기간은 임신부 혼자의 몸이 아니라 태아와 공동으로 생활하는 것이므로, 항상 규칙적인 생활을 유지해야 한다. 여성이 아기를 가진 10개월이 길다면 길게 느껴질 수도 있겠지만, 태어날 아기의 평생을 결정지을 수도 있다고 생각한다면 결코 긴 시간은 아닐 것이다. 임신 10달 동안 태교에 신경을 쓰게 되면, 출생한 후 아기 키우기는 그만큼 편해질 것이다.

♣ 유태인의 자녀양육 및 교육의 지혜로부터
- 가장 많이 놀리면서도 가장 똑똑하게 키우는 유대인의 자녀교육 -

세계 인구의 1%, 미국 인구의 3% 밖에 되지 않는 유대인에 의해 미국뿐만 아니라 세계의 경제와 과학과 정치가 좌지우지된다고 해도 과언이 아닐 것이다. 타임즈가 20세기를 마감하면서 현대 백년의 가장 위대한 인물로 선정한 아인슈타인이 유대인이다. 미국 증권 시장의 큰손 조지 쏘로스며, 미국의 재무 대통령이라 불리우는 연방준비위원회(FRB) 의장인 엘런 그린스펀, 금융재벌인 로스차일드와 모건, 정신분석학자 프로이드, 사상가 마르크스, 시인 하이네와 푸르스트, 토마스만 그리고 미국 국무장관을 지낸 키신저 등등, 세계 역사의 각 분야에 위대한 업적을 남긴 인물 중에 유대인이 많다.

또한 미국내 70만 변호사 가운데 1/3을 차지하는 유대인 변호사는 가장 신뢰를 받고 있으며, 하버드 대학 교수의 50%가 유대인 교수들이다. 더불어 역대 노벨상 수상자 중 15%가 유대인이란 사실은 무엇을 의미하는 것일까? 타고난 유전적 인자가 우수해서일까?

유대인들의 생활규범이자 그들의 신앙과 교육과 사상의 근본으로 삼고 있는 성경과 탈무드, 미드라쉬, 토라 그 어디에서도 이러한 표현을 찾아볼 수가 없다. 그들에게는 B.C. 500년부터 A.D. 500년에 걸쳐 천 년 동안 구전되어 온 것을 수많은 학자들이 10여년에 걸쳐 수집하고 편찬한 12,000페이지 20권으로 구성되어 있는 「탈무드」가 있다. 또한 탈무드를 접하기 전 어린아이들에게 적용한 이슬람교의 율법경전인 「토라(Tora)」가 있다. 그리고 세계에서 가장 많이 아이들을 놀게 하는(이 경우 논다는 것은 교실 밖 수업, 즉 자연관찰 교실을 의미함) 교육을 시행하고 있는 이스라엘의 키부츠 공동체가 있다.

그러나 무엇보다도 유대이즘을 실현하기 위한, 유대인을 유대인답게 키우고자 하는 종교적 삶의 실천 의지 그리고 책을 귀하게 여기고, 자녀교육에 대한 열린 마음을 실천하며 모범을 보이는 유대인의 자녀양육의 지혜교육에 뿌리를 두고 있다고 말할 수 있을 것이다. 이에 그들의 지혜로부터 우리의 자녀양육에 적용할 수 있는 그리고 우리 선조들의 지혜와 통합하여 교육현장에 적용할 수 있는 내용들을 몇 가지 추려 본다.

- 부모에게서 받은 만큼을 부모에게 말고 자식들에게 베푼다

유태인들은 예로부터 부모는 오직 줄 뿐이고, 자식은 오로지 받기만 하면 되며, 받은 만큼 다음의 자식들에게 주면 된다고 생각한다. 이는 우리의 효(孝)사상에 근거한 전통사회에서 있어왔던 생각, 즉 부모가 이만큼 해 주었으니 자식도 그만큼 부모에게 보답하지 않으면 안 된다는 사고와는 다르다. 물론 자식의 부모에 대한 효도는 소중한 것이지만, 그보다는 그 애정을 자식들의 10년 후를 생각하여 다음 세대에게 쏟는 것이 보다 발전적인 방법이라고 생각하는 것이다.

- '어리니까' 라는 관용적 태도보다는 소유권을 명확히 구별시킨다

한 가정내에서, 혹은 한 가족끼리지만 자기 물건 외에는 절대로 손을 대지 못하도록 가르치는 것을 대단히 중요시 여긴다. 어릴 때부터 '내 것', '네 것', '우리 것'에 대한 구별을 확실히 교육시켜 두면, 그들이 커서 사회생활을 할 때에도 남의 물건이나 공공물을 다루는 방법을 자연스레 터득할 것이기 때문이다. 이와 더불어 사물과 사람을 구별하는 인지가 발달하는 2~3세 이후에는 어린이라고 해서 제멋대로 만지거나 갖거나 혹은 행동하도록 내버려두지 않는다. 진정 자녀들의 '인격'이나 '인권'을 존중하는 유태인의 부모들은 '어리니까'라는 관용적인 태도는 취하지 않는다.

- 많이 먹도록 자꾸 권하고 편식하지 않도록 한다

우리 나라의 어머니들과 유사한 점으로 유태인 어머니들도 지나칠 정도로 자녀들에게 많이 먹으라고 권한다. 젖먹이 때부터 신체적 성장(成長)을 중요시하여, 모든 음식은 성장의 필수 요건이므로 어머니가 만든 음식으로 편식을 절대 용납치 않아, 성장한 다음 어떠한 환경에 처하더라도, 또는 어떠한 직업에 종사하더라도, 확고한 체력을 바탕으로 건강한 정신력을 지녀 남에게 뒤지지 않는 체력을 만들어 주는 것이 부모의 의무라고 믿고 있다. 또한 어렸을 때의 편식 습관을 방임하는 것은 결국 가족과 사회공동체의 일체감을 깨뜨리는 원인을 제공하는 결과를 초래한다는 점에서 유태인 어머니들은 자녀의 편식 성향을 절대로 허용하지 않는다.

- 식탁 근처에서나 식사 시간에는 텔레비전을 켜지 않는다

우리 나라의 많은 가정에서는 텔레비전을 보면서 식사를 한다. 그러나 유태인들은 식탁 근처에는 텔레비전을 절대 두지 않으며 식사시간에는 텔레비전을 켜지도 보지도 않는다. 기도생활을 중시하는 그들의 종교적 바탕에서 식탁은 무엇보다도 신성한 자리이기 때문이다. 또한 텔레비전 프로그램은 다양해서 가족 모두가 공통적으로 흥미를 느끼는 경우는 아주 드물기 때문이다. 나아가 식사 시간은 현대의 바쁜 일상 중에서 유일하게 한 가족이 모여 서로 마주보면서 연대관계를 확인하는 즐거운 시간인 동시에 교육적으로 보더라도 매우 유익한 시간이다.

- 자신에게 주어진 제한된 삶의 기간을 가장 효율적으로 살도록 시간관리를 공부의 기초로 한다

　　자녀들이 정규교육을 받기 전에 시간의 소중함과 효율적인 시간관리 방법을 깨우쳐 주도록 해야 한다. 예를 들어, 유태인 가정에서는 식사 시간을 30분으로 정해 놓고 시간 안에 마치지 않으면 나머지 음식을 사정없이 치워 버린다. 또 다른 예로, 아버지가 귀가하시기 전에 샤워를 하고 옷을 갈아입는 것을 습관화하고 있다. 아버지가 귀가해서 샤워를 끝내는 즉시, 가족 모두가 둘러앉아 단란한 분위기 속에서 식사를 하기 위해서다. 가정의 저녁 시간을 효율적으로 활용하는 한 예이며 시간관리에 대한 리듬과 습관을 생활 속에서 익히도록 하는 것이다. 동서고금을 막론하고 시간관리는 성공적인 삶의 전부라 해도 과언이 아니다.

- 자녀들의 잘못은 신념을 가지고 매로 다스린다

　　최근 우리 나라에선 가정에서건 공교육에서건 아이들에게 매질하는 것이 비민주적이거나 야만적이라는 인식 때문인지 자녀들이 반복적으로 잘못을 하고 있더라도 매를 들지 않는 것을 종종 보게 된다. 자녀의 응석을 마냥 받아만 주는 것은 부모로서의 책임에 대한 방임이며 자녀의 잘못을 매로 다스리지 않는다는 것은 가치관에 대한 부모의 신념이 없는 것이며, 자식을 진정으로 사랑하지 않는 것과 같다. 옳다고 믿는 확고한 가치관이 있으면 매를 포함한 그 어떤 방법을 써서라도 자녀들을 올바르게 가르치는 것은 부모된 자의 도리다. 유태인의 격언 중에 '아이를 때려야 할 때에는 구두끈으로 때려라.'라고 하는 말이 있다. 육체적 고통을 주려는 것이 아니라 가치관을 형성시켜 주려는 데 목적이 있으므로 감정이 개입되거나 몸에 상처를 입혀서는 안 된다는 뜻이다. 유태인들은 부모의 손도 말로 꾸짖는 입이나 침묵으로 꾸짖는 눈처럼 자녀들을 교육시키기 위한 교육적 도구 중 하나로 여긴다.

– 침묵은 매보다 효과적이며 최고의 벌은 침묵이다

「탈무드」에는 '입'이나 '말'과 관련한 경구(警句)가 많으며, 유태인은 누에처럼 쉬지 않고 입을 움직인다는 문구도 있다. 그만큼 대화를 중요시한다는 뜻인데, 의사소통 수단인 대화를 끊고 침묵한다는 것은 자녀들의 존재를 아예 무시하는 것으로 매질을 하는 것보다 더 무섭고 가혹한 벌이라는 것이다. 이럴 때 아이는 자기만의 시간을 가지며 처음에는 당황하다가, 자기의 행동과 결정에 대하여 차츰 깊이 생각해 보게 된다. 한편, 침묵을 강요하면서 어머니도 교육에 불충실했던 자신을 되돌아보게 되며 자녀들에 대한 사랑도 확인하는 계기가 된다. '침묵'의 방법이 보통의 벌과 다른 점은, 벌을 주는 쪽이나 받는 쪽 모두에게 독특한 심리적 보상 작용을 일으키는 효과가 있다는 점이다. 단, 무턱대고 혹은 너무 자주 아무 때나 이 방법을 쓰면 만성화되기 쉬우므로 최악의 경우에만 비상수단으로 써야 한다.

- 성(性)에 대해서는 사실대로 간결하게 가르쳐 쓸데없는 망상을 하지 않도록 한다

어린아이들은 4~5세 때부터 성에 대해서 관심을 가지고 흥미를 보이기 시작한다. 또한 궁금한 것에 대하여 계속적으로 부모에게 묻는다. 유태인 부모들은 성(性)과 섹스는 매우 자연스러운 것이라는 생각을 자녀들의 성교육에도 그대로 적용시킨다. 성경에 씌어 있는 사실만을 간단명료하게 자녀들에게 전한다. 성에 대해 감추거나 설명해 주는 것을 주저하는 것은 오히려 공상력을 자극시켜 불필요한 흥미를 품게 하는 역효과를 내게 된다. 질문 받지 않은 것까지 설명해 줄 필요는 없으며, 질문을 받았다면 화를 내거나 답변을 피하거나 얼버무려서는 안 된다. 무슨 일이든 사실대로 솔직히 이야기해 주면, 아이들은 그 이상을 추구하려고도 알려고도 하지 않는다. 그 이상의 일들은 자녀들이 성장하면서 자연스럽게 터득해 간다. 나아가 자녀가 성과 관련된 행위를 하더라도 그 자리에서 간단하고 명료하게 주의를 주는 것으로 충분하다.

- 세대가 다른 친척들과 친밀하게 접촉할 기회를 제공한다

유태인들에게 있어 가족이라고 할 때에는 자녀들과 부모

뿐만 아니라 조부모, 그밖에 삼촌이나 숙모를 포함한 사촌형제까지를 일컫는다. 구미(歐美)에서 뿐만 아니라 문명이 발달한 동양에서도 핵가족화는 점차 확대되고 있다. 이로 인해 주부에게는 주위 사람들에게 신경 쓸 필요 없이, 육아와 자녀교육에만 전념할 수 있는 반면, 아이들로 하여금 세대가 다른 다양한 가족구성원들과 교류하고 갈등하면서, 지적인 자극과 함께 다양한 가치관을 지닐 수 있는 기회를 갖지 못하게도 한다. 바로 이런 이유 때문에 대가족 제도를 통하여 유태인들의 지혜는 각 세대와의 단절 없이 면면히 이어져 내려오고 있다고 그들은 믿고 있다. 대가족 사이에서 성장하면서 재능이 발견되고 꽃피운 많은 예들 중에서, 그들은 독일의 유태계 시인인 하이네를 손꼽는데 주저하지 않는데 증조부와 외삼촌의 영향을 받아 시인으로서의 욕망이 불 지펴졌고 소질을 길렀다고 한다. 그 당시 학교교육에 흥미를 갖지 못하고 있던 하이네에게는 외삼촌인 시몬 괴르테론의 서고(書庫)가 그의 지적 교실이었으며 시적 모험의 보고였다. 그 곳에서 데카르트, 헤르몬트, 네테스하임 등의 철학자들과 운명적 만남을 갖게 되었고, 문필가가 되기로 결심하기에 이르렀던 것이다.

- 평생을 가르치겠다는 마음으로 어려서 놀 때는 마음껏 놀게 한다

　　인간은 평생동안 배운다는 것이 유태인의 교육에 대한 기본 생각이다. 유아기를 포함한 공교육 학업 연령기에 있어서의 교육의 중요성을 간과하는 것은 아니나, 특히 배움의 길에 들어서기 전에 놀 수 있는 시기에는 마음껏 놀게 한다. 어린이의 감성을 포함한 인성이 개발되는 시기에, 놀이는 여러 가지 의미에서 아이들의 성격 형성과 사회성 그리고 지능개발에도 직접적으로 영향을 미친다는 것은 이미 유아교육이나 발달심리학 등에서 연구 보고되었었다. 대자연은 아이디어 보따리이며 과학이므로 기발한 생각과 창조적 아이디어는 자연을 응용할 줄 아는 데서 비롯된다는 것이다. 본격적인 학문의 탐구는 어른이 된 다음부터 이루어진다고 유태인들은 생각한다. 그에 비해 우리 나라의 부모들은 자녀들이 대학에 들어갈 때까지를 부모로서의 역할 중 제일 중요한 것으로 여긴다든지, 자식이 부모를 공양해야 한다는 것 등은 부모로서의 책임감에서 일찍이 벗어나는 듯한 경향과 부모와 자식간의 관계역할을 너무 빨리 결정하는 것이 아닌가 하는 생각이 든다. 인간은 죽을 때까지 배우지 않으면 안 된다는 교육관을 기본으로 하는 유태인들에게는 아이들이 놀 수 있는 시기에는 마음껏 놀게 해두라는 것이 기본적인 교육관이자 부모 자식간의 관계 설정에 기초를 이룬다.

- 하찮은 장난감이나 도구일지라도 감각적, 지적 자극제가 될 수 있는 선택을 한다

유태인 부모 특히 어머니를 '교육만을 위한 엄마'로 일컫기도 한다. 그러나 자녀들을 과잉되게 열성적으로 가르치지도 않으며, 수재교육이다, 영재교육이다, 천재교육이라고 하는 프로그램에 집어넣어 남보다 특별나게 가르치려는 생각조차 하지 않는다.

어린이답게 자라고 그들의 지적 성장을 도울 수 있도록 교육환경을 정비하고, 자연과 친화(親和)적인 환경 속에서 유태인적 가치관을 지니고 성장할 수 있도록 세심한 주의를 기울이는 데 더 노력한다. 어린이들의 인성과 지능개발에 적절한 교육환경을 만드는 데 있어 유태의 어머니들이 가장 관심을 기울이는 요소 중 하나가 바로 장난감의 선택이다. 반드시 학교공부와 관련되는 교육완구만이 아니라 주변에서 흔히 볼 수 있는 하찮은 장난감이나 도구일지라도 어린이의 품성과 두뇌의 성장을 촉진시킬 수 있는 방향으로 선택하여 적용 여부에 따라서 기발한 지적 자극제가 되도록 노력한다. 한 살부터 세 살까지의 어린이들에게는 감각적인 자극을 주며, 특히 소(小)근육과 운동신경을 발달시킬 수 있는 장난감을 선택한다. 또한 세 살경부터 여섯 살까지의 어린이에게는 지적 자극을 주는 장난감을 선택하도록 한다. 따라서 나이와 수준에 따라서 필요할 때마다 장난감의 종류를 바꾸어 주는 배려가 필요하다.

– 빠를수록 좋은 외국어 교육은
어릴 적부터 습관화시킨다

일반적으로 유태인은 보통 2개 국어 이상을 한다. 역사적으로 오랫동안 전세계에 흩어져, 때론 떠돌아다니며 살아야 했던 특수한 환경 덕분에 가능했을 것이다. 또한, 외국어를 사용하는 친척들과 자주 교류하다보니, 어렸을 때부터 외국어를 듣고 따라 해보면서 자연스레 언어 교육을 접하게 되는 것이다. 외국어 학습의 지름길은 모국어 습득과정을 통해 배울 수 있다. 모국어를 처음 습득할 때, 듣고 이해하며 그 다음 말하고 읽기와 쓰기를 접하기 때문에, 아직 말을 배우기 전이라도 소리와 음악을 듣는 것처럼 자연스럽게 외국어를 들려주면, 아이들은 반응을 하지 않을 뿐이지 학습을 하고 있다는 연구결과가 있으므로 가능하다면 어릴 적부터 습관화시키는 것이 좋다. 꿈의 해석과 정신분석학으로 유명한 유태계 심리학자 프로이트가 라틴어, 그리스어, 프랑스어, 독일어 등에 능통했다는 것은 잘 알려져 있는 이야기다. 그의 어학 실력은 초등학교 저학년 시절부터 그리스어와 라틴어 공부에 흥미가 많았고 적극적이었다고 그의 전기(傳記) 작가 라시에 베이커는 「프로이트의 사상과 생애」에서 기술하고 있다. 어려서 미국에서 자란 저자의 큰아들 녀석의 경험으로 볼 때, 태어나면서 영어를 접했던 아이는, 귀국 후 영어교육에 그다지 특별한 관심을 두지 않았었는데도 발음에 차이가 있으며 영어 방송 혹은 테이프 듣기를 즐겨하며 곧잘 중얼거린다. 외국어 조기교육의 필요성은 취미생활하듯 지속적이면서도 적절한 시기에 체계적인 훈련이 주어진다면 강조해도 지나치지 않다.

- 자녀들의 배움을 위해서는 부모 자신이 먼저 배우는 것을 그만두어서는 안 된다

'현명한 사람은 없으나 현명하게 공부하는 사람은 있다'라는 유태 속담이 있다. 또한 '20년 걸쳐서 배운 것을 2년내에 잊어버린다'는 말도 있다. 이는 사람은 태어나서 한평생 동안 배워야 한다는 유태인들의 평생교육 혹은 생애교육을 잘 반영한 것들이다. 유태인이 살고 있는 곳이라면 책이 있고 통근차 안에서 책을 읽고 안식일에는 꼼짝 않고 「탈무드」를 몇 시간이고 읽는 사람들을 자주 볼 수 있다. 1만 2천 페이지에 이르는 방대한 분량의 책이니 한 평생을 읽어도 다 읽지 못하기에 이 한 권을 독파하면 친구들을 불러 축하 파티를 연다하니 그들을 '책의 민족'이라 부르는 것이 과히 무리가 아닌 듯하다. 이에 배우고 공부하는 모습을 전혀 보이지 않는 부모가 아이의 교육에 집착하는 것은 보상 심리이며, 자녀의 장래 모델이 되리라 생각하기는 쉽지가 않다. 자녀로 하여금 현명하고 공부하는 습관을 마음에 새기도록 하기 위해서는 부모 자신이 먼저 책을 읽고 배우는 것을 중단해서는 안 된다. 다시 말하면, 부모가 먼저 시간마다 그리고 날마다 배우는 일에 정성을 쏟으면 자녀들은 절로 그러한 모습을 보고 배워 학문하기를 게을리 하지 않을 것이다. 우리에게는 아들의 공부와 글씨 쓰기에 모범을 보이기를 게을리 하지 않았던 한 석봉의 어머니 이야기로부터 신사임당에 이르기까지 모범적인 부모 역할에 대한 많은 이야기들이 있다.

- 다른 아이보다 뛰어난 점이 아니라, 다른 아이와 다른 개성을 개발시킨다

　유태인 어머니들의 교육관 중 하나가, 커 가는 아이는 저마다의 개성이 있기 때문에 일률적 잣대와 목표를 설정할 것이 아니라, 각자 타고난 개성을 존중하며 다양한 가치관을 지니고 긴

안목으로 지켜보아야 한다는 것이다. '상대성 이론'의 세계적 물리학자 아인슈타인은 유태인이었는데, 네 살이 되도록 말을 못하자 그의 부모는 한 때 그를 '저능아'로 체념도 했었다고 한다. 아인슈타인이 학교에 들어가서도 친구들과 잘 어울리지를 못하고, 머리 회전이 늦고 말도 느려 다른 학생에게 방해가 되니 더 이상 학교에 보내지 않는 것이 좋겠다고 저능아 취급을 받았다. 그러나 아인슈타인은 '남보다 뛰어나게'가 아니라 '남과 다른' 개성을 중요시하는 부모의 사랑과 신뢰 속에 이런 취급을 아랑곳하지 않고 열다섯 살이 될 때까지 유클리드, 데카르트, 뉴튼 그리고 스피노자와 같은 수학자, 과학자 그리고 철학자를 독파했던 것이다. '나는 내 주변의 사람들보다도, 그 주변을 둘러싸고 있는 모든 것이 궁금했다'고 그의 강한 지식욕을 술회한 적이 있다. 만약 그가 또래의 다른 아이들과 똑같이 되기를 강요받았다면 그의 재능은 영원히 빛을 발하지 못하였을 것이라고들 말한다.

무한경쟁과 적자생존의 역사에 있어, 인류는 소수의 승자 혹은 앞선 이들이 이끌고 있으며 이를 닮으려고 노력하다보니 분규와 전쟁이 있게 되므로, 저마다 타고난 능력과 소질을 경쟁하고 개발시킨다면, 인류는 골고루 발달될 것이며 모든 인간은 서로의 능력을 인정하고 존경하며 함께 살아가는 평등과 평화가 가득한 낙원에 살게 될 것이다.

왕세자는 어떻게 교육 받았을까?
왕세자는 어떻게 교육 받았을까?
왕세자는 어떻게 교육 받았을까?
왕세자는 어떻게 교육 받았을까?

2장
왕세자는 어떻게 교육 받았을까?

요즘 들어 부쩍 영어 조기교육이다, 수학 영재교육이다 하여 조기교육 바람이 한창 불고 있다. 너나 할 것 없이 남들이 다 하니까 라는 식으로, 적성은 무시한 채, 자녀의 자질을 우선하기보다는 남들 다하는 것에 뒤쳐질세라 일부 극성맞은 어머니들은 여기저기 사설학원으로 자녀들을 몰고 다닌다. 한마디로 개성 없는 천편일률적인 아이들을 대량으로 양산해 내고 있는 것이 현 교육의 실정임을 부인할 수 없다.

세계 대부분의 나라들이 1970년대부터 영재교육에 관심을 기울여온 데 비하여, 우리 나라는 이때부터 거꾸로 아동들을 똑같이 취급한 획일적인 평준화 교육을 실시하였다. 그 결과 학생들의 학업 성취도는 물론 창의성과 사고력에서 하향 평준화를 초래하고 말았다. 지금의 교육현실은 학생들의 능력이나 적성, 소질이 무시되는 획일적 수업으로 교육의 질을 높이는 데 한계를 드러내고 있다. 겉으로는 조기교육, 영재교육이 활기를 띠는 것처럼 보이지만, 속으로는 그만그만한 아이들이 비슷한 학습을 받고 있을 뿐이다. 학생들의 개인적인 소질과 적성이 고려된 교육여건의 정착이 절실한 때다.

내 자녀를 영재로 키우려는 부모의 마음은 예나 지금이나 다를 것이 없을 것이다. 자녀를 영재로 키우기 위해서는 무엇보다도 먼저 내 아이가 원하는 것이 무엇인지, 자신있게 할 수 있는 것이 무엇인지 발견할 수 있도록 부모가 도와주어야 한다. 내 아이의 장점과 소질을 개발하여 이끌어주는 것이 진정한 부모의 역할임을 잊지 말아야 한다.

자녀는 어렸을 때부터 능력과 소질, 취미에 맞는 방향으로 장려해야만 큰 인물로 키울 수 있다고 우리 나라 역사상 가장 모범적이고 어진 어머니상으로 꼽히는 신사임당은 자녀 교육에 대해 늘 이렇게 강조했다. 이미 500년 전부터 조기교육과 적성교육을 중요하게 여겨왔음을 엿볼 수 있다. 이러한 자녀 교육관은 오늘날까지도 실천해야 할 원칙으로 인식되고 있다.

혹자는 조기 교육에 대해 어느 순간 하늘에서 떨어진 새로운 교육 방식이라고 오인하곤 한다. 조기교육을 중요하게 여긴 것은 조선시대 왕실의 왕세자 교육에서 대표적으로 찾아 볼 수 있다. 배움의 대상이 왕실과 양반자제들로 한정되어 있었다는 점을 감안하더라도 조선시대의 조기교육 제도는, 오늘날보다 더 합리적이고 체계적인 것이었음을 여러 문헌을 통해 접할 수 있다.

조선 왕실의 대표적인 조기교육 기관으로는 보양청과 강학청이 있다. 그러나 엄밀하게 따져본다면 왕실의 조기교육은 아기씨가 태어나기 전부터 이루어졌다. 왕실의 임신부도 앞서 살펴본 전통 태교의 여러 금기사항을 지키는데 예외가 될 수 없었다. 임금이나 세자의 첫아들인 원자가 태어나면, 그때부터 보양청이 설치돼 유아교육을 담당했고, 3~4세가 되면 현재의 유치원에 해당하는 강학청에서 「천자문」, 「동몽선습」 등을 가르쳤다. 원자가 세자로 책봉되면 시강원에서 본격적인 '왕 만들기' 교육을 실시하였다. 세자를 대상으로 한 교육은 현재 부모들의 교육열 못지 않았다.

옛날 왕실의 왕세자들은 어떤 교육을 받았기에 10대의 어린 나이에 한 나라를 다스리는 왕으로 만들어졌을까? 왕실의 유별난 태교를 시작으로 국왕의 자리에 오른 다음에도 계속되는 왕실의 단계별 교육에 대해서 알아보고, 요즘의 현실에 맞게 적용할 수 있는 방법을 찾아보는 것도 의미가 있을 듯하다.

1. 왕세자의 교육은?

1) 갓난 아기씨 교육 : 보양청

장차 한 나라를 이끌어 갈 예비 왕은 태아 때부터 덕을 겸비한 총명한 군주의 재목으로 키워지기 위해 엄격한 태교의 시간을 거친 후 비로소 태어난다. 요즘에는 거의 대부분이 병원에서 출산을 하지만, 그리 멀지 않는 예전까지 집에서 낳는 것이 일반적이었다. 아기가 태어나면 문간에 금줄이라 부르는 새끼줄을 달았는데, 이 새끼줄에 빨간 고추가 달리면 아들이고, 솔가지만 걸리면 딸임을 한눈에 알 수 있었다. 고추를 거는 집안에서는 신분의 높낮이를 떠나서 잔치분위기로 떠들썩하였다. 아들이나 딸이나 부모의 생명을 잇기는 마찬가지지만, 남성 위주의 장자상속이 존재하던 조선 사회는 아들의 탄생을 기뻐하였는데 왕실이라고 예외는 아니었다. 이렇게 탄생한 세자는 어떻게 유년기를 보낼까?

– 아기씨 탄생 직후, 약물에 목욕시킨다

아기씨가 세상에 첫 울음을 터뜨리고 나면 맨 먼저 목욕을 시킨다. 당연히 목욕물도 원자의 건강과 위생을 염려하여 특별하게 준비한다. 매화, 복숭아, 자두나무의 뿌리, 호두를 넣어서 끓인 다음, 산돼지의 쓸개를 섞어서 만든 약물에 원자의 온몸을 조심스럽게 씻겨낸다. 목욕 후에 입힐 배냇저고리는 조정대신 중에서 무병장수한 사람이 입던 옷으로 엄선하며, 동시에 조정대신 중에 다복한 사람을 골라 사흘간 소격전에서 원자의 복을 비는 신성한 행사가 진행된다.

　　원하든 원하지 않든 왕이 될 운명을 타고 태어난 조선의 예비 왕인 아기씨는 탄생부터 남다르다. 어머니의 탯줄에서 떨어져 나오는 순간부터 바로 보통 인간을 뛰어넘는 신성한 존재로서 받들어지며, 점차 왕실의 엄격한 지도자 교육으로 단련된다. 물론 예비 원자라고 해도 태어나는 순간엔 여느 아기와 다를 바 없는 벌거숭이에 지나지 않지만, 조선시대의 군주세습제에서 첫아들은 분명 전지전능한 경지에 오른 인간이라는 표현에 비견될 만큼 대단한 존재였음을 부인할 수 없다. 왕의 탯줄은 따로 백자 항아리에 넣어 산실에 보관하다가, 세태의식을 거쳐 태 항아리로 옮겨 마지막으로 무덤을 만들어 보관을 할 정도로 왕이 될 세자의 모든 것은 중요한 것이었다.

- 유모 손에서 자라는 아기씨

　　아기씨는 오줌을 가릴 때까지 유모의 손에서 자라게 된다. 유모는 대체로 자신도 젖먹이를 가지고 있는 사람으로 당연히 젖이 풍부하고 심성이 고우며 지혜로운 여성을 대비전에서 엄격하게 선발하는 것이 상례였다. 젖을 먹여 키운 원자가 왕이 되면 유모는 특별한 대우를 받는다. 공식적으로 종1품의 품계를 받고 봉보 부인이라는 칭호를 하사받는다. 종1품은 조선시대 최고의 품계인 정1품 영의정의 바로 아래 등급에 해당하며, 정2품인 육조판서보다 높은 품계를 받았다니 놀라지 않을 수 없다. 길러준 정도 낳아준 정 못지 않다는 것을 단적으로 보여주고 있다. 직접 낳아준 부모는 아니지만, 젖을 먹여 키워준 은혜에 대한 보답이라고 하겠다. 생후 3세 전에 인격 형성이 거의 다 이루어진다는 사실은 과학적으로 입증된 바 있다. 그만큼 말 못하는 갓난아기와 혈육의 정 이상으로 젖을 먹이는 유모와의 유대관계는, 한 나라의 흥망성쇠와 직결되어 있다고 해도 과언이 아닐 것이다. 유모의 특별대우는 당연한 결과라 하겠다.

– 보호와 양육을 전담하던 보양청

아기씨가 태어나면 왕실은 원자의 교육과 관련된 사항을 전담할 수 있도록 보양청을 설치한다. 보양청이란 원자를 보좌하고 교도하는 일을 맡아보던 관청으로, 태어난 직후부터 3세까지의 원자를 교육시키는 왕실기관이었다. 오늘날 맞벌이 부부들을 위해 운영되고 있는 여러 탁아 위탁보호 시설과 연관지어 생각해 볼 수도 있다.

보양청은 말 그대로 보호와 양육을 담당하는 기관으로 원자가 먹을 음식과 입을 옷, 교육에 필요한 서책을 공급하고 관리하던 곳이었다. 보양청의 책임자인 보양관으로는 종2품 이상 3명의 고위관료가 임명된다. 왕의 특명에 의해 추가로 임명되기도 했

으며, 의정부의 3정승인 영의정, 좌의정, 우의정이 겸임하는 경우
도 있었다. 원자의 음식과 의복 등의 관리실무를 맡기 위해 서책공
급 담당자, 숙직 담당자, 글씨 담당자, 심부름 담당자 10여명이 배속
되었다.

　　　담당 관리가 아기씨를 데리고 와서 왕실에 문안을 올린다
든지, 아기씨의 몸에 이상이 생겼을 때 의관에게 진찰을 받게 하는
등 갓난아기에게 흔히 일어날 수 있는 잡다한 신변 일을 전담하는
것이 보양청에서 하는 대부분의 일과였다. 다만 여느 아기들과 차
별되었던 것은 탄생 직후부터 나라에서 담당 관청을 설치하여 예
비 왕의 성장 과정을 꾸준히 지켜보며 왕의 자질을 끊임없이 단련
시켰다는 데 그 특별함이 있다. 공식적으로 원자의 보호와 양육은
보양청에서 담당했지만, 젖을 먹이고 기저귀를 갈아주는 등 실질
적인 양육은 왕비나 유모, 궁녀들에 의해 이루어졌다.

- 정서교육에 주력했던 보양청

　　　당시 보양청에서 주력했던 교육은 세자가 되기 전에 먼저
갖춰야 될 덕을 쌓는 정서 교육이었다. 어려서부터 바른 말과 바른
일을 보고 자라야 왕위에 오른 뒤에 덕을 베푸는 정치를 할 수
있다는 것이 왕실의 지배적인 생각이었다. 엄격한 태교 교육의 연
장선에서 해석할 수 있는, 요즘에는 보기 드문 바람직한 전인 교
육의 표상이라 하겠다. 오늘날과 비교해 볼 때 교육내용에 있어서
많은 차이를 보이지만, 전인교육의 중요성은 다르지 않다. 다만
예전에 최고의 가치로 여겼던 유교 교육이 오늘날은 거의 명맥만

유지할 정도로 도외시되고 있다는 점이 다를 뿐이다.

요즈음은 특히 인터넷의 급격한 확산으로 아이, 어른 할 것 없이 점점 더 빠르고 가벼운 것을 좋아하여 생각하는 것조차를 꺼려하는 분위기가 팽배하다. 갈수록 범람하는 실용학문에 비해 정신세계를 다루는 학문 분야는 거의 빈사상태라고 해도 지나친 표현은 아닐 것이다. 이런 때일수록 균형잡힌 교육제도의 정착이 필요할 것이다.

- 두뇌를 자극하는 곤지곤지, 잼잼

지금도 우리 생활에서 그대로 활용되고 있는 영아들의 놀이인 곤지곤지나 잼잼, 도리도리, 짝자꿍, 부라부라좌법 등이 고조선 때부터 전승되어 내려오는 우리 나라 고유의 신선몸짓이라는 것을 아는 사람은 드물 것이다. 보양청에서 시행했던 두뇌자극법으로 예비 원자에게 이러한 놀이동작을 가르쳤다는 사실을 아는 사람 또한 많지 않을 것이다. 주로 손을 움직이고 경혈을 자극해서 혈액순환을 촉진시키면서 두뇌가 계발되는 이 놀이들은 재미로 하는 단순한 손놀림이 아니었다는 것을 알 수 있다. 선현들의 합리적인 지혜를 따르는 것은 왕실이라고 예외일 수 없었다.

곤지곤지는 젖먹이가 왼손 손바닥에 오른손 집게손가락을 댔다 뗐다 하는 동작으로 손바닥의 혈을 눌러줌으로써 혈액순환을 돕는다. 양손의 주먹을 쥐었다 폈다 하는 동작을 반복하는 잼잼이나 양손을 마주치는 짝자꿍은 뇌의 활동을 활성화시킨다. 머리를 좌우로 돌리는 도리도리 동작은 척수와 뇌의 균형잡힌 발전

을 돕는다. 부라부라좌법은 요즘은 보기 드문 놀이지만, 아기의
겨드랑이에 팔이나 손을 넣은 채 아기를 들어 살살 흔드는 것으
로 척추를 곧게 세워 척수의 흐름을 원활하게 하고 뇌의 기능을
향상시켜준다. 키가 크고 기운이 센 아버지가 해 주면 스킨십 효
과도 있어 더욱 좋다. 갓난아기를 키우고 있는 어머니들은 지금부
터라도 당장 부라부라좌법을 적극 활용한다면, 자녀를 영재로 키
우는 데 일조를 할 것으로 보인다.

재~   재~

2) 원자 교육 : 강학청

왕실의 아기씨가 점점 자라다가, 글을 배울 때쯤인 서너 살이 되면 원자에 책봉되고 곧바로 보양청은 강학청으로 바뀌게 된다. 이때부터 원자는 평생 가야할 예비 왕으로서의 길에 들어서게 된다.

강학청은 대개 4살부터 6살까지의 원자가 교육을 받던 곳으로 어린 원자가 세자로 책봉되기 전까지 운영되던 왕실 기관이었다. 강학청이 설치되면 원자의 교육을 담당하게 될 강학관들이 임명된다. 정2품 이상의 보양관들이 그대로 스승으로 임명되지만, 학덕이 뛰어난 사람이 추가로 특명되기도 했다.

강학청은 오늘날 초등교육이 시작되는 단계에 해당한다. 요새 나이로 따지면 유치원에 해당하는 과정으로 오늘날과 비교해 볼 때 훨씬 어린 나이에 학문을 시작한 것을 알 수 있다. 요즘의 부모들은 자녀들을 너무 어리게 키우는 경향이 있다. 아이들의 어리광이 점점 늘고 부모에게 의존하는 습관이나 혼자 하는 것을 두려워하는 등의 문제점도 지적되고 있다. 독립적이고 리더십이 뛰어난 자녀를 원한다면 아이들의 어리광과 의존심을 오늘부터라도 당장 고칠 마음의 준비를 하는 것이 좋을 듯하다.

- 수업은 어떻게 이루어지나?

그렇다면 조선시대 왕실에서 태어난 원자는 어떤 방식으로 어떤 교육을 받았을까? 원자 나이 5세가 되면 한자 교육으로 조기 영재교육을 받기 시작한다. 뜻글인 한문의 교육이 두뇌발달에 매우 중요하다고 현대과학은 설명하고 있다. 음악이나 한문글씨가 조기 영재교육에 끼치는 긍정적인 점은 이미 근래 학자들에 의해 밝혀지고 있다.

강학청의 교육은 〈천자문〉, 〈소학〉, 〈격몽요결〉 등을 교재로 삼은 유교 교육이 중심을 이룬다. 한자 교육이 주를 이루었으나 언문(한글)과 체조도 함께 가르쳤다. 강학청의 수업은 매일 아침, 점심, 저녁때에 각각 한 차례씩 세 번을 했으며, 수업시간은 대략 45분 가량이었다. 오늘날 초등학교에서 이루어지고 있는 수업시간과 비슷한 것을 알 수 있다.

강학청의 수업방식은 강학관이 한문의 글자 음과 뜻을 새겨주면 원자는 그대로 따라서 반복하여 읽는다. 보통 하루에 교재의 본문 한 글자를 배우게 되므로 이전에 배운 것과 당일 배운 내용을 복습하는 방식을 택했다. 글을 읽을 때는 반듯하게 앉은 채, 글씨를 하나씩 짚어 가면서 반드시 큰소리로 똑똑하게 발음하며 읽어야 한다. 또 음의 고저장단 음률에 맞추어 몸을 좌우로 규칙적으로 흔들면서 머리 속에는 읽는 글의 내용을 소리로 진동시켜 뜻을 머리에 새겨 넣는 방법을 썼다. 아무리 영특한 원자라 해도 어린 나이에 유교교리를 다 이해하기는 어렵지만, 철저한 반복 교육을 계속하다 보면, 어느새 원자의 연륜이 쌓이고 학문에 대한 문리가 틔어 자연스럽게 의미를 터득하게 된다.

원자가 여덟 살 이후가 되면 세자에 책봉된다. 세자는 대를 이을 아들이라는 의미로 장차 왕의 뒤를 이을 예비 왕을 일컫는 호칭이다. 세자로 책봉되면 왕은 조정대신들과 함께 종묘에 알리고 팔도에 공포한다. 세자 책봉이 공포되면 강학청은 세자 교육을 위한 서연으로 바뀐다. 그렇다면 조선시대 서연은 왕세자 교육에 어떤 영향을 끼쳤을까?

3) 왕세자 교육 : 서연

서연은 세자를 본격적으로 가르치기 위한 교육제도로 유교가 왕성했던 중국에서 경연과 함께 도입되었다. 우리 나라에 들어온 시기는 고려 중엽이었지만, 본격적으로 실시되기 시작한 것은 유교를 국시로 삼았던 조선시대에 접어들면서부터다. 서연은 왕세자를 위한 교육제도로 왕이 받던 교육제도인 경연과 구별된다.

원자가 세자로 책봉되면, 세자는 이전에 강학청에서 받던 교육에 비해 질적으로 많은 변화를 겪는다. 세자가 되었다는 것은 바로 다음 번 국왕의 자리가 멀지 않다는 강력한 의미를 내포하기 때문에, 한 나라의 국왕으로서 갖추어야 할 학문과 덕목에 대한 교육을 본격적으로 받게 된다. 세자는 예비 왕의 절대적 권위를 가지므로, 부왕이 서거하면 대를 이어 왕위에 오른다. 조선 왕실의 제왕학을 보면 왕은 철저한 교육에 의해서 만들어졌음을 알 수 있다. 왕은 즉위하기 전부터 왕의 권좌에 오르고 난 이후에도 끊임없는 교육으로 왕으로서의 자질과 식견을 길러야 한다. 국왕을 만들기 위한 교육, 즉 제왕학은 왕이 될 왕실의 적장자에게 집중되었다. 왕의 자질을 갖추기 위한 왕실의 단계별 교육은 학식과 덕망을 고루 갖춘 최고 관료들에 의해서 철저하게 진행된다.

제왕학은 오늘날 교육 현장에서도 요긴하게 적용할 수 있는 사료로서 가치가 충분하리라 본다. 예를 들면 자녀를 리더로 자라게 하는 교육, 세상을 거시적으로 바라보는 안목 키우기, 다른 사람들을 다루는 대인관계의 발전 등에서 중요한 지침서로 작용할 수 있을 것이다.

- 시강원의 스승들은 어떤 사람인가?

예비 왕으로 공인된 세자는 모든 부분에서 그에 걸맞은 대우를 받았는데, 특히 세자 교육에 관한 한 당시 내로라 하는 최고 관료들에 의해서 체계적이고도 엄격하게 이루어졌다. 세자의 교육은 세자시강원에서 전담하였다. 예비 왕인 세자의 교육을 위해 임명된 세자시강원의 관료들은 조선 사회에서 알아주는 쟁쟁한 실력자들로 구성되었다. 강학청과 마찬가지로 정1품인 영의정이 세자의 사(師)로, 좌의정과 우의정 중에서 한 명이 부(傅)로, 종1품인 좌우찬성 한 명이 이사(貳師)로 임명된다. 명실공히 국가의 최고위급 실력자들이 세자의 스승이 되어 교육을 하고 관리하였다.

조선 왕조를 움직이는 관료집단의 수뇌부가 총동원될 정도로 왕을 만드는 세자 교육은 중요했음을 알 수 있다. 그러나 대외적으로 세자시강원의 책임자인 사와 부, 이사는 국사를 돌보기도 바쁜 자리였으므로 세자 교육에만 전념할 수 없었다. 주로 세자의 교육과 관련한 전반적인 사항을 총괄하고 감독하는 역할에 치중하였기 때문에, 세자의 실질적인 교육은 자연히 전임관료들에게 맡겨졌다.

세자시강원의 전임관료은 보덕(輔德:종3품), 필선(弼善:정

4품), 문학(文學:정5품), 사서(司書:정6품), 설서(設書:정7품) 등 5명으로 구성된다. 세자와 많은 시간을 같이 보내면서 교육을 전담했던 시강원의 전임관료를 서연관이라고 칭하였다. 이들 전임관료들은 이름에서도 알 수 있듯이 거의가 세자에게 경사(經史)를 비롯하여 왕의 도의에 대해 가르쳤으며, 그 중에서도 문학은 세자에게 글을 가르치는 일에 치중하였다.

전임관료들은 문과에 합격한 실력자들 중에서도 학문과 덕망을 고루 겸비한 가문 좋은 집안의 유수한 인재들이 대부분이었다. "청출어람이 청어람"이라는 말처럼, 훌륭한 스승 밑에서 현명한 군주가 나오는 것은 당연한 결과라 하겠다.

"맹모삼천지교"에서도 알 수 있듯이 주변의 교육 환경이 자녀의 가르침에 어떤 영향을 끼치는지 조선 왕실은 일찍이 깨닫고 실천해왔음을 알 수 있다. 이런 이유로 세자의 주변을 맴도는 사람은 가르치는 관리들뿐만 아니라, 내시나 궁녀들까지도 품성이 바르고 교양이 풍부한 사람 중에서 엄격하게 선발하였다.

어린 세자를 가르치면서 성장하는 것을 지켜보다가, 세자가 보위를 잇게 되면, 전임관료들의 영향력도 자연스럽게 상승하는 경향을 보이기도 하였다. 국왕의 자리에 오른 대부분의 왕들은 세자시절에 자신을 가르쳤던 전임관료들을 높은 자리에 임명하거나, 중요한 나랏일을 결정할 때 정책고문으로 모셔 자문을 구하는 등 스승의 예우를 다했다. 최고의 권력자인 국왕을 가르친 사부는 그만큼 명예로웠으며, 대를 넘어 그 자손들까지도 관리로 등용되는 기회가 주어졌다.

- 시강원에서 세자가 배우는 것은?

세자시강원 전임관료들이 세자에게 가장 강조해서 가르친 것은 다름 아닌 유교의 최고 덕목인 효다. 낳아주고 길러주신 부모에게 효도하고, 피를 나눈 형제들과 우애있게 지내는 방법과 아침저녁으로 부모의 침식을 살피는 절차를 몸에 익히도록 교육받는다. 학문을 배우기 이전에 유교에서 가장 중시하는 효를 우선하여 가르쳤다. 유교의 기본 덕목을 몸에 익힌 후에야 비로소 장차 왕으로서 갖추어야 할 넓은 식견과 자질을 키우는 본격적인 교육을 받게 된다.

세자가 배우는 교재는 경연과 마찬가지로 유교경서와 역사책이 주를 이룬다. 「천자문」, 「동몽선습」, 「소학」, 「효경」을 먼저 공부한 다음, 차츰 「논어」, 「맹자」, 「중용」, 「대학」 4서와 5경(「시경」, 「서경」, 「상서」, 「주역」, 「예기」, 「춘추」) 중에서 「상서」와 「시경」을 주로 배운다. 역사책으로는 「통감」과 「강목」을 공부한다. 이외에 수기치인을 위한 왕의 자질을 가르치는 성리학 서적도 아울러 배웠다.

- 세자의 하루 일과는?

세자의 하루 일과는 오늘날 대부분의 중·고등학생들의 일과와 크게 다르지 않다. 열심히 공부하고, 아침저녁으로 부모에게 문안 인사하는 것이 세자의 하루 일과 대부분을 차지한다.

세자의 하루는 아침 일찍 일어나 의관을 정제하고, 부모에게 밤새 편안히 주무셨는지 여쭙는 문안인사를 하는 것부터 시작된다. 문안인사를 다녀오면 아침식사를 하고 바로 오전공부인 조강에 참석하기 위해 세자시강원으로 간다. 오전공부의 시작은 지난 시간에 배운 것을 복습하는 것부터다. 자리에 앉은 세자는 책을 덮고 배운 것을 암송해야 한다. 세자의 암송은 본문을 중심으로 이루어지며, 참석한 관료 중에서 관직이 가장 높은 사람이 세자의 점수를 매겼다. 만약 세자가 배운 내용을 제대로 암송하지 못하면 어떻게 될까? 당연히 호된 꾸지람이 뒤따른다. 배움을 게을리 하는데는 지위고하를 막론하고 엄중한 문책을 내렸다.

　세자의 복습 시간이 끝나면 전임관료 중에서 상급자가 그 날 배울 교재의 본문에 나오는 글자의 음과 뜻을 풀어주고 문장의 뜻을 해설한다. 전임관료가 읽고 해설하는 것을 세자는 되풀이하며 따라 읽는다. 강의를 하는 동안 모르는 내용이 나오면 세자는 전임관료에게 질문을 하고, 전임관료는 세자의 질문에 답변을 해준다. 묻고 답하는 시간이 끝나면 전임관료가 그 날 배운 문장을 다시 한 번 낭독하고 이어 세자가 따라서 읽는다. 여기까지 하면 오전공부는 끝이 난다.

　오전공부가 끝나면 세자는 간단하게 점심식사를 하고 곧장 오후공부인 주강에 들어간다. 수업방식은 아침공부와 마찬가지다. 오후공부가 끝나면 저녁공부인 석강이 이어진다. 저녁공부인 석강이 끝나면 저녁식사를 한다. 잠자리에 들기 전에 부모를 찾아가 편히 주무시라는 문안인사를 올린 다음에야 자신의 방으로 돌아오는 것으로 세자의 하루 일과는 끝이 난다. 아침저녁 부모님께 올리는 두 번의 문안인사와 조강, 주강, 석강으로 이어지는 3번의 강의로 이어지는 세자의 하루는 단순하기 그지없다. 예나 지금이나 한창 배울 나이의 젊은이는 하루의 반 이상을 공부하는 시간으로 보낸다는 것을 알 수 있다.

세자에게도 한창 더운 여름이나 추운 겨울에는 오늘날과 비슷한 의미의 방학이라는 것이 엄연히 존재했다. 왕실의 제사가 있는 날이나 왕의 생일과 같은 나라의 공식행사가 있는 날은 세자의 수업도 휴강을 하였다.

세자가 어릴 때는 가르치는 사람이 세자 곁에서 글자를 짚어가며 가르쳤지만, 세자의 나이가 점점 차면 시강원의 관료들과 세자의 자리는 열 자의 거리를 두는 것을 원칙으로 하였다. 점점 왕의 자리에 가까워졌다는 의미로 해석된다. 정1품인 사, 부와 종1품인 이사가 참석할 때는 세자도 이들을 스승의 예우로 극진하게 대하였다.

세자가 스승에게 지켜야 하는 예절에 대해서는 세자의 성균관 입학식에서 분명하게 나타난다. 왕세자 입학식은 세자가 관례를 치를 무렵, 성균관의 대성전에 모신 성현들의 신위에 잔을 올리고, 명륜당에서 스승에게 예물을 바치고 수업을 받는 의식이다. 아무리 왕세자라도 일단 성균관에 도착하여 학생복으로 갈아입은 순간부터 입학식을 마치고 성균관을 나올 때까지, 세자는 일반 학생과 마찬가지로 스승에게 갖춰야 할 예절을 행하고 학생의 신분에 맞는 처우를 받는다. 세자는 격이 낮은 서쪽 계단을 이용하여 오르내렸고, 스승에게 먼저 절하였으며, 수업을 받을 때는 책상을 사용하지 못하고 책을 바닥에 놓은 채 엎드려서 읽어야 한다. 이러한 의식은 장차 왕위에 오를 세자일지라도 유교를 배우는 학생으로서 스승에 대한 기본 예절을 먼저 익혀야 하며, 이러한 수련을 통해 학문과 덕망을 갖춘 성군으로 성장할 수 있다는 유교이념을 표출하는 자리였음을 알 수 있다.

한편 장차 왕으로서 권력을 휘두르게 될 예비 왕이라고 해도 세자의 신분으로는 정치에 관여하거나 인사에 개입하는 것을 철저하게 금했다. 세자의 특권이 아무리 절대적이라고 해도, 세자가 왕으로 즉위하기 전까지는 철저하게 자신의 본분을 지켜야 한다. 만약 금하는 행동을 했을 시는 3사 관료들의 탄핵을 받게 된다.

2. 국왕 교육 : 경연

조선사회는 엄격한 신분제와 철저한 장자상속에 의해 유지되었다. 왕, 양반, 중인, 양인, 천민의 신분은 선천적으로 결정되었고 이들의 신분은 자손 만대까지 그대로 이어졌다. 한 번 정해진 사회 신분은 당연하게 받아들였다. 양반은 언제나 양반이고 천민은 언제나 천민으로 존재했다. 이러한 신분사회를 유지하기 위해서는 국왕을 중심으로 한 강력한 중앙집권적 통치수단이 필요했다. 군주세습제를 굳건히 지키는 길은 왕권의 강화와 직결되었기 때문에, 왕의 적장자인 원자의 탄생은 예비 왕으로서의 최고 대우를 받을 수밖에 없었다. 뱃속에 있을 때부터 시작된 예비 왕의 교육은

왕이 된 이후에도 끊임없이 지속된다. 일반 갓난아이와 같은 모습
으로 태어난 아기씨는 보양청, 강학청을 거쳐 세자로 책봉되면서
서연을 시작으로 장차 왕으로서의 본격적인 학문수련을 시작한다.

세자시강원에서 서연 강의를 받다가 때가 되어, 세자가 왕
위에 오르게 되면 서연은 바로 경연으로 바뀐다. 경연이란 왕에게
유학의 경서와 역사를 가르치던 교육제도를 말한다. 순수한 의미
에서 볼 때, 경연은 국왕이 정치에 도움이 되는 새로운 지식을 얻
거나, 왕으로서 스스로 반성할 기회를 가지기 위해 학식과 덕을
겸비한 신료들과 함께 경서나 사서를 읽고 토론하는 자리를 일컫
는다. 조선사회의 경연은 고위관료가 국왕에게 경전과 역사를 가
르쳐 유교의 정치규범을 실천하게 할 목적으로 운영되다가, 나중
에는 왕의 정사의 대부분이 경연의 자리에서 이루어질 정도로 강
력한 정치토론장으로 자리를 잡아갔다.

조선시대의 국왕교육인 경연은 왕권이 개인의 독단으로
흐르지 못하도록 견제하기 위한 제도적 장치로서 그 의의가 깊다.
국왕은 교육을 통해 끊임없이 자신을 수련해야 하며, 심지어는 성
인의 경지에까지 도달하기를 요구받았다. 실제로 국왕이 사망한
이후에 내려지는 평가에서조차도 왕이 생전에 학문을 얼마나 좋
아했던가 하는 것을 중요한 기준으로 삼을 정도였다. 조선시대의
모든 교육기관은 지도자의 양성을 목적으로 삼았다고 해도 과언
이 아닐 것이다. 특히 국왕을 위한 교육은 담당 기관과 과목, 학
습방법이 단계별로 잘 짜여져 있었다. 나라의 사활과 직결되는 국
왕의 교육은 그만큼 중대한 사안이었음을 여실히 보여주고 있다.

1) 경연의 강의는 어떻게 이루어졌나?

경연의 강의는 서연과 마찬가지로 이른 아침에 하는 조강, 정오에 하는 주강, 오후에 하는 석강으로 이어지는 세 번의 강의를 비롯하여, 국왕의 소집요구에 따라 수시로 가졌던 소대와 야간에 열렸던 야대 등의 비정규적인 강의가 있었다.

대부분의 왕은 국사를 처리하는 일이 바빠서 하루에 세 번씩 하는 경연에 일일이 참석하기 어려웠다. 따라서 보통 새벽에 있는 조강만 참석하거나 아니면 정오에 하는 주강만 하고 끝내는 경우도 많았다. 많은 경우 하루에 5번까지도 경연의 자리를 마련하는 왕들도 있었다.

경연의 진행방식은 세자 때의 서연 강의와 비슷하게 이루어졌으나, 경연에 참석하는 사람들은 서연과는 질적으로 달랐다. 우선 최고 권력자인 왕이 참석하므로 3정승과 승지들, 홍문관의 관료들이 겸직으로 자리를 같이 했다.

경연에 참여한 관직을 통틀어 경연관이라고 하는데, 경연관은 주로 국왕에게 유교의 경서를 강론하는 것을 비롯하여, 학문지도와 치도 강론을 하였다. 경연관은 특히 국왕과 함께 현안 정치문제를 토론하는 관직이기도 하여 가장 명예로운 벼슬로서 여겼으며, 그에 맞는 특별한 대우를 받았다. 그만큼 학문과 인품을 고루 갖춘 뛰어난 문관을 임명하였다. 경연에 참석하는 경연관은 정1품인 3정승을 비롯하여 종1품에서 9품에 이르는 약 30명의 관료와 관리로 이루어져 있다. 실제 강의는 주로 홍문관 관원이 맡았다.

조강에는 대신, 승지, 홍문관 관원 등 경연관을 비롯하여 사헌부, 사간원, 사관 등의 관료들이 참석하였다. 주강과 석강에는 승지, 홍문관, 사관만이 참석하였으나 왕은 조강, 주강, 석강 3강에 모두 참석하는 것이 관례였다. 특히 조강에는 국왕을 비롯하여 의정부, 육조, 승정원, 홍문관 등 권력의 핵심부가 한자리에 모였기 때문에 경연은 나라의 중요한 정책을 협의하는 기구로 발전하였다. 조선시대의 경연은 왕을 가르친 교육제도일 뿐만 아니라, 국가의 정책을 협의하는 기구로서의 기능이 더 컸다는 사실을 알수 있다. 경연은 왕의 일상생활뿐 아니라 정치과정에 중대한 영향을 미쳤다는 것을 알 수 있다.

강의가 끝나고 나면 으레 그 자리에서 국왕과 관료들이 정치 현안들을 협의하는 것이 관례였다. 경연에서 학문을 토론하다 국정의 현안문제들이 논쟁점으로 제기되는 경우는 자연 많을수밖에 없었다. 열띤 토론 과정 중에서 현안문제점들이 부각되고, 이런 깊이 있는 토론을 거쳐 해결방안을 강구했다. 한마디로 경연은 명실공히 학문토론장이었지만 실질적으로는 정치토론장의 기능이 더 강했다. 이처럼 전통사회의 왕은 왕이 되기 이전부터 제왕학을 연마하기 시작하여 죽는 순간까지 지속되었다. 만백성의 안위를 책임질 훌륭한 왕, 한 사람을 만들기 위해 들인 노력과 정성을 엿볼 수 있다.

2) 경연의 강의교재

　서연과 같이 경연의 강의교재는 4서 5경을 비롯한 「경전」
과 「사기통감」과 같은 중국의 역사서가 기본이었다. 그러나 차츰
강의교재에도 변화가 왔는데, 중국에서 편집된 성리학 계열의 책
이나 「성학집요」와 같이 조선에서 편집된 성리학 계열의 책, 「고
려사」, 「동국통감」같은 조선의 역사와 역대 국왕들의 정치를 한
눈에 볼 수 있는 책들이 추가되었다.

　특히 조선시대에는 우리의 현실에 맞는 교재가 많이 만들
어졌는데, 「성학십도」와 「성학집요」가 대표적인 책들이다. 이황의

「성학십도」는 16세의 나이로 왕위에 오른 선조의 교육을 위해 편찬한 교재다. 이이의 「성학집요」 역시 선조의 교육을 위해 지은 책으로, 국왕의 학문적 수양과 정치적 치세에 중점을 두고 만든 국왕교재였다. 이 책들은 '성학'이라는 제목에서 나타나듯 국왕에게 '성군이 되는 학문'을 제시했지만, 일반 사대부들에게는 유학의 목표인 '성인에 이르는 학문'을 습득하기 위해 널리 읽히는 책이 되었다.

경연에서 다룬 교재는 4서 5경과 역사, 성리학 서적을 일정한 순서에 따라 강의하였다. 4서 5경의 경우에는 주석집을 정독하는 방법으로 강의가 이루어졌고, 역사서는 통독하는 것을 원칙으로 하였다. 경연의 강의 일정은 매일 아침에 조강을 실시하는 것이 원칙이었으며, 주강과 석강을 포함하여 하루에 세 번 강의하는 경우가 대부분이었다. 일반 양반자제들이 과거를 보기 위해 4서 3경을 암기하는 것과는 달리, 세자는 지도자로서의 덕목을 강조하는 수기치인의 입장에서 학문에 몰두하였다. 또 올바른 역사관을 갖기 위해 「동국통감」같은 각종 역사책을 탐독하고, 학덕을 겸비한 학자들과 토론을 자주 하여 왕의 자질과 덕목을 익히는 데 게을리하지 않았다.

3) 국왕의 하루

이쯤에서 조선시대 국왕의 하루는 어떠하였는지 궁금하지 않을 수가 없다. 조선시대의 왕좌는 되기도 어려웠을 뿐만 아니라,

되고 난 뒤의 하루하루는 보통 체력으로는 유지하기 힘들 정도로 바쁜 나날이었음을 당시의 문헌에서 쉽게 찾아 볼 수 있다. 「조선왕조실록」이나 「시강원 일기」, 「승정원 일기」 등 각종 문헌에 기록된 내용을 보면, 조선시대 왕들은 대개 오전 5시경에 일어나 아침식사 전에 경연에 참석하였다. 경연은 점심, 저녁식사 전에 각각 한 차례씩 더 있었으며 왕들은 특별한 경우를 제외하고는 경연을 미룰 수 없었다. 왕이 경연을 게을리 하면, 신하들의 빗발치는 상소가 즉각 올라왔기 때문이다. 조선의 왕들은 이른 새벽부터 오후 11시까지 잠자는 시간을 제외한 하루종일 격무에 시달렸던 것을 알 수 있다. 왕으로 가는 길은 멀고도 험하였던 것이다.

왕의 하루 일과는 아침, 낮, 저녁, 밤의 네 단계로 구분된다. 이것을 왕의 4시라 하여 아침에는 신하들로부터 학문과 정치를 듣고, 낮에는 왕을 찾아오는 신료들을 만나며, 저녁에는 나라의 현안문제를 검토하고, 밤에는 밀린 업무나 자신의 몸을 갈고 닦는다. 왕의 하루 일과를 앞서 밝힌 여러 문헌을 근거로 하여 정리해 보면 다음과 같다.

- 왕의 1시 : 아침

왕의 하루 일과는 세자 때와 마찬가지로 웃어른들에 대한 문안인사로 시작된다. 해가 뜨기 전인 오전 5시에 일어나 의관을 정제한 다음 대비전에 문안을 드린다. 문안인사가 끝나면 왕은 곧바로 아침경연에 참석하여 신하들과 함께 학문을 토론하고 현안문제를 토론한다. 경연이 끝나면 아침식사를 하고 이어서, 대부분의 신하들이 참석하여 왕을 알현하는 의식인 조회가 시작된다. 조회는 왕의 공식적인 업무의 시작이다. 조회가 끝나면 신하들의 업무보고를 받는다. 대부분의 업무보고는 정오가 가까워지면 거의 마무리된다.

- 오전 5시(묘시)에 일어나 웃어른께 문안인사를 올린다.
- 해뜰 무렵 조강에 참석하여 토론한다.
- 경연을 마치면 아침식사를 한다.
- 공식업무의 시작인 조회에 참석한다.
- 조회를 마치면 업무보고를 받는다.

- 왕의 2시 : 낮

업무보고가 끝나면 곧바로 주강에 참여하여 학문을 익히는 시간을 갖는다. 주강이 끝나면 왕은 간단하게 점심을 먹는다. 점심식사를 마치고 난 이후에는 인사이동으로 승진하거나 떠나는 신하들을 접견하는 시간이 이어진다. 오후 3시부터 5시 사이에는 대궐을 호위할 숙직관료들을 점검하거나 사냥, 활쏘기 등으로 체력을 단련하기도 한다.

- 주강에 참석하여 학문을 익힌다.
- 점심식사를 한 다음, 찾아온 신하들을 접견한다.
- 오후 3시(신시) 숙직관료들을 점검하거나 체력단련을 한다.

- 왕의 3시 : 저녁

오후 7시경 왕은 다시 저녁공부인 석강에 참석하고, 석강을 마치면 저녁을 먹고 잠시 휴식을 취한다. 이것으로 왕의 하루 일과가 끝난 것이 아니다.

- 오후 7경(술시) 석강에 참석한다.
- 저녁을 먹고 휴식시간을 갖는다.

- 왕의 4시 : 밤

경우에 따라서는 저녁 후에도 낮 동안의 업무가 밀려 있으면 야간잡무를 보기도 한다. 야간업무까지 마무리가 되면 왕은 다시 웃어른께 저녁 문안인사를 드린 후에야 비로소 잠자리에 든다. 여기까지 하면 왕의 공식적인 하루 일과가 모두 끝난다. 왕의 하루는 24시간으로도 부족할 정도로 바쁘고 긴긴 하루였음을 알 수 있다.

- 야간잡무까지 끝나면 웃어른께 저녁 문안인사를 올린다.
- 오후 11시경(삼경)에 잠자리에 든다.

오늘날 입시를 준비하는 학생들이나 국가고시를 준비하는 사람들의 일과표보다도 더 빡빡한 하루를 보낸 것을 알 수 있다. 앞서도 살펴보았듯이 일단 원자로 태어나면 그때부터 보양청에서 길러지고, 3~4세가 되면 강학청에서, 세자로 책봉되면 시강원이 설치되어 본격적인 교육이 시작되고 이어서 서연과 경연을 통해서 힘있는 왕으로 틀을 잡아간다. 여가가 있을 때마다 사냥이나 활쏘기를 하여 체력관리에 소홀하지 않도록 애썼다. 한마디로 왕은 사생활이라는 것이 거의 없었다고 할 수 있다. 잠깐 낮잠이라고 잘라치면 어느새 '아니 된다'는 신하들의 간섭에 왕은 언제나 흐트러짐 없이 반듯하게 정좌한 모습을 보여주어야 했다.

조선왕조는 국왕을 인간으로서가 아니라 신성한 존재로 신격화함으로써 신하들과 백성들에게 절대 권력의 힘과 특별함을 직접적으로 보여주고 있는 셈이다. 경연은 신하들과 학문적인 토론과 정책토론을 벌이고 민감한 정치현안을 결정하는 일종의 연석회의로서 임금은 신하들의 의견을 종합하고 신하들은 임금이 절대권력을 마음대로 휘두르는 것을 견제하는 역할을 하였다.

조선시대의 국왕은 태어나기 전부터 태교를 시작으로 원자로서의 교육, 세자로서의 교육, 국왕으로서의 교육 등 죽을 때까지 평생을 학문을 닦고 수련하는 인고의 세월을 보낸 셈이다. 한 나라를 이끌어 갈 왕의 책임은 왕을 인간으로서가 아니라 전지전능한 성인으로 요구받을 정도로 어렵고 고된 것이었음을 알 수 있다.

3. 왕가자제 교육 : 종학

왕실 교육은 왕세자 교육과 왕가자제 교육으로 나눌 수 있다. 왕가자제 교육을 다른 말로 종학(宗學)이라고 하는데 즉, 대군(大君) 이하 종친자제의 교육을 맡은 기관이다. 대군은 왕의 정부인인 왕비가 낳은 아들을 모두 일컫는 호칭이고, 군이란 후궁이 낳은 아들을 일컫는다. 왕세자로 책봉된 한 사람의 아들을 제외한 왕의 모든 아들 즉 대군과 군, 그 자손들의 교육은 모두 종학에서 이루어졌다.

조선시대의 왕족은 실권 없는 명예직과 높은 녹봉을 제공받는 대신, 정치에서는 철저하게 배제되었다. 당시의 왕족은 최고의 권력층이었음에도 불구하고, 절대권력자인 한 사람의 왕을 위하여 자신들의 정치적 삶을 포기할 수밖에 없었다.

왕권에 대항하여 반란을 도모할 가능성을 미리 막고, 왕족이라는 신분을 악용할 소지를 막는다는 미명아래 철저한 통제를 받았다. 왕의 가족들이 혼인으로 대궐 밖으로 나가는 경우, 곧바로 나라의 감시와 통제를 받아야 했으며, 왕족의 거주지역도 한양으로 엄격하게 제한되었다. 따라서 뛰어난 정치적 재질을 갖춘 많은 왕족들은 세상에 가려진 채 불우한 인생을 보냈다. 조선왕조의 이러한 조치가 왕권의 안정과 평화를 위해 선택한 것이었음은 두말할 나위도 없다. 그렇다고 왕가의 자제들을 일자무식으로 만들 수는 없는 일이었으므로, 따로 교육기관을 설립하여 대군을 비롯한 군의 교육을 시행하기에 이른 것이다.

당시의 사회분위기에서 왕가의 자제들에 대한 교육이 활발하게 이루어지기는 어려웠을 것이다. 학문을 탐구하는 사람들의 궁극적인 목표였던 관료진출이 배제된 상태에서 학문을 한다는 것 자체는 아무런 의미가 없었기 때문이다. 양반관료제 사회였던 조선시대에 왕족의 정치참여 금지는 사회적 금고와 다를 것이 없었다. 왕족을 포함한 그 자제들은 양반관료 사회의 가장 큰 피

해자라 할 수 있다.

　　정치적으로 금고를 당한 대신에 이들에게는 왕족이라는
신분에 걸맞은 재산을 소유할 수 있었기 때문에, 자칫 방탕한 생
활로 빠져들기 십상이었다. 학문에 뜻을 두고 소일하거나 재산을
늘리면서 세월을 보내는 것은 그나마 적응을 잘한 편에 속하였다.
아무런 목적의식 없이 세월을 보내면서 방탕한 생활을 일삼는 왕
족이 있다면, 왕실의 체면에도 말이 아니었기 때문에 조정에서는
왕족들을 대상으로 하는 교육기관의 설립을 적극 추진하였다. 이
에 세종대에 왕족교육을 담당하는 왕립교육기관이 설립되었는데,

그것이 바로 종학이다. 세종은 종친이 입학하는 곳이 따로 없는 것을 안타까워 하다가 이들을 교육시킬 수 있는 수단으로 종학을 세웠다.

1) 종학에서는 무엇을 가르쳤나?

종학은 세종 10년(1428)에 처음으로 설립하여 대군 이하 종실의 자제교육을 담당하였고, 이듬해인 1429년 경복궁의 동쪽에 위치한 건춘문밖에 따로 학사를 지었다. 학사가 건립되면서 종친 교육의 체제도 틀을 잡아가기 시작하였다. 종학에는 도선 전훈 각 1명, 사회 2명 등 종학 관원 4명을 두었다가, 세종 15년(1433)에 6명으로 증원되었으며, 점차 성균관의 사성 이하 전적까지의 관원이 겸직하게 되었다.

종학의 입학자격은 15세 이상의 종친자제로 한정하였으며 입학정원은 40명에서 50명이었다. 교육내용은 성균관과 같이 경술(經術)과 문예(文藝)를 주로 하고 「소학」 등을 다루었다. 조선사회는 여러 유교 경서 중에서 특히 「소학」을 중요하게 생각하였다. 왕세자를 비롯한 왕실의 자제뿐 아니라, 양반자제들 사이에서도 「소학」은 아주 중요한 교재로 다루었다. 「소학」은 당시 학문을 하는 사람의 실력을 평가하는 기준으로 삼았을 정도로 강조되는 교재였음을 알 수 있다.

매일 앞서 읽은 책 중에서 선택해서 강의를 받고 시험을 보는데, 통과여부는 왕에게 보고되었다. 또 매월 전에 읽은 책 중에서 선택하여 5번의 시험을 치러, 3번을 통과하지 못한 자는 벌을 받았다. 이유 없이 종학에 나가지 아니하거나 예절을 어기고 영을 거역한 자는 종부시(宗簿寺)에 이름이 올려졌다가 매 계절 마지막 달에 왕에게 보고되는 자리에서 불량생도로 평가받으면 벌을 받았다. 또 나이가 40세에 이르고 「소학」과 4서 중에서 1경을 깨우친 사람이나, 비록 40세가 되지 않았더라도 「소학」과 4서 중에서 2경 이상을 깨우친 사람, 나이 50세가 찬 사람은 모두 취학을 면제하였다. 한편 종친을 대상으로 회합을 소집했을 때에 병을 핑계로 참석하지 않으면, 사헌부와 종부시에서 조사하여 왕에게 아뢰고 벌을 내렸다.

실제로 왕족들은 열심히 공부해야 할 동기가 별로 없었다. 공부를 한다고 해서 과거를 볼 기회가 주어지는 것도 아니었기 때문에 천성적으로 학문을 좋아하는 사람이 아니라면, 절박한 현실적 동기 없는 공부에 전념할 이유가 없는 것이다. 왕족들은 세종이 마련한 제도 때문에 마지못해 종학에 다녀야 했다. 가끔씩 치르는 시험에 낙제하거나 출석이 불량하면 처벌을 받기 때문에 종학에 나가 시간만 때우는 경우가 허다하였다. 하기 싫은 공부를 억지로 해야 하는 학생은 지금이나 옛날이나 괴롭기 그지없다. 공부시간이 끔찍하고 스승을 대하기조차 싫어진다. 이런 상황은 조선시대의 종학에 다니는 왕족들도 다르지 않았다.

「용재총화」에 보면 종학에 다니는 것을 죽기보다 싫어한 한 왕족의 이야기가 실려 있다. 정종의 둘째 아들인 순평군은 40세가 넘도록 일자무식으로 살았다. 나이 40에 종학에 입학하니 나이로는 최고참이었으나, 늦게 시작한 공부가 잘될 리 만무하였다. 나름대로 노력해도 순평군은 매번 종학의 웃음거리를 벗어날 길이 없었다. 순평군이 죽음에 임박하여 마지막으로 남긴 말이 "이제 종학에 가지 않아도 되니 속이 다 시원하다"라고 하는 것이었다고 한다. 순평군에게 종학은 지옥이나 다름없었으며, 공부라는 것이 죽음보다 끔찍한 것이었음을 표현한 말로 유명하다. 당시 종학에 다니던 대부분의 종친들의 심정을 대변하고 있다고 봐도 별무리가 없을 듯하다. 오늘날 학생들도 순평군과 같은 생각을 한두 번씩은 해 본 경험이 있을 것이다.

교육을 담당하는 관원들은 비록 성균관의 쟁쟁한 실력자들이라 하더라도 종학의 생도들은 공부를 통해서 얻을 수 있는 성취감을 느낄 수 없었고, 단지 왕가의 자제로서의 체면과 권위에 손상되지 않을 정도의 학문만을 취하면 그만이라는 생각이 지배적이었다.

2) 종학 생도의 규율

그러나 종학 생도에 대한 규율은 어느 교육기관 못지 않게 엄격하였다. 「세종실록」에 기록되어 있는 종학 의식을 보면, 당시 종학의 규율을 어느 정도 짐작할 수 있을 것이다. 종학 생도의 하루 일과를 비롯하여 글공부의 순서와 태도를 자세하게 기록하고 있다. 종학 의식에서 말하고 있는 생도들의 규율내용을 몇 가지 알기 쉽게 정리하면 다음과 같다.

- 출석을 점검하여 10일에 한 번씩 보고한다.
- 학업 중에는 떠들면서 드나드는 것을 금한다.
- 앞서 배운 내용을 이해한 후에야 다음 글을 수업한다.
- 글을 읽을 때 등급을 매겨 기록하여, 10일에 한 번씩 왕에게 보고한다.
- 앞서 배운 것을 매일 다섯 번씩 읽고, 고사를 치른 후 등급을 매겨 월말에 보고한다.
- 글 읽는 것과 쓰는 것을 겸하여 익힌다.
- 교관과 종부시의 지시에 따라야 하며, 거짓을 고하고 외출하는 것을 금한다.
- 생도 중에서 임원을 뽑아 규찰반장으로 삼는다. 생도가 잘못한 경우 즉시 교관에 고한다.
- 공부를 게을리 하거나 예의에 어긋난 행동을 하면 일일이 기록하여 보고한다.
- 문밖에서 떠들거나 희롱질하는 생도는 죄로 다스린다.

종학 생도의 학습 태도와 성적은 교관과 종부시의 감독하에서 정기적으로 평가되어 왕에게 보고되었다. 종부시란 종실의 잘못을 지적하고 탄원하던 임무를 관장하던 관청을 말한다. 당시의 규율도 오늘날의 학교규칙과 다를 것이 없음을 알 수 있다. 예나 지금이나 수업 중에 떠들거나 학교에 가는 것을 싫어하는 학생들이 있었다는 사실도 재미있는 부분이다. 종학은 연산군 때 폐지되었다가 중종 때 다시 시행되었으나, 조선말 1907년에 완전히 폐지되었다.

4. 오늘날의 관점에선

칸트는 '인생은 교육'이라고 설파했다. 인간은 본래 야수와 다름이 없으나 교육을 통하여 사람이 된다는 것이다. 왕이 되기까지 그리고 왕이 되어서의 과정은 그야말로 계속된 교육이라고 말할 수 있다. 교육은 금수와 구별되는 인간의 가장 특별한 특징이기도 하다. 이것은 교육의 위력이다. 유구한 흐름 속에 갖가지 문물과 제도가 다 변천했지만 특히 우리 2세 교육을 위한 방법은 실로 격세지감을 금치 못할 정도로 많이 변했다. 예를 들어 체벌금지사항만해도 그렇다. 원래 유교 사상에 근거를 둔 우리네 교육의 정수는 엄격한 삼강오륜에 있다. 올바른 사람으로 키우고자 한다면 체벌은 당연지사로 여겼던 체벌 당위론을 예찬하며 80세 된 백발 노모가 60세된 늙은 아들의 종아리를 때리던 것이 다반사였다. 물론 세자에게도 해당되는 일이었다. 세자는 엄격한 생활 속에서 조금이라도 게으름을 피울 수가 없었다. 왕이 되기 위한 길은 험난한 길의 연속인 것이다. 그러나 오늘날의 부모님들은 우선 자녀들이 이 다음에 자라나서 남에게 지지 않고, 지배받고 복종하며, 맥없이 사는 것을 원치 않는다. 그야말로 생존 경쟁에서 살아남을 지도자로서 풍족하게 살아가기를 바란다. 전통사회에서 중요시 교육을 하던 유교의 삼강오륜의 덕목과는 사뭇 다른 면모가 많다. 그러나 자녀를 훌륭하게 키우고 싶어하는 현대의 부모들의 관점에서 보면 그 교육 과정은 납득이 갈 만한 것이다.

보양청에서는 한 나라의 왕이 될 몸으로 태어난 세자이니

만큼 많은 공을 들였다. 물론 오늘날의 부모들도 자신의 아이를 누구나 그만큼 애지중지하며 돌볼 것이다. 그러나 맞벌이 부부가 늘어남에 따라 자녀를 돌보는 일이 점점 큰 고민이 되기도 한다. 아이 돌보기가 집안 어른의 몫이 되거나 탁아소같은 곳에 맡겨지기도 한다. 자칫 유아기의 정서에 문제를 일으킬 수도 있을 것이다. 이것은 부모의 관심 문제가 아니라 변화된 생활 때문이다. 어떻게 대처해야 현명한 부모의 역할이 될지 고민이 안 될 수가 없다. 유아기는 가장 예민한 시기이기 때문이다.

그러나 보통 한 집에 아이가 하나, 아니면 둘이기 때문에 집중적인 정성을 쏟아 키울 수 있다. 모든 사람이 골고루 혜택을 누릴 수 있도록 병원이 있고, 맞벌이 부부를 위한 탁아소도 점점 활성화되고 있다. 왕실에는 특별히 궁중의원이 있어서 세자의 모든 병마를 다스렸을 것이나, 오늘날에는 산부인과나 소아과가 그 역할을 충실히 하므로 언제든지 아이가 잘 클 수 있도록 체크할 수 있다. 탁아소의 프로그램도 아직은 모자라지만 점점 보완되고 있는 실정이다. 그리고 자녀에 대한 젊은 부모의 관심도가 계속해서 높아지는 실정이기 때문에 주변의 여건을 잘 활용한다면 왕세자 못지 않게, 어쩌면 더 효율적으로 키울 수 있을 것이다. 그리고 왕실의 먹거리들과 '곤지곤지, 잼잼'과 같은 것을 활용하는 것도 좋지 않을까?

강학청은 현대의 유치원 격이다. 현재의 교육을 받기 위해 사회로 첫발을 내딛는 처음의 과정은 유치원이나 사설교육기관에서 이루어지는데, 그 곳에서 받는 교육은 정말 사회 안에서의 체계적인 교육이라고 할 수 있다. 왕세자에게 붙여지는 많은 스승과 유모, 궁녀들만큼 보조해 줄 수는 없지만 반면 현대에는 그만큼 많은 교육을 받을 충분한 볼거리가 더 많아졌다.

예를 들어 컴퓨터나 TV같은 것들이다. 아이들은 그야말로 '학습기계' 다. 아이들은 주위의 모든 것에 자극을 받으면서 자라난다. 물론 적극적인 현대 부모들은 스스로 찾아서 아이들에게 자극을 줄 기회를 마련하곤 한다. 하지만 마련해 주기 전에 아이들은 충분히 주위의 모든 것에 자극을 받고 학습을 하게 된다. 아이들에게는 그야말로 모든 것이 새롭고 호기심을 불러일으키는 것이기 때문이다. 이러한 것들을 활용하면서 아이들에게 따뜻한 가정을 만들어주는 것이 중요하다.

본격적인 교육은 초등학교의 교육이다. 초등교육은 평생교육의 뿌리가 내려져야 하는 시기의 교육이다. 왕세자는 일찍부터, 지금의 조기교육보다 더 힘든 공부를 일찍이 시작해야 했다. 물론 한 나라의 왕이 된다는 기대치를 갖고 출발한 국왕으로서의 교육이었기 때문이다. 물론 오늘날의 부모들은 예전보다 훨씬 더 자녀에게 줄 것이 많아졌다. 학교에서 학습하는 것 외에도 컴퓨터니, 운동이니, 피아노니, 미술이니 원하는 대로 교육을 시킬 환경이 마련되어 있기 때문이다. 그러나 무엇보다도 개인의 소질을 찾아주고 계획적인 생활을 하게 습관을 들여 주는 것이 중요하다. 세자는 짜맞추어진 생활 속에서 왕이 되기 위한 끊임없는 학습을 했다. 지금의 아이들에게도 무엇인가 목표를 마련해 주고 계획을 세워 생활을 할 수 있게 도와주는 것이 중요하다.

요새의 아이들은 보통 TV를 보거나 컴퓨터를 하며 시간의 대부분을 보낸다. 이것들은 잘 다루면 득이 될 수도 해가 될 수도 있는 것들이다. 부모들의 적절한 간섭하에서 이루어져야 할 학습도구들이다. 인터넷을 잘 사용하면 많은 것을 배울 수 있다. 모든 것에 호기심을 느끼는 아이들일수록 얻는 것이 많다. 시간을 정해두고 학습을 시킨다면 많은 득이 될 것이다.

그리고 시중에는 많은 책이 나와 있다. 아이들의 호기심을 자극하는 책을 읽도록 하는 것이 부모의 가장 큰 배려다. 책을 읽는 습관을 들이는 것은 중요하다. 책을 읽는 것은 비단 책 안의 지식만을 획득하게 하는 것이 아니다. 아이들의 정서나 상상력 키우기에는 책만큼 좋은 것이 없기 때문이다. 어렸을 적 어머니가 아이에게 읽어준 책은 어른이 되어서까지 기억된다. 어머니의 따뜻한 마음까지 느끼게 할 수 있는 것이다.

부모들은 아이들에게 밖에서 일어나는 일에 귀를 기울이고, 선생님과 친구들에 대하여도 대화를 통해 체크하는 습관을 기르도록 유도해야 한다. 훌륭한 왕이 있기까지에는 덕망을 갖춘 신하들과 스승의 보좌가 필수조건이었다. 학교는 엄연한 사회 생활의 시작이기 때문에 주위의 친구나 선생님의 역할 또한 중요하다. 자칫 학교 생활에 적응을 못하는 아이들이 있는데, 부모는 그것을 알아차리지 못하기도 한다. 아이들은 밖에서 나쁜 일이 일어나면 숨기게 마련이다. 대화를 통해 아이가 어떤 불만을 가지고 있는지 수시로 알아보는 일도 중요하다.

옛날의 교육이 과거를 보기 위한 교육이었던 것처럼 수세기가 지나서까지 이어지고 있다. 그러나 누구도 피해갈 수 없는 관문이기도 하다. 지금의 학생들 역시 대학이라는 큰문을 들어가기 위해 공부를 하고 있다고 해도 과언이 아니다. 초등학교의 교육이 기초적인 학습의 습득이었다면 중학교부터는 대학 입시로 이어지는 공부라고 할 수가 있다.

　요새 학생들은 학교 공부보다는 사설학원의 공부에 더 치여 산다고 볼 수가 있다. 자녀의 효율적인 학습을 위한 부모의 역할은 공부할 분위기를 조성해 주는 것이다. 그렇다고 사설 교육기관에만 너무 기댄다면 자칫 가정의 본래적 기능을 잃게 될 수도 있다. 아이들이 공부에 치여 산다는 느낌을 받지 않게 여유있는 환경을 마련하는 것이 중요하다. 또한 공부가 대학에 가기 위한 목적이기 이전에 그 과정이 자신의 삶의 계획에 중요한 시점이라는 것을 이해할 수 있도록 도와줘야 한다.

3장
왕세자는 어떤 음식을 먹었을까?

모든 병의 근원은 매일 먹는 음식에 달려있다고 해도 과언이 아니다. 병을 고치는 데 있어 음식을 통한 식이요법은 치료의 열쇠가 된다. 특히 자라나는 청소년들의 건강은 시험성적뿐 아니라 성격에도 절대적인 영향을 미치므로 자녀의 먹거리에 항상 신경을 써야 한다. 건강하고 총명한 자녀를 낳아 키우기를 원한다면, 태아기 때부터 올바른 음식을 섭취하여야 한다. 계획적으로 섭취하는 태교 음식은 태아는 물론 임신부의 신체발육과 두뇌계발에 직접적인 영향을 주기 때문이다. 임신부는 여러 가지 음식을 고르게 섭취해야 하지만, 그 중에서도 뼈의 골격을 만들어 주는 칼슘, 태아의 두뇌형성에 필수적인 단백질, DHA가 함유되어 있는 식품을 골고루 먹어야 한다. 임신부의 흡연을 비롯하여 카페인 성분이 들어있는 음식, 청량음료나 인스턴트 음식은 태아에게 나쁜 영향을 끼치는 음식이므로 무조건 삼가야 한다. 똑똑하고 건강한 아기를 원한다면 최소한 이런 음식은 절제하는 것이 좋다.

수험생의 건강은 성적과 직결되어 있기 때문에, 대부분의 가정에서는 수험생 위주로 식단을 짜게 된다. 수험생의 건강을 유지하기 위해서는 몇 가지 원칙을 따르는 것이 좋다. 되도록 식사는 거르지 않고 규칙적으로 하는 것이 무엇보다 중요하며, 곡류와 어육류, 채소가 골고루 들어간 음식을 섭취해야 한다. 급하게 식사할 경우, 소화가 안되고 속이 더부룩하며 메스꺼운 증상을 유발시킬 수 있으므로 식사는 천천히 하는 것이 좋다. 너무 맵거나 시고 짠 음식, 지방질이 많은 음식은 소화가 잘 되지 않으므로 삼가는 것이 좋다. 간식을 먹을 때도 역시 인스턴트 음식은 삼가고 영양소가 풍부한 야채나 과일 등이 적당하다.

또 불규칙한 식사를 하거나 인스턴트 음식을 지속적으로 먹을 때는, 성장기에 있는 자녀의 성격을 거칠게 만드는 요인으로 작용한다. 좋은 음식은 자녀를 영재로 만든다. 자녀를 영재로 키우고 싶다면 당장이라도 새로운 식단부터 짜는 것이 좋을 것이다. 공부도 체력이 우선되어야 가능하고 정신적으로 안정되어야 집중이 되는 법이다.

「태교신기」에 따르면 태어나서 10년의 기간보다는 뱃속에서의 10달 동안이 자녀의 신체적, 정신적 건강에 더 중대한 영향을 준다고 하였다. 그만큼 태교 기간에 섭취하는 음식이 중요하다는 뜻이 된다. 뱃속에서부터 시작된 태교 음식과 자녀의 건강 음식은 공통점이 있다. 술이나 카페인, 청량음료, 인스턴트 음식을 삼가고, 영양소가 골고루 들어간 음식을 규칙적으로 적당하게 먹으라는 것이다. 이런 원칙은 비단 임신부나 수험생에게만 한정되는 것이 아니라, 모든 사람들이 공히 지켜야 할 건강비결일 것이다. 정신과 육체는 한 몸과 같다는 당연한 사실을 잊어서는 안될 것이다.

1. 전통 태교 음식

전통 태교에서 특히 음식에 관한 금기가 많은 것은 아마도 음식을 보관하기 어려웠던 옛사람들의 지혜에서 연유할 것일 것이다. 옛날에는 오늘날과 달리 음식을 오랫동안 보관하기가 어려웠다. 대형 냉동장치가 있는 것도 아니고 기껏해야 시원한 광에다 온갖 음식을 보관하는 것이 다였다. 물론 예전에는 공해가 없고 공기가 맑아서 음식이 상하는 정도가 느리고 부패되는 상태도 요즘과는 달랐을 것이다. 이런 점을 감안하더라도 오늘날 냉장고에 비할 수는 없을 것이다. 약도 귀하던 옛날에는 음식부터 조심하여, 병도 미리 예방할 수밖에 없었을 것이다.

전통사회에서 일반적으로 알려진 태교 음식은 크게 임신부가 삼가야 할 음식과 먹으면 좋은 음식으로 나누었는데, 주로 금하는 음식에 대한 내용이 더 많다. 전통 태교에서 금기하는 음식의 종류를 보고 다소 황당한 생각이 들지도 모르지만, 일부 주술적인 요인으로 금하는 음식을 제외하고는 전통 태교에서 지적하는 음식요법은, 오늘날 하나의 대안으로 제시될만한 과학적 근거가 충분하다.

1) 전통 태교에서 금하는 음식에는 어떤 것이 있을까?

전통 태교에서는 주로 음식의 생김으로 태교 음식의 좋고 나쁨을 따졌다. 모양이 반듯한 음식은 임신부에게 권하고, 모양이 비뚤어진 음식은 금하였다. 모양이 좋은 음식과 영양소와의 상관관계는 검증된 바가 없지만, 임신부는 뭐든지 바른 것을 먹고 보아야만 바른 아기를 낳을 수 있다는 당시의 태교정서에 비추어 볼 때 어느 정도는 공감할 수 있을 것이다. 다소 주술적인 요인이 지배적이긴 했지만, 대부분의 임신부들은 문헌에서 제시하고 있는 금기사항을 지키려고 애썼다.

✽ 외형이 바르지 않거나 벌레 먹은 과일은 먹지 말라

과일의 겉모양이 바르지 않거나 외형에 흠집이 많은 과일을 임신부가 먹으면, 장차 미운 아기가 태어난다고 믿었던 옛사람들은, 임신을 하면 흠이 없고 색깔이 곱고 잘 익은 과일을 골라 먹었다. 특히 벌레 먹은 과일은 입에 대는 것을 금하였다. 벌레 먹은 복숭아를 먹다가 벌레라도 나오게 되면 임신부는 깜짝 놀라게 되고, 태아도 덩달아 놀라게 된다. 태아의 박동수가 갑자기 빨라지면서 흥분하게 되므로 태아에게 나쁜 영향을 주기 때문이다.

예로부터 임신부는 깨진 그릇에 음식을 담아 먹지 않고, 과일을 먹을 때도 네모 반듯하거나 완전한 원형으로 깎아 먹기를 권하였다. 어머니가 무엇이든지 바른 것을 보고 먹어야 태아도 반듯하고 기품있는 성품을 가지고 태어난다고 믿었기 때문에, 임신부는 어느 때보다도 몸가짐을 바르게 가지려고 애썼다. 비뚤어진 것은 피하고 모양이 고운 것, 반듯하게 썬 것을 먹게 함으로써 뱃속의 아기가 온전하기를 기대하였다. 이쯤 되면 못생긴 과일이나 보기에 좋지 않는 음식을 먹지 말라는 말도 일단 수긍이 간다.

✽ 썩어 떨어진 과일은 먹지 말라

너무 익어서 저절로 떨어진 과일이나 썩어 떨어진 과일, 제철에 나는 과일이 아닌 것은 먹지 말라고 하였다. 실제로 이런 과일은 당도도 낮고 뭉개진 부분도 많기 때문에 맛에서도 뒤떨어진다. 과일이나 야채나 제철에 나는 것이 가장 맛있고 영양분도 많다는 사실은 누구나 다 아는 사실이다. 이런 금기는 오늘날의 임신부에게도 적용이 된다.

❋ 상추와 배추, 쌈 등의 푸성귀를 먹지 말라

상추나 배추, 쌈 등의 푸성귀를 함부로 먹는 것을 금하였다. 신분차이가 분명했던 전통사회는 양반의 체통이나 체면을 중시하는 사회였기 때문에, 먹는 것에서부터 걸음걸이, 옷차림 등 모든 생활관습에서 늘 양반 위주의 품위를 우선하였다. 전통 태교에서 임신부에게 쌈을 금기한 것도 당시 양반사회의 이런 분위기에서 맥을 잡을 수 있다. 쌈을 먹으려면 우선 입을 크게 벌리고 움직여야 하기 때문에 양반체면에는 어울리지 않는 천한 음식이라는 것이 당시 양반들의 기본 생각이었다. 깨끗하게 씻은 상추 위에 밥을 올려놓고 된장 양념을 얹어, 커다랗게 싼 것을 한 입 먹으면 없던 입맛도 생길 만큼 맛있는 먹거리가 된다. 그러나 나이 지긋한 사람들 사이에서는 상추쌈이 아직도 천한 음식이라는 인식이 남아 있는데, 시대에 맞지 않는 관습은 버려야 하지 않을까?

❋ 너무 찬 것이나 쉰 것을 먹지 말라

임신부가 차가운 음식이나 쉰 음식을 잘못 먹으면, 설사와 복통의 원인이 된다. 임신부가 설사를 심하게 하게 되면 태아에게 나쁜 영향을 주게 되며, 심한 경우 유산으로 이어질 위험이 높기 때문에 찬 음식이나 쉰 것은 삼가는 것이 좋다. 상한 음식은 임신부뿐만 아니라 건강한 사람도 먹게 되면 설사나 식중독으로 고생함으로 당연히 먹어서는 안 되는 음식이다. 또 차가운 성질을 가진 것이라 하여 수박이나 참외, 오이와 같은 과일이나 채소를 임신부가 먹는 것을 금하였다.

✳ 상한 생선이나 썩은 고기는 먹지 말라

상한 생선과 썩은 고기는 절대 먹어서는 안 되는 음식이다. 심한 복통을 일으키거나 설사하는 것을 막기 위해서는 우선적으로 상한 음식을 먹지 말아야 한다. 상한 음식은 설사나 식중독을 일으키는 원인이 되므로 임신부는 당연히 이런 나쁜 음식은 입에 대지 말아야 한다. 임신부가 설사를 심하게 하게 되면 자궁의 조기수축을 불러와 유산될 위험이 높다는 것이 현대의학의 설명이다. 설사가 자궁의 수축을 가져온다는 전문적인 의학 상식을 옛사람들이 알지는 못했겠지만, 아마도 무수한 세월동안 내려온 유산의 사례경험을 바탕으로 내린 금기였을 것이다. 당시 사람들의 지혜는 가히 놀랄만하다.

✳ 설익은 음식이나 덜 익은 과일, 곡식은 먹지 말라

삶은 음식이 설익었거나 제철이 아니라 익지 않은 풋과일과 곡식은 먹지 말라고 이르고 있다. 완전히 익히지 않은 음식이나 덜 익은 곡식을 먹으면 자칫 설사의 원인이 되므로 조심해야 한다. 임신부가 먹을 음식을 조리할 때는 반드시 제대로 익었는지 확인한 다음 먹도록 하는 것이 좋다.

이밖에 임신 중에 먹으면 태아에게 좋지 않은 영향을 끼친다며 금기한 음식들이 있었다. 예를 들어, 맥아나 마늘은 소화작용을 원활하게 하므로 새로운 생명이 생기는 데는 적당하지 않다는 생각으로 임신부가 먹는 것을 금하였고, 복숭아씨는 피를 흐리게 한다하여 금했다.

그러나 전통 태교에서 금기한 음식을 오늘날의 시점에서 반추해 볼 때, 대개는 마늘이나 생강처럼 자극성이 있는 음식이나 오리고기, 닭고기, 계란과 같이 콜레스테롤이 많은 음식, 보기에 혐오감을 주는 낙지, 오징어, 토끼고기, 개고기, 방게 등의 음식을 금하고 있음을 알 수 있다. 전통 태교에서는 다분히 미신적인 측면이 강한 다음의 이유로 여러 음식을 금하였다. 금기한 이유를 보면 다소 황당하고 재미있는 요소도 많은데, 굳이 과학적 근거와 연관지어 미신적인 내용이라고 일축하기보다는 당시 사람들의 눈높이에서 이해해 보는 것도 흥미있고 의미가 있을 듯하다.

「태교신기」에 따르면 마늘이나 생강과 같이 향과 맛이 강하고 자극성이 있는 음식은 태아에게 좋지 않다고 하였다. 전통 태교에서는 이를 금하는 내용들을 임신부들에게 알려 실천하도록 하였는데, 몇 가지 예를 들면 다음과 같다.

- 엿기름과 마늘은 태를 삭인다.
- 비름나물과 메밀, 율무는 태를 떨어뜨린다.
- 계피나 말린 생강을 가루 내어 양념하지 마라.
- 생강 싹을 먹으면 아기의 손가락이 육손이 된다.

또 닭고기나 오리고기, 계란과 같은 음식도 태아에게 좋지 않다고 하여 임신부가 먹지 못하게 하였다. 닭고기나 계란 등은 콜레스테롤이 많은 음식에 속한다. 콜레스테롤은 부족하면 빈혈을 일으키지만, 혈관 속에 괴면 고혈압을 유발하기도 하는 성분을 갖고 있다. 전통 태교에서 밝힌 금기 이유야 과학적 근거가 없다고 해도, 콜레스테롤이 나쁜 영향을 끼칠 수도 있다는 것을 잠시라도 짚어 보는 것도 나쁘지 않을 것이다.

- 닭고기를 먹으면 아기에게 닭살이 생긴다.
- 닭고기와 달걀을 찹쌀과 같이 먹으면 아기에게 촌충이 생긴다.
- 오리고기와 알을 먹으면 아기를 거꾸로 낳는다.
- 오리고기를 먹으면 아기가 팔자걸음을 걷는다.

전통 태교에서는 특히 주술적인 요인에 입각하여 생김새가 이상하여 혐오감을 주거나 심리적으로 개운하지 않은 느낌이 든다는 이유로 여러 가지 음식을 금하고 있다. 개고기나 토끼고기, 참새고기 등은 먹을 때 심리적으로 꺼림칙한 기분이 든다하여 삼갔던 대표적 음식이다.

- 개고기를 먹으면 아기가 소리를 못 한다.
- 토끼고기를 먹으면 자식이 언청이가 된다.
- 참새고기를 먹으면 아기가 자라서 음탕하다.
- 오징어를 먹으면 뼈가 물러진다.
- 방게를 먹으면 아기를 거꾸로 낳는다.
- 노루고기와 말조개로 국을 끓여 먹지 마라.
- 말고기, 비늘 없는 생선, 뱀장어를 먹으면 아기 낳기 어렵다.

3장 왕세자는 어떤 음식을 먹었을까? **155**

현대의학에 따르면 이러한 금기 음식들은 영양학적으로 아무 문제가 없다고 하였다. 또 실제로 태아의 기형을 일으키는 아무런 원인도 확인된 바 없다. 그러므로 전통 태교에서 금기하는 식품이라도 먹고 싶고, 먹어서 기분이 나쁘지 않다면 먹어도 무방한 것이다. 그러나 임신부가 꺼림칙한 기분이 조금이라도 든 상태에서 금한 음식을 먹는다면, 불안한 마음이 앞서 결국 태아에게 해롭게 작용하게 될 것이다. 내키지 않을 때는 설령 몸에 좋은 것이라 해도 억지로 먹지 않는 것이 좋다. 예로부터 개고기같은 음식은 임신부뿐만 아니라 가족들 중에서도 먹게 되면 집안에 동티 난다고 하여 금기하던 음식 중의 하나다. 이밖에 술을 마시면 혈맥이 풀어진다거나 버섯을 먹으면 자식이 잘 놀라고 쉽게 죽는다고 쓰고 있다. 임신부가 술을 많이 마시면 태아에게 치명적이라는 사실을 모르는 사람은 없을 것이다. 버섯을 먹으면 자식이 쉬 죽는다고 하였는데, 전통 태교에서 말하는 버섯은 아마 독버섯을 조심하라는 경고가 아니었을까?

전통 태교에서 금하는 음식의 상당 부분이 이처럼 주술적인 요인에 의존해서 먹기를 꺼려했던 경우가 많았음을 알 수 있다. 토끼고기를 먹으면 장차 태어날 아기가 언청이가 된다고 하였는데, 금한 이유가 다소 터무니없다. 토끼는 입과 코 사이가 찢어져 있으므로, 임신부가 토끼고기를 먹으면 틀림없이 언청이를 낳게 될 것이라는 심리적 불안에서 기인한 것이다. 물론 과학적으로 전혀 근거없는 금기사항이다. 단, 상한 음식이나 독성이 있는 음식, 무분별한 보약 등은 태아에게 직접적으로 나쁜 영향을 미치기 때문에 철저하게 금해야 한다.

　　위에 열거한 내용들이 과학적으로 입증된 것도 있지만, 일부는 미신적 요인에 의지하고 있는 것도 사실이다. 금기내용을 보면 다소 지나친 이유와 해석이 있긴 하지만, 전통사회 임신부들의 마음자세에 많은 비중을 둔 처사임을 알 수 있다. 정갈하고 반듯한 것이 아니면 가까이 하지 않는다는 철저한 태교정신을 엿볼 수 있다.

2) 그렇다면 전통 태교에서 권하는 좋은 음식에는 어떤 것이 있을까?

　　우리 선조들은 예로부터 임신부가 먹어야 할 음식에 관하여 매우 엄격하게 따졌다. 얼굴이 단정한 자식을 원하거든 잉어를 먹고, 슬기롭고 힘이 센 자식을 바라거든 소의 콩팥과 보리를 먹으라고 했다. 또 총명하고 똑똑한 자식을 원하거든 해삼을 먹고, 해산달에 이르러서는 새우와 미역을 먹으라고 했다. 요즘은 영양소가 풍부한 음식을 골고루 먹을 것을 강조할 뿐, 옛사람들이 철저하게 따랐던 태교 음식에 대해 무관심하다. 예전에 비해 먹을 것이 풍족하고 언제든지 누구나 영양이 높은 음식을 쉽게 얻을 수 있다는 환경 변화도 큰 몫을 차지할 것이다. 최근 들어 전통 태교에서 지켜왔던 태교 음식이 재조명을 받으면서 제대로 지켜서 먹자는 여론이 모아지고 있다. 전통 태교음식이 과학적으로 영양소가 풍부하다는 사실은 여러 곳에서 입증되고 있는데, 대표적으로 가물치와 잉어, 해산물, 도라지, 참깨, 흑염소 등을 들 수 있다.

✻ 가물치와 잉어는 태아의 두뇌발육에 좋다

가물치와 잉어는 대표적인 임신부 섭생 음식에 속한다. 민물고기인 가물치는 식성이 좋고 튼튼해 보혈식품으로 매우 좋다. 가물치를 고아 먹으면 소화도 잘 되고 태아의 두뇌 발육에 효과가 있다. 잉어 역시 비린내만 감수한다면, 질 좋은 단백질과 불포화지방산의 공급원으로 임신부와 태아에게 유익한 음식이다.

✻ 김은 임신부의 악성빈혈을 예방한다

미역, 김, 홍합, 대구 등 해산물은 많이 먹을수록 임신부나 태아에게 좋은 음식이다. 미역은 칼슘의 함유량이 많고 혈액순환에 도움을 주는 음식으로 임신 중은 물론이고 해산 후에도 임신부에게 좋은 영양식으로 일반화되었다. 역시 칼슘이 풍부한 김은 임신부의 악성빈혈을 예방하는 데 효과적이다. 여러 가지 스트레스로 임신부가 설사를 자주 하거나 냉대하증이 생겼을 때는, 홍합을 삶아서 3개월 이상 꾸준히 먹으면 치료 효과가 있다. 대구는 산모의 젖을 잘 나오게 하는 데 효과가 있는 음식이다.

✳ 시금치는 종합비타민제다

시금치는 쉽게 얻을 수 있는 채소로, 임신부에게 필요한 비타민과 철분을 공급해 준다. 오늘날 대부분의 임신부는 비타민이나 철분 섭취를 영양제나 종합 비타민제와 같은 약제를 통해서 한다. 그러나 이런 약제를 통한 섭취보다는 녹황색 채소인 시금치나 시금치 된장국 등 집에서 직접 요리한 음식으로 섭취하는 것이 흡수도 빠를 뿐 아니라, 더 양질의 영양소를 취할 수 있다.

✳ 도라지는 심장병에 효과가 있다

향긋하고 쌉쌀한 맛이 일품인 도라지는 약을 함부로 쓸 수 없는 임신부가 심장, 위장, 신장 계통의 질병을 가지고 있을 경우 부작용 없는 약재로 쓰이기도 한다. 도라지는 당분과 섬유질이 많고 칼슘과 철분이 우수한 알칼리성 식품으로 호흡기 계통의 질환에 좋으며 해열이나 천식, 폐결핵 등에도 효과가 있다. 설사나 복통이 났을 때 도라지를 볶아 먹으면 좋다.

❋ 쑥은 감기 예방과 치료에 좋다

쑥은 감기의 예방과 치료에 도움이 되는 식물로 봄이면 어느 곳에서든 구할 수 있다. 또 쑥은 몸을 덥게 해 주고 혈액순환을 도와주기 때문에 임신부의 아랫배 통증을 예방하는 훌륭한 약용식물로 이용된다. 이른봄에 된장을 풀어 쑥국을 끓여 먹으면 겨우내 잃었던 입맛을 돋구는 데 그만이다. 찹쌀가루와 쑥을 버무려 찐 쑥버무리는 임신부의 간식으로 좋다.

❋ 참깨는 동맥경화증 치료에 효과가 있다

참깨는 불포화지방산이 들어 있어 동맥경화증을 예방하고 치료하는 데 효과가 있다. 특히 비타민 E가 '밭의 쇠고기'라 불리는 콩보다도 5배나 더 많이 들어있어 오랫동안 먹으면 매우 좋은 음식이다. 들깨는 임신으로 생긴 기미나 거칠어진 피부를 회복하는 데 효과가 있다.

❋ 호두는 태아의 두뇌발육에 좋다

호두나 대추 등은 장기간 먹으면 임신부와 태아에게 좋은 영향을 준다. 호두에는 비타민과 무기질이 많이 함유되어 있어 태아의 두뇌발달에 도움이 된다. 호두를 갈아서 죽으로 만들어 먹으면 소화 흡수가 잘 되므로 임신부의 영양식으로 좋다.

❋ 대추는 임신부의 변비를 없앤다

대추는 임신부의 불안한 마음을 진정시켜 준다. 깨끗하게 씻어 날로 씹어 먹거나 말려서 대추차를 끓여 매일 마시면 좋다. 대추를 달여 먹으면 열을 내리게 하고 특히 임신부에게 생기기 쉬운 변비를 없애고, 기침을 멎게 하는 효능이 있다.

✳ 흑염소는 임신부의 몸을 덥게 해 준다

흑염소는 칼슘과 철분 등 무기질이 풍부한 음식으로 몸을 덥게 해 주는 임신부의 대표적인 보약으로 쓰인다. 노린내가 심하게 난다는 단점에도 불구하고 임신부를 둔 가정에서는 인기가 최고다. 생강이나 후추, 술 등을 넉넉하게 넣어 제대로 요리한다면 노린내는 줄일 수 있다. 이밖에 소꼬리는 단백질과 무기질이 많아 생리작용을 원활하게 해 준다.

전통 태교에서 말하는 음식물을 통한 임신부의 균형있는 섭생 방법을 보면 잉어, 붕어, 수탉, 가물치 등 단백질이 풍부한 식품과 호두, 잣 등 지방이 많은 견과류의 섭취를 권하고 있다. 이에 반해 불결한 식품이나 메밀과 같이 음식의 성질이 찬 것, 제사음식 등 부정탄 음식은 금하였다. 일부분의 내용은 당시 전통사회의 주술적 민간신앙을 바탕에 두고 있는 것도 있지만, 상당수의 내용들은 식품의 성질에 따라 의학적으로 나쁜 작용을 일으켜 태아와 임신부를 해롭게 한다는 것에 바탕을 두고 있음을 알 수 있다.

2. 오늘날 태교 음식

1) 임신 중 좋은 음식

인간의 일생을 통틀어 가장 많이 성장하는 시기는 바로 어머니 뱃속의 10달이다. 10달 동안 태아는 뼈의 골격을 이루고 내부의 장기를 만들며 두뇌와 피부, 근육을 갖추어간다. 그 중에서 두뇌 발육의 정도는 놀랄 정도다. 어머니 뱃속에서 만들어지는 태아의 뇌세포가 성인의 80%를 웃돈다는 사실을 안다면, 두뇌를 형성하는 태아기가 얼마나 중요한지 알고도 남을 것이다.

태교는 임신하기 전부터 시작되어야 하므로, 어머니의 몸과 마음이 건강할 때 아기를 가져야 튼튼하고 총명한 아기를 낳을 수 있다. 그러므로 임신하기 전부터 임신, 출산에 이르는 동안 임신부의 올바른 영양 섭취는 태아의 발육과 임신부의 합병증 예방에 대단히 중요하다. 특히 임신부의 시기별 태교 음식에 맞추어 단백질, 비타민, 철, 칼슘, 인이 풍부한 균형잡힌 음식을 골고루 섭취해야 한다.

- 임신 초기에는 칼슘과 단백질을 섭취하라

태아의 뼈와 이는 임신 초기에 기초가 만들어지므로 칼슘을 충분하게 섭취해야 한다. 칼슘이 부족하면 태아의 골격형성도 약하게 이루어질 뿐 아니라, 출산 시 자궁수축이 지연되므로 난산을 겪게 된다. 흡수가 좋은 칼슘 식품으로는 우유와 치즈, 요구르트, 분유 등의 유제품과 마른 멸치와 새우, 뱅어포 등의 건어물이나 김, 미역, 다시마 등의 해조류와 녹황색 채소가 있다. 식단을 짜서 칼슘을 꾸준히 섭취하면 건강한 아기를 낳을 수 있다.

임신 2~3개월의 태아기에 임신부가 비타민이나 양질의 단백질을 충분하게 섭취하면 태아의 머리가 좋아지고, 태어난 후에도 병치레로 걱정할 일이 줄어든다고 현대의학은 밝히고 있다. 양질의 단백질은 주로 동물성 단백질로 쇠고기, 돼지고기, 간, 달걀, 우유, 치즈, 생선, 생굴, 조개, 문어, 오징어 등에 들어있는데, 콩도 좋은 단백질 공급원이다. 특히 식물성 단백질인 콩 음식은 임신 말기까지 부담없이 먹을 수 있다. 또 DHA가 들어있는 음식도 태아의 지능발달에 좋은데, 푸른 생선인 고등어나 정어리, 꽁치에 많이 들어있고 연어, 대구, 멸치에 많이 함유되어 있다.

- 임신 중기에는 철분과 섬유질이 많은 음식을 섭취하라

임신 중기에 접어들면, 태아의 혈액이 만들어지기 시작하므로 철분을 충분하게 공급해야 한다. 철분이 부족하면 임신부는 빈혈을 일으키고, 분만 시 출혈을 막지 못해 위험해질 수 있으므로 조심해야 한다. 텔레비전 광고를 보다보면 임신한 아내에게 남편이 임신 선물로 철분영양제를 내미는 장면이 종종 나온다. 모든 임신부는 임신을 하자마자 당연한 마음으로 철분영양제를 먹는다. 그러나 모든 임신부가 철분영양제를 먹을 필요는 없다고 한다. 임신 초기에 빈혈기 있는 산모에 한해 의사의 처방을 받아 복용하는 것이 좋다. 철분을 많이 함유한 식품으로 가장 효과가 높은 식품은 간이며, 톳이나 대두, 모시조개같은 철분이 많은 재료에 시금치같은 녹황색 채소를 더하면 충분한 철분섭취가 가능하다. 섬유질이 많이 함유된 샐러리, 양상추, 연근, 우엉, 고구마, 감자, 해조류, 표고버섯 등을 많이 먹고 장운동을 촉진하는 찬 우유를 매일 아침 먹어 변비가 생기지 않도록 한다. 특히 칼슘은 임신 전 기간을 통해 충분히 공급해 주어야 할 영양소로, 태아의 골격을 만들고 치아조직을 만들기 시작하는 중기 이후에 많이 필요하다. 이밖에 태아의 활발한 뇌 발육을 위해 양질의 단백질을 충분하게 섭취해야 한다.

– 임신 후기에는 단백질과 비타민을 충분히 섭취하라

태아의 두뇌형성이 마무리되는 시기이므로 두뇌발달에 좋은 단백질과 비타민을 충분히 공급해 주어야 한다. 임신 중에 비타민 C가 모자라면 기력이 떨어지고 유산, 조산을 일으키기 쉽다. 비타민 C는 콩나물, 신선한 채소, 고구마, 감자, 잎차, 녹차, 유자차 등에 많이 들어 있고, 과일에도 많이 함유되어 있다.

뇌의 발육은 태아기 때부터 출생 후 3살까지 급격하게 자라 5살 이후부터는 성장이 완만해진다. 그러므로 임신 중의 단백질 공급은 뇌의 질을 결정하는 중요한 요인이 된다. 뇌의 발육이 왕성할 때 충분한 영양공급이 이루어지지 못하면 정상적인 성장을 기대할 수 없으므로 뇌를 구성하는 주성분인 단백질 섭취가 필수적이다. 출생 후의 영양관리보다는 임신 중의 영양관리가 더 중요하다는 것을 알 수 있다. 태아기와 유아기 때 결핍된 영양소를 다 큰 후에 공급해 준다해도 뇌의 성장에는 아무런 도움이 되지 않는다. 아무리 좋은 영양소라도 균형을 이루지 못하면 제기능을 할 수 없으므로 균형잡힌 식사를 한 후에 양질의 단백질 공급에 신경을 써야 한다. 그러므로 임신 기간 동안 계획성 있는 음식태교가 이루어져야 한다.

2) 임신 중 피해야 할 음식

태교의 출발은 계획된 임신을 시작으로 부부가 함께 몸에 좋은 음식으로 체력을 다지는 것이다. 물론, 부부가 함께 술과 담배를 삼가며 부부싸움도 자제하면서 총명하고 건강한 아기가 태어나도록 기다려야 한다. 그러므로 남편은 아내가 임신한 동안 지나친 흡연을 삼가고 주색을 탐하지 않음으로써 경건하고 조신하게 지내야 한다. 기호식품 중에서 술이나 담배, 커피 등은 태아에게 직접적으로 나쁜 영향을 미치기 때문에 철저하게 금해야 한다. 특히 임신부가 담배를 피우게 되면 태내에 산소의 부족을 가져와 태아의 체중을 감소시키는 결과를 초래한다. 뿐만 아니라 알코올, 카페인 등은 태반을 통과하여 태아에게 곧바로 전달되어 중독증상을 일으키므로, 임신부의 금연은 반드시 지켜져야 한다. 이밖에 임신 중에 무분별한 약물 복용은 태아의 유산, 조산, 기형아 발생 등으로 이어질 수 있으므로 조심해야 한다.

- 청량음료를 먹지 말라

청량음료에는 체내의 칼슘을 소모시키는 설탕이 많이 들어가 있기 때문에, 충분한 칼슘섭취가 필요한 임신부에게는 해로운 식품이다. 임신 중의 수분섭취는 생수나 보리차, 우유를 먹는 것이 좋으나, 너무 차가운 물이나 얼음을 먹는 것은 피하는 것이 좋다. 갑자기 찬물을 먹으면 설사의 원인이 되며, 자칫 자궁출혈로 이어질 위험이 있으므로 조심해야 한다.

- 인스턴트 음식을 먹지 말라

임신 기간 중 염분의 과다 섭취는 주의해야 할 일 중의 하나인데, 인스턴트 음식을 먹게 되면, 염분의 양을 조절하기 어렵기 때문에 바로 과다 섭취로 이어지게 된다. 임신 중에는 가급적 집에서 직접 만들어 먹는 음식을 먹어야 임신부와 태아에게 좋다.

- 임신부의 흡연은 기형아를 만든다

담배가 몸에 나쁘다는 사실을 모르는 사람은 없겠지만, 한 번 피우기 시작하면 끊기 어려운 특성 때문에 임신 중에도 담배를 피우는 여성들이 더러 있다. 임신 전에 담배를 피우던 임신부는 단호히 끊는 결단력이 필요하다. 임신 중에는 본인이 피우는 담배뿐 아니라 주위의 담배연기로 인한 간접 흡연도 피하는 것이 좋다. 임신부는 되도록 흡연장소 근처에는 가지 않는 것이 좋다. 임신 중에 담배를 계속 피우면 태아는 충분한 산소와 영양을 공급받지 못한다. 이런 임신부는 체중이 낮은 아기나 미숙아, 허약아를 낳기 쉬우며, 태어나서도 발육이 부진하고 정신장애를 일으킬 확률이 높다.

임신 전에 줄담배를 피우거나 술과 커피 마시기를 즐기던 여성이 아이를 가지게 되면서, 거짓말처럼 담배, 술 생각이 싹 달아나 버리더라는 말을 흔히 듣는다. 술이나 담배같은 기호품을 자신이 아닌 다른 이유로 인해 삼가야 된다면 보통 스트레스가 아닐 것이다. 다행히도 대부분의 임신부는 2세에 대한 보호본능을 자신의 욕구보다 우선하는 강한 모성을 보여주고 있다.

- 임신부의 카페인 섭취는 허약아를 만든다

많은 사람들이 커피는 술이나 담배만큼 치명적이지 않다고 생각하기 쉽지만, 임신부가 카페인을 많이 섭취하게 되면 근력이 약하고 동작이 둔한 아기를 낳는다는 연구가 나왔다. 커피는 체내의 칼슘과 철분 등 무기질의 흡수율을 떨어뜨리므로 임신부의 영양섭취를 방해하는 요인이 되며, 고혈압을 유발하기도 한다. 임신 중의 고혈압은 임신중독증을 초래하는 등 나쁜 영향을 준다. 그러므로 임신부는 가급적 카페인이 많이 들어있는 커피나 콜라, 홍차, 코코아는 먹지 않는 것이 좋다.

태아는 임신부가 섭취하는 음식물을 통해서 모든 영양분을 받는다. 영양분을 충분히 공급받은 아기는 몸이 건강하므로 지능이 높고 정서도 안정되는 반면, 영양분이 부족한 아기는 지능이 낮고 정서 불안이 되기 쉽다. 태아기에는 신체의 건강과 두뇌의 계발, 성격의 형성이 따로 되는 것이 아니라 더불어 이루어진다. 그러므로 좋은 영양의 공급을 통해 태아의 신체발육은 물론 높은 지능과 정서안정에 각별한 신경을 써야 한다. 태아기의 음식 섭취는 영양소를 공급한다는 측면에서도 중요하지만, 태아의 정서적인 면에서도 중요한 영향을 끼친다는 것을 잊어서는 안 된다.

3. 왕실의 먹거리 교육

왕세자의 먹거리 교육은 예비 왕으로서의 학습 교육만큼 이나 중요하게 여겼다. 왕세자 교육의 연령별 프로그램은 세 단계로 구분된다. 임신 기간 중 태동이 시작될 무렵인 5~10개월, 탄생 후 3세까지, 3~6세까지로 나누어 6세까지 기초 학문의욕과 식생활습관을 정립시켰다.

왕실의 아기씨가 탄생하면 젖을 먹일 유모를 엄선한다. 아기씨에게 양질의 젖을 듬뿍 먹이려면 누구보다 유모의 건강 상태를 우선할 수밖에 없었다. 아기씨의 유모로 선발되면 미역국은 물론이고 콩죽이나 콩떡, 두부 등 식물성 단백질이 풍부한 콩으로 된 음식을 매일 먹여 젖이 잘 나오도록 했다. 이밖에 노루 사슴의 다리 수십 개를 차례로 고아서 먹기도 했다. 일반 양반가에서는 젖이 잘 나오게 하기 위해 돼지족을 고아 먹였다. '밭의 쇠고기' 라고 불리는 콩에는 두뇌 발달을 촉진시켜 주는 리놀산이나 리놀레인산이 많이 포함되어 있어, 머리 좋은 아이를 키우는 데 콩만큼 좋은 음식도 없을 것이다. 현대과학보다 500년 이상이나 앞선 왕실의 식품섭취 안목이 놀랄 만하다.

끼니를 굶거나 편식하는 자녀를 두고 있는 요즘의 부모들은 여간 걱정스럽지 않을 것이다. 오늘날의 일반 가정과 마찬가지로, 옛날 왕가에서도 세자의 나이 3세에서 6세까지 가장 신경을 쓰는 것이 편식과 비만이었다. 특히 왕가에서는 '편식과 비만이 바보를 만든다.' 라고 하여 세자의 식생활을 매우 엄격하게 관리했다.

장차 보위를 이을 세자가 끼니를 거르거나 편식이라도 하게 되면 담당 내시가 처형을 당할 정도로 호된 문책을 받았다. 끼니를 거르게 되면 몸도 부실해지지만, 무엇보다도 더 걱정스러운 것은 세자의 학습의욕을 떨어뜨린다는 이유에서였다. 아침을 거르면 머리회전이 둔화된다는 것은 이미 현대 상식이 된 지 오래다. 때문에 왕세자의 교육과정에서 가장 어려운 것이 세자가 끼니를 거를 경우였다. 만에 하나 세자가 끼니를 굶거나 편식을 할까봐 온 궁중이 매 끼니때마다 전전긍긍하였다.

"아침은 왕족과 같이 먹고, 점심은 머슴처럼 먹고, 저녁은 거지처럼 먹어라."라고 하는 옛말이 있다. 아침을 왕족처럼 먹으라는 말은 시사하는 바가 크다. 하루 세 끼 중 아침이 가장 중요하다는 의미로 해석할 수 있다. 하루 일과를 힘차게 시작하려면 아침을 든든하게 먹어야 한다는 것은 아무리 강조해도 지나치지 않다. 저녁은 잠자리에 들 것을 미리 염두에 두고 적게 먹을수록, 거친 반찬으로 가난하게 먹을수록 건강에 이롭다는 사실을 새겨둘 필요가 있다.

1) 왕세자의 두뇌음식

등산 배낭을 챙길 때 대부분의 사람들은 사탕이나 초콜릿을 꼭 넣는다. 당분을 과하게 섭취하면 건강에 치명적인 손상을 주지만, 적당한 양을 잘만 먹으면 단 음식도 뇌의 순발력을 높여줄 뿐 아니라 산을 오를 때 흘린 땀과 허기를 채워주며 피로를 풀게 하는 묘약이 되기도 한다.

세자의 나이 6세가 되면 예비 왕으로서의 본격적인 학문 단련의 시기로 접어 들게 된다. 이때부터 세자의 체력관리에도 한층 더 신경을 쓰게 된다. 멀고 험한 제왕의 길에서 쓰러지지 않으려면 건강한 신체가 버텨주어야 하기 때문이다. 세자 본인의 노력만큼이나 중요시된 것이 뇌를 좋게 하는 영양공급이어서, 소주방(주방) 상궁들은 밤낮으로 가슴을 졸이면서 세자의 건전한 식사습관과 두뇌계발에 좋은 음식을 만드는 일에 온 정신을 쏟았다.

- 학습 전에 조청을 먹어라

조청은 두뇌계발에 좋은 세자의 대표적인 간식 중의 하나였다. 세자는 학습에 들어가기 전에 내시들이 미리 준비한 조청(물엿) 두 숟갈을 먹은 다음 학습에 임한다. 학습분량이 많아지고 진도가 올라가면 무를 잘게 썰어 삶은 후, 조청에 저린 무정과를 간식으로 들게 했다. 조청은 식혜를 짠 단물을 은은한 불에 올려놓고 눌지 않게 잘 저어주며 졸여야 한다. 밤새도록 졸음과 싸우면서 조청을 졸이다가 행여나 눌어버리기라도 하면 담당 상궁은 여지없이 물볼기를 맞기도 했다. 세자의 두뇌계발에 보이지 않는 노력을 기울인 무수한 상궁들의 노고와 애환이 없었다면 과연 훌륭한 세자가 만들어졌을까?

예비 왕을 위한 왕실의 먹거리 중에는 조청을 응용한 음식이 많다. 조청에다 콩을 버물려 만든 강정을 비롯하여 죽순을 조청에 재어 만든 달콤한 죽순죽은 왕세자의 두뇌음식으로 많이 먹게 하였다. 죽순죽에는 머리를 영리하게 하는 결정적인 요소인 티로신이라는 성분이 많이 들어있다고 한다. 뇌는 순전히 포도당으로 활동이 이루어지기 때문에 우리 몸 중에서 산소나 포도당이 가장 많이 쓰이는 곳이 뇌라는 사실이 최근에 밝혀졌다. 학습 시간 전에 조청을 먹으면 학습효과가 높아진다는 옛 왕실의 예지가 입증된 셈이다. 과당(맥아당) 성분으로 이루어져 있는 식혜와 조청은 순식간에 포도당으로 변하는 성질이 있어, 뇌의 순발력을 높이는 역할을 한다. 이러한 과학적 근거를 500여년 전의 우리 조상들은 어떻게 정확하게 짚어 낼 수 있었을까? 경탄할 뿐이다.

왕세자가 학습하기 전에 조청을 먹는다는 소문이 온 나라에 알려지자, 일반 백성까지도 신분을 과시하는 수단으로 조청 먹는 풍습이 퍼지게 되었다. 이 풍습은 급기야 과거를 보러 상경하는 젊은이들에까지 번져 봇짐마다 조청단지가 들어 있었다고 한다. 오늘날 입시철만 되면 대학정문이나 고사장 근처에 덕지덕지 엿을 붙이는 것은 아마도 옛날에 조청을 먹던 왕가의 먹거리풍습이 잘못 전해진 듯하다. 이유야 어찌됐건 조청의 역사는 합격엿으로 줄기차게 이어지고 있는 것이다.

- 정신을 맑게 하는 솔잎과 송홧가루

영유아기 때의 원자는 어떤 것을 먹었을까? 분명 예비 왕의 대우에 걸맞은 특별한 먹거리가 있었을 것이다. 영유아기의 어린 원자는 솔잎과 송홧가루, 콩을 먹었다. 솔잎과 콩은 정신을 맑게 하고, 뇌를 건강하게 하는 것으로 이때 행해졌던 독특한 음식 요법의 하나로 솔잎을 생으로 먹었다. 솔잎 생식은 요즘도 수도를 하는 스님들이나 일부 뜻있는 사람들이 많이 이용하고 있다. 솔잎에 들어 있는 성분이 정신을 맑게 하고 기를 고르게 하는 작용을 하기 때문이다.

송홧가루는 예로부터 우리 민족이 명절 때마다 다식을 만들어 먹는 건강식품으로 「동의보감」에도 송홧가루의 효능이 매우 높은 것으로 기록되어 있다. 조선시대 왕실의 영재교육 역사를 보면 세자의 두뇌를 좋게 만들기 위해 특별한 간식으로 송홧가루로 만든 다식을 먹었다. 송화다식은 송홧가루를 꿀에 반죽하여 다식판에 박아서 만든 과자를 말한다. 송홧가루는 신진대사를 촉진하고 내분비계통을 조절하며 면역능력을 높이는 효능이 있다. 특히 송홧가루는 어린이들에게 으뜸가는 건강식품이다. 다식으로 만들어서 먹거나 끓인 물이나 우유에 타서 먹거나 꿀에 재서 먹는다.

- 졸음을 쫓아주는 콩강정

알이 잘고 검정색을 띠는 쥐눈이콩(약콩)은 날로 먹거나 콩강정을 만들어 먹는 대표적인 콩이다. 쥐눈이콩은 겨울에 물에 불려 얼렸다가 녹여서 볶은 다음, 조청을 넣고 콩강정을 만들어 먹으면 잠을 쫓는 데 그만이었다. 뿐만 아니라 자주 먹으면 턱뼈의 움직임이 머리를 진동시켜, 뇌를 자극함으로써 두뇌회전을 빠르게 하는 역할을 했다. 과거를 준비하는 선비들도 두뇌에 좋은 총명 먹거리로 검정깨(흑임자)를 넣어 만든 강정을 많이 먹었다. 땅콩이나 호두같은 딱딱한 음식을 먹으면 머리가 좋아진다는 어른들의 말도 여기서 연유한 듯하다.

이밖에 왕실에서는 따로 세자의 피로회복이나 체력을 보강해 주는 두뇌식품을 준비하여 먹였다. 세자가 왠지 불안해 하거나 초조해 하며 마음의 압박감을 느낀다 싶을 때는 소주방 상궁들도 더욱 바빠진다. 세자의 입맛을 돋게 하는 특별요리를 준비해야 하기 때문이다. 연뿌리를 살짝 익힌 것에 술로 빚은 식초를 약간 뿌려, 미역이나 파래를 넣어 간장으로 양념한 것을 밥과 먹으면 입맛이 돌아올 뿐 아니라 정신도 번쩍 들어 웬만한 정서불안은 금세 없어진다. 좋은 먹거리는 정신의 건강까지 움직일 수 있다는 사실에 새삼 놀라움을 느낀다. 꿀에 잰 인삼을 익힌 정과와 인삼차도 세자의 두뇌식품으로 많이 권장되었다.

- 단백질이 풍부한 두뇌식품, 콩

왕실에서 쌀 다음으로 중요시하는 먹거리는 콩이었다. 콩은 두뇌 발달과 신체 성장에 좋은 식물성 단백질이 풍부한 건강식품이다. 조선조 왕실에서는 세자의 두뇌관리를 위하여 콩으로 시루떡, 송편, 콩가루다식 등 각종 떡을 비롯하여 두부, 콩나물, 된장, 콩비지, 콩강정, 콩국 등 다양한 종류의 콩 음식을 만들어 먹였다. 특히 콩으로 만든 음식은 구리와 아연의 합금으로 만들어진 놋그릇에 담아먹는 것이 좋다고 한다. 장기적으로 놋그릇에 밥을 담아 먹으면 놋그릇에 함유된 구리, 아연성분이 미량이나마 김과

밥알에 흡수되어 체내에 부족하기 쉬운 아연성분을 보충하는 데 도움이 된다는 것이다. 이밖에 콩과 잘 어울리는 죽순, 들깨, 솔잎 등과 함께 섭취하기를 권장하였다.

세계적으로 우리 나라 사람처럼 콩을 다양하게 섭취하는 민족도 드물 것이다. 식당마다 주메뉴로 자리잡고 있는 순두부찌개, 된장찌개는 말할 것도 없고 만두소에 들어가는 주재료인 두부, 프라이팬에 노릇노릇 구운 두부부침, 콩나물을 이용한 여러 가지 음식, 노란 콩가루를 묻힌 먹음직스러운 콩시루떡은 생각만 해도 군침이 돈다. 쿰쿰한 냄새가 후각을 괴롭히기는 하지만 그 맛은 내칠 수 없을 정도로 구수한 청국장, 메주와 간장, 된장, 막장, 고추장 등등 이루헤아릴 수 없이 많은 콩 음식들을 우리는 몇 백년 동안 식탁에서 만나고 있는 것이다. 제아무리 식생활 습관이 서구화되어 간다고 하지만, 모르는 사이에 우리의 입맛은 토속의 음식으로 길들여져 있음을 깨닫게 된다. 콩으로 만든 식품 중에서 콩의 레시틴 성분을 가장 많이 갖고 있는 것이 바로 쿰쿰한 냄새로 구박받기도 하는 청국장이라는 사실을 아는 사람은 별로 없을 것이다.

2) 학습효과를 올려주는 음식

최근 들어 성인병의 연령층이 점점 낮아지고 있다고 한다. 소아당뇨병이나 소아비만은 심각할 정도다. 그렇다면 왕가의 세자는 어떤 먹거리로 건강을 지켜나갔을까? 자녀를 키우고 있는 각 가정에서는 이제부터라도 자녀를 왕실의 세자처럼 키우기를 권한다. 옛 문헌 속에서 잠자고 있는 왕세자의 두뇌 계발을 위해 만들었던 음식을 지금 우리의 식탁으로 불러오는 것이다. 왕세자의 먹거리를 그대로 옮겨오면 되는 것이다.

- 왕세자의 식단

먼저 재래시장에 가서 엿기름을 사서 식혜를 만든 다음, 식혜를 짠 단물을 은은한 불에 졸여서 조청을 만들어 자녀가 공부하기 1~2시간 전에 두 숟갈씩 먹게 한다. 옛날의 왕세자처럼 자녀의 학습효과가 쑥 올라가지 않을까?

아침에는 콩을 넣어 지은 밥에 구수한 된장찌개와 콩기름에 지진 두부가 어떨지. 점심에는 콩가루로 만든 국수와 살짝 데친 연뿌리에 식초나 레몬즙을 뿌린 것을 먹인다면 역시 자녀의 두뇌를 향상시키는 데 도움이 될 것이다.

오후가 되면 출출해져서 간식을 찾게 된다. 이때는 지방이 적게 든 검정깨와 조청을 버물려 만든 강정이나 콩으로 버물여 만든 콩강정을 준비한다. 앞서도 보았듯이 딱딱한 강정 종류는 머리회전에 좋은 음식이므로, 간식도 해결하고 머리도 좋아지니 일석이조의 효과를 거두게 된다.

저녁에는 간단하게 먹는 것이 좋으므로, 머리를 영리하게 하는 성분이 들어있는 죽순을 살짝 데쳐 쌀죽에 섞어 끓인 후 호박을 넣고 조청이나 꿀을 첨가하여 죽순죽을 만들어 먹이면 더할 나위 없이 훌륭한 식단이 될 것이다.

- 수험생에게 좋은 생굴, 게, 샐러리

수험생들은 늘 수면부족으로 식욕이 없다. 잠이 덜 깬 상태에서 아침밥이 잘 넘어갈 리 없는 것이다. 또한 아무리 잘 먹어도 특별한 운동없이 하루 종일 앉아서 생활하기 때문에 소화가 잘 되지 않는다. 수험생처럼 운동량이 적고 스트레스를 많이 받는 사람일수록 소화가 잘 되는 부드러운 음식이나 신선한 채소와 과일을 많이 먹는 것이 좋다.

수험생들에게 좋은 음식으로는 아연성분이 많이 들어있는

생굴, 게, 샐러리, 생무, 미나리 등이 있다. 이들 음식을 섭취하여 아연성분을 보충해 주어야 수험생들이 지치지 않고 공부에 전력할 수 있다. 특히 영덕꽃게 찐 것을 겨자나 식초에 찍어 먹으면 더할 나위 없이 좋다. 체내에 아연 성분이 부족하면 스트레스가 쌓이고 입맛이 떨어져 급기야 체력에도 문제가 생긴다. 이런 수험생에게는 싱싱한 굴을 새콤한 초장에 찍어 먹도록 하거나 게, 샐러리 등을 섭취하여 부족한 아연을 보충하도록 한다.

체내에 칼슘이 부족하면 수험생의 정서가 불안해지고 신경이 예민해진다. 심한 경우에는 난폭해지고 성질이 급해지는 경향을 보인다. 이런 수험생에게는 간장과 설탕을 넣고 달달 볶은 잔멸치나 우유, 삶은 달걀을 먹도록 하여 모자란 칼슘을 보충해 주어야 한다. 또 솔잎이나 잣나무의 잎, 대추차 등을 준비하여 매일 다려서 먹으면 칼슘을 충분하게 섭취할 수 있다. 여러 가지 영양소를 고르게 섭취해야 하지만, 한창 공부에 시달리고 있는 학생들에게는 특히 아연이나 칼슘의 섭취를 충분하게 해야 한다. 이밖에 잉어와 닭을 함께 넣어 끓인 용봉탕이나 콩기름에 부친 감자부침, 전복으로 쑨 죽을 먹으면 아주 좋은 영양식이 된다. 더덕으로 만든 차나 굴과 무를 넣어 지은 밥, 콩나물을 듬뿍 넣어 시원하게 끓인 대구탕은 수험생의 체력관리에 도움이 되는 영양식으로 권장할 만하다.

- 소화기능이 약해진 수험생에게 좋은 선식

시험을 준비 중인 학생은 체력관리를 비롯하여, 두뇌관리,

시간관리에다가 스트레스까지 이겨내야 최상의 성적을 올릴 수 있다. 수험생들은 소화기능이 떨어지기 쉬우므로, 기름기가 많거나 너무 맵고 짠 자극적인 음식은 피하는 것이 좋다. 영양소를 골고루 섭취하기 위해서는 밥이나 빵, 감자와 같은 곡류와 함께 적당량의 기름으로 조리한 고기, 생선, 콩, 달걀 등의 어육류와 채소가 골고루 포함된 식단을 짠다. 특히 무기질이나 비타민, 섬유소가 많이 함유된 신선한 채소는 매일 섭취하는 것이 좋다. 튀김이나 부침 위주의 식단보다는 조림이나 찜, 무침 등의 다양한 음식으로 식단을 짜는 것이 좋다.

특히 스트레스와 운동부족으로 소화기능이 약해진 수험생들에게는 선식이 안성맞춤이다. 지방이 적은 검정콩이나 검은깨를 비롯하여 잣, 보리, 찹쌀, 미역, 양파 등의 재료를 쓰기 때문에 수험생들의 건강에 더할 나위 없이 좋다. 선식은 입자가 부드러워 소화흡수도 잘될 뿐 더러, 두뇌계발을 증진시켜 주는 검정콩과 검은깨가 주재료이기 때문에, 수험생들의 학습능률을 높이는 등 일석이조의 효과를 얻을 수 있다.

3) 학습효과를 떨어뜨리는 음식

요즘 아침을 거르는 아이들이 부쩍 늘어나고 있다고 한다. 늦잠을 자고 일어나 허둥지둥 학교 가기 바쁘니, 아침 먹을 마음도 없을 뿐 더러 입맛이 없어 아침을 거르기 일쑤다. 학교에서 수업을 받는 동안 배가 고파진다. 그러면 자연히 군것질을 하게 되고, 군것질이라는 것이 대부분이 단 음식이라 당분을 과잉섭취할 위험이 높다. 단 음식을 많이 먹게 되면 당연히 혈당치가 올라가며 나아가 극심한 비만에까지 이르게 된다. 예나 지금이나 비만은 환영받지 못하는 신체 결함에 속한다.

아침을 꼬박꼬박 챙겨먹는 것도 비만을 막을 수 있는 한 방법이 된다. 오전 시간대는 학습능력이 가장 높아지는 때이므로 아침식사를 거를 경우, 자칫 집중력의 저하를 가져올 수 있다. 따라서 필요한 영양소는 제때 공급해 주어야 한다. 식사를 거르거나 불규칙하게 하면 충분한 영양섭취도 안되고, 위장에도 부담을 주어 변비의 원인이 되기도 한다.

아침을 거르는 것도 나쁘지만, 너무 많이 먹으면 위에 부담을 줄 수도 있다. 밥을 많이 먹으면 숨이 차고 졸음이 오며 신경이 위장에 집중되어 두뇌의 활동이 둔해진다. 자연히 머리가 나쁜 저능아가 되기 쉽다는 결론이 나온다. 포식의 습관은 자칫 편식습관을 불러오기 쉽다. 아침밥을 먹기 싫어하는 자녀를 두고 있다면 억지로 밥을 먹이려 하지 말고, 입맛을 돋울 수 있는 음식을 위주로 간단하게 준비하는 것이 좋다. 아침식사 대신으로 고기야채죽이나 닭죽과 같은 부담없이 먹을 수 있는 영양소를 먹는 것도 자녀의 건강을 지키는 데 도움이 된다. 성장기에 있는 어린이들에게 부족하기 쉬운 아연, 인, 미네랄, 칼슘, 비타민 등의 영양분이 고루 섞인 식단으로 자녀의 건강을 이끌어야 한다. 내 자녀가 비만하다든지 겉모습이 부실하다든지 머리 나쁜 아이로 자라는 것을 바라는 부모는 한 명도 없을 것이다.

- 인스턴트 음식이나 청량음료

대부분의 사람들은 갈증을 달래기 위해 콜라나 사이다같은 청량음료를 마신다. 시중에 판매되는 청량음료는 거의가 설탕으로 이루어져 있기 때문에 자라나는 아이들에게는 나쁜 영향을 준다. 당분은 치아를 상하게 하는 것은 물론, 체내에 있는 칼슘을 소모시키는 역할을 하므로 심각한 칼슘부족을 초래한다. 체내에 칼슘이 결핍되면 체력이 부실해지는 것은 물론이려니와 정서불안과 난폭한 성질을 쉽게 드러내게 된다. 이런 상황이 지속된다면 점점 난폭한 성격의 아이로 자라게 될 것이다. 자녀에게 간식을 하나 줄 때도 세심하게 따져본 후에 먹도록 이르고, 무분별한 군 것질을 못하도록 미리 단속할 필요가 있다.

라면이나 통조림 등 인스턴트 식품은 대체로 짜기 때문에, 염분을 필요 이상으로 섭취할 우려가 높다. 염분의 과다 섭취는 비만을 불러오며, 건강에도 아주 해롭다. 라면이나 스낵 등의 인스턴트 음식을 자주 먹게 되면 심각한 칼슘 부족을 불러오며 다른 영양소의 결핍으로 이어진다. 신경이 예민해진 수험생들에게는 편두통이 자주 나타나기 때문에 특히 먹거리에 신경을 많이 써야 한다. 핫도그나 소시지, 초콜릿, 술, 카페인 성분이 들어있는 음식은 편두통을 불러오는 원인이 되므로 자녀들이 이런 음식을 먹지 않도록 해야 한다.

청량음료나 가공식품, 인스턴트 식품은 모두 몸에 유익하지 않으므로 학생뿐 아니라 누구나 줄이는 것이 좋다. 영양분이 고루 들어간 하루 세 끼의 식사를 규칙적으로 먹는 것처럼 자녀

의 체력관리나 정신건강에 좋은 약도 없을 것이다. 어머니가 정성
껏 차린 식단은 어떤 약보다도 몸에 좋은 보약이다.

- 방부제가 첨가된 가공식품

방부제가 첨가된 즉석 가공식품이나 청량음료, 인스턴트
음식 등을 계속해서 먹게 되면, 몸 안의 필수 미네랄인 아연성분
을 파괴시키는 결과를 초래한다. 아연성분이 부족하면 머리가 무
겁고 둔해지며, 정신적으로 불안한 상태가 된다. 정서가 불안하면
입맛까지 떨어지게 되는데, 심한 경우 스트레스로 인한 탈모나 저
항력의 약화로도 이어진다. 한술 더 떠 성격도 난폭해지고 성장발
육에도 치명적인 악영향을 끼치게 된다. 우리가 섭취하는 음식은
몸을 건강하게 유지시키는 기능뿐 아니라 성격의 형성에도 많은
영향을 끼친다는 것을 알 수 있다.

아이들이 좋아한다고 아무런 의심없이 색소를 넣어 만든
빙과류나 초콜릿, 아이스크림 등을 마구 먹도록 내버려둔다면 자
칫 비행청소년으로 빠지기 쉽다. 비행청소년들의 대부분이 평소
에 식생활이 불규칙적이거나 주로 인스턴트 음식으로 끼니를 때
우는 경우였다는 연구결과도 나와 있다. 어쩌면 비행청소년은 어
른들의 무관심과 안일하고 잘못된 식생활 습관에서 기인한 사회
병폐인지도 모른다.

- 늦은 밤에 먹는 간식

밤늦게 먹는 간식은 건강에 아주 해롭다. 비만을 불러올

뿐 아니라 소화기능까지 약화시키는 결과를 가져온다. 특히 밤늦게까지 공부하다가 야참으로 기름진 음식이나 라면을 먹는 것은 수험생뿐만 아니라 모두에게 좋지 않다. 늦은 밤에 먹는 간식이 몸에 나쁜 이유는, 잠자는 동안에 음식을 소화시킬 수 없기 때문에, 다음날 일어나도 피로가 풀리지 않고 배가 더부룩한 느낌이 남아있다. 아침에 힘들게 일어나도 피곤하고 입맛이 없어, 국물에다 밥을 말아먹게 되는데, 자녀들의 건강에는 아무런 도움이 되지 않는다. 간식으로는 과자 종류보다는 샌드위치나 야채샐러드와 같이 영양소가 골고루 들어간 음식이 적당하다. 간식을 밥보다 많이 먹어 식사에 방해가 되지 않도록 조심한다. 어머니들은 이제라도 집에서 정성껏 만든 음식을 자녀들이 먹도록 하는 올바른 식생활 습관을 잡아주어야 한다. 올바른 먹거리가 한창 자라나는 자녀들이 나쁜 길로 빠지는 것을 예방해주는 지름길이라는 사실을 깨달아야 한다.

점점 핵가족화가 되어가면서 대부분의 사람들은 무조건 빠르고 편리한 것을 찾게 된다. 온갖 반찬이나 먹거리들이 포장이나 컵에 담긴 즉석 인스턴트 음식으로 대체되고 있다. 반찬뿐 아니라 국거리나 심지어 밥까지도 포장되어 나오고 있는 실정이다. 물론 빠른 시대에 살면서 이같은 문명의 편리함을 활용할 수도 있겠지만, 그 정도가 갈수록 심해지고 있다. 미네랄이 풍부한 야채나 귤, 당근, 시금치, 무 대신에 피자나 햄버거, 라면, 청량음료, 초콜릿 등을 마구 먹어대니 입맛을 잃지 않을 수 없는 것이다. 더 늦기 전에 먹거리 문화에 대한 생각을 바꾸어야 한다. 우리의 자녀들이 더 이상 인스턴트 음식에 병들지 않도록 각 가정에서도 노력을 기울여야 할 것이다. 자녀의 건강을 진정으로 걱정한다면 아침운동이나 체조를 시켜, 아침밥이 꿀맛이 되도록 식생활 습관을 바꾸어 주어야 할 것이다. 현대 사회에서는 누구라도 자식을 왕세자와 같이 기를 수 있으며 귀하게 길러야 할 책무 또한 부모들의 몫으로 남아있다.

조선시대의 지도자는 어떻게 교육을 받았을까?
조선대의 지도자는 어떻게 고육을 받았을까?
조선시대의 지도자는 어떻게 고육을 받았을까?
조선시대의 지도자는 어떻게 고육을 받았을까?
조선시대의 지도자는 어떻게 고육을 받았을까?

4장
조선시대의 지도자는 어떻게
교육을 받았을까?

조선사회는 성리학을 국가의 지도이념으로 삼았기 때문에 교육도 성리학의 범주에서 벗어나지 않는다. 당시의 교육목적은 순수하게 학문을 추구하는 성인군자를 양성하는 것과 과거시험을 통해 인재를 등용하는 데 있었다. 초기에는 이상과 현실을 조화시키는 교육에 역점을 두었으나, 시간이 갈수록 관료 진출을 꿈꾸는 현실파들의 수효가 늘어나면서 과거시험에 치중한 교육이 성행하게 되었다. 인재발굴과 교육진흥이라는 두 마리 토끼를 잡으려고 했던 조선사회의 교육정책은 결국, 과거제도가 개인의 출세도구로 전락하면서 정상적인 학문의 발달을 저해하는 요인이 되었다.

지금의 교육현실과 그대로 통하고 있는 일면이다. 오늘날 대부분의 학부모들은 자녀가 일류 대학에 입학하는 것을 최대 목표로 삼을 정도로 높은 교육열을 과시하고 있다. 대부분의 학생들은 초등학교부터 시작하여 중·고등학교를 거치는 10년 이상을 오로지 대학을 목표로 공부에 시달리고 있다. 오랜 세월이 흘렀지만, 대학입시 위주의 교육과정은 조선시대 과거시험을 위주로 이루어졌던 교육과정과 다르지 않음을 알 수 있다.

조선시대의 교육은 대부분 고려시대의 제도를 그대로 이어받았다. 당시 서울이었던 한양에 있던 성균관은 고등교육기관으로 당시 최고 학부의 구실을 하였고, 한양에 있던 4학(사부학당)과 지방에 있던 향교와 서원은 중등교육기관의 역할을 하였다. 각 지방의 부락, 마을마다 있었던 서당은 초등교육기관으로 아동들을 위주로 한 기초교육을 담당하였다. 성균관, 4학, 향교, 서원 등의 중등 이상 교육기관에는 양반자제만이 교육을 받을 수 있었으며, 평민자제나 학문이 얕은 사람은 입학을 허용하지 않았다. 특히 최고 학부인 성균관에는 생원, 진사의 자격을 갖춘 사람을 우선하여 입학시켰고, 4학의 학생과 공신의 자제로서 입학시험에 합격한 사람에 한하여 입학이 가능하였다. 조선시대의 학교교육 은 관리의 양성을 목적으로 하는 과거시험의 준비과정에 불과하 였음을 알 수 있다.

조선시대의 교육행정은 오늘날의 교육부에 해당하는 예조 에서 관할하였다. 요즘과 달리 예조의 권한은 학문을 최고가치로 여기던 당시의 사회분위기에 합당한 권한을 행사하였다. 예조는 최고 학부인 성균관과 4학을 직할로 운영하였으며, 지방의 도 관 찰사 밑에 육방의 하나로 예방을 두어 교육에 관한 일을 담당하게 하였다. 정부는 이러한 교육기관을 감독하기 위하여 「경국대전」을 비롯한 여러 법규를 제정하여 각 기관에 적용시키는 한편, 국가차 원에서 교육을 적극 장려하며 물질적인 지원을 아끼지 않았다.

성균관과 4학은 국가의 직할학교였던 만큼 국왕이 직접 하사하는 토지와 양곡을 비롯하여 금전 및 서적 등의 원조로 운 영되었다. 향교 역시 지방관청의 관할 아래 중앙정부가 보조한 기 금을 받아 운영되었다. 서원과 서당은 사립학교에 속하였으나, 서 원에 대해서만 토지의 면세와 같은 특전을 내렸고, 서당은 개인이 나 마을에서 자생적으로 꾸려갔다.

성균관, 4학을 비롯한 각급 학교의 교육과정은 대개 유교 적 경서와 중국의 역사, 문학 등이 주를 이루었다. 학교의 등급과 규모에 따라 다소의 차이는 있으나, 학습내용의 대부분이 중국의 영향을 따르고 있다거나 모든 서적이 한문으로 되었다는 점은 대동소이하다. 비록 대부분의 교육내용이 유교에 치우쳐 있다고 하더라도, 국가가 학문을 숭상하여 국력으로 교육을 장려한 만큼, 그것이 우리 나라의 문화에 끼친 영향은 결코 도외시할 수 없을 것이다.

이에 따라 자연히 조선사회에서는 과학이나 기술교육은 뒷전으로 밀려날 수밖에 없었다. 별다른 교육기관도 없이 경시하고 대수롭지 않게 여겼다. 요즘엔 대학에서도 오히려 순수학문보다는 실용학문과 관련한 학과가 늘어나고 있는 추세이며, 학생들 사이에서도 인기가 높아지고 있다. 그러나 문을 숭상하고 무를 경시하는 세태는 여전히 구시대의 유물로 남아있다. 최근 들어 컴퓨터를 비롯한 과학의 획기적인 발달에 힘입어 많은 젊은층들이 과학이나 기술 분야에 관심을 돌리고 있으며, 괄목할만한 활발한 성장을 거듭하고 있다. 오히려 실용학문의 범람이라는 우려도 거세어지고 있는 실정이다. 예나 지금이나 이상과 현실의 조화를 이룬 교육풍토를 만든다는 것이 얼마나 어려운 일인지 알 수 있다.

서당, 서원, 향교, 4학(사부학당), 성균관 등의 교육기관은 오늘의 초등학교, 중·고등학교, 대학교같이 단계적인 교육체제로 이루어진 것은 아니다. 각각 독립된 교육기관이었기 때문에 오늘날의 잣대로 그 구별을 명확하게 규정짓기에는 어렵다. 그러나 교육제도의 큰 줄기는 오늘날과 유사한 부분이 많으므로, 각 교육기관을 간략하게 알아보고 현재의 우리 교육과의 유사점을 살펴보는 것이 좋을 듯하다.

1. 서당 : 사립 초등교육기관

초등학교는 오늘날 학교교육의 제도상 가장 먼저 취학하는 학교를 일컫는다. 초등학교는 시기에 따라 초등학교, 보통학교, 기초학교, 소학교, 국민학교 등으로 불리어지다가, 1996년 초등학교로 바뀌었다. 우리 나라의 현재 초등학교 수업연한은 6년이며, 취학연령은 만 6세 이상이며, 전면 의무교육으로 이루어지고 있다.

서당은 우리 역사상 가장 오랫동안 초등교육을 담당했던 사립교육기관이다. 고려시대를 거쳐 조선시대에 이르기까지 어떤 다른 교육기관보다 숫자가 많았으며 생명력도 길었다. 서당이 이처럼 오랜 세월동안 이어져 올 수 있었던 이유는 무엇일까? 당시 대부분의 관립학교가 국가의 통제를 받았던 반면에, 서당은 완전히 사설교육기관이었기 때문에 어떠한 규제도 받지 않았다. 학교의 기본 자산에 대한 규제도 없었으며, 인가를 받지 않아도 뜻있는 사람이라면 누구든지 서당을 세워 운영할 수 있었다. 서당이 늘어난다는 것은 그만큼 서당에 다닐 학생이 많아진다는 뜻이다.

조선시대 대부분의 관립교육기관에서는 양반의 자제들만 가르쳤기 때문에 평민의 자제들은 배울 기회를 얻지 못하였다. 서당이 활성화되면서 자연히 평민의 자제들에게도 배움의 기회가 늘어났으며, 이런 여파로 서당은 전국적으로 퍼지게 되었다. 마을마다 크고 작은 서당이 생겨나면서, 서당은 평민들의 교육기관으로 자리잡아 갔다.

1) 평민에겐 배움의 끝, 양반에겐 배움의 시작

서당은 향교나 서원, 4학에 입학하기 전에 교육을 받던 초급교육기관으로 전국에 걸쳐 고을마다 거의 다 있었다. 때문에 주로 평민자제들의 기초교육을 담당하는 역할을 하였다. 그러나 평민자제의 경우는 대개 기초적인 지식을 습득하는 데 머물렀고, 상급학교로 진학할 길도 몹시 제한되어 있었다. 평민자제 중에서 아주 뛰어난 실력을 가진 학생은 서원까지는 어렵게 진학할 수 있었으나, 아주 드문 경우였다.

대부분의 평민에게는 서당공부에서 배움을 끝내는 경우가 대부분이었다. 그러나 양반자제들의 경우, 관료의 세계로 나아가기 위한 일종의 예비교육 단계였던 서당을 거치지 않을 수 없었다. 평민들에게는 거의 전부였던 서당의 공부가 이들에게는 성균관에 입학하기 위한 공부의 시작에 불과하였기 때문이다. 양반들에게 서당은 향교나 4학에 진학할 준비교육에 지나지 않았던 것이다. 교육의 기회가 불평등했던 당시, 평민자제들은 무수한 좌절과 절망을 맛보았을 것이다.

양반 자제들은 초등교육 단계인 서당 공부를 시작으로 장차 관료로 진출하기 위한 준비를 시작한다. 서당에서 글의 문리를 깨치고 나면 차례대로 중등교육 단계인 향교, 서원에 들어가 학문을 익힌다. 중등교육 과정을 제대로 수행한 사람은 드디어 최고 학부인 성균관에 입학하게 된다. 성균관에 들어간 다음 본격적인 공부가 시작되는데, 열심히 공부하여 문과에 합격하면 비로소 관료 진출의 꿈을 달성하게 된다. 지금의 학생들이 상급학교에 진학하기 위해 정기적으로 시험을 치르는 것과 다를 것이 없다. 십수 년을 끊임없이 공부해야 하는 수험생의 고달픔은 아무리 긴 세월이 지나도 똑같다는 것을 알 수 있다.

2) 서당의 종류도 가지가지

서당은 옛날부터 내려오는 글방형식의 배움터로, 지금의 초등학교와 비슷한 입문단계의 사립학교다. 서당은 향촌에 생활근거를 두고 있는 양반이나 백성들이 주체가 되어 마을을 기본단위로 하여 설립된다. 마을이나 문중 또는 개인에 의하여 운영되었으며, 양반이나 서민의 차별없이 모든 자제들을 수용하여 가르쳤다.

서당이 본격적으로 확산되기 시작한 것은 중종 때 사림파에 의해 향약이 보급되기 시작하면서부터다. 당시 제사기능을 하던 향교나 서원이 국가의 여러 제약을 받는 것과 달리, 서당은 운영하는 당사자나 설치 장소 등이 자유로웠기 때문에 다양한 유형으로 발전할 수 있었다. 서당은 운영하는 주체에 따라 네 가지로 나눌 수 있는데 이해하기 쉽게 풀어서 알아보는 것이 좋을 듯하다. 운영주체에 따라 생계형 서당, 독선생 서당, 문중 서당, 마을주도형 서당으로 나눌 수 있는데, 요즘의 표현을 빌어 알아보면 다음과 같다.

생계형 서당은, 말 그대로 생계를 꾸리기 위한 방편으로 훈장 자신이 서당을 열고 마을 아동들을 가르치는 것으로 가장 일반적인 서당의 모습이라 할 수 있다. 독선생 서당은 마을의 유지가 집으로 훈장을 초빙하여 자신의 자제를 개인과외시키는 것을 말한다. 당시 내노라 하는 집안에서는 집안에 사숙을 따로 설치하여 자제에게 개인교습을 시키는 것이 일반적인 풍속도였다. 대개 문벌가나 세력가 집안에서는 자녀를 위한 교육비를 아끼지 않았음을 알 수 있다. 문중 서당은 양반이나 재산이 많은 집안에서 서당을 짓고, 훈장을 초빙하여 문중의 자제들을 교육시키는 것이다. 훈장에 대한 대우는 따로 수업료를 주는 대신 양식이나 땔감, 의복을 지원해 주는 정도였다. 마을주도형 서당은 마을 전체가 뜻을 모아 서당을 세우고 훈장을 초빙하여, 마을 아동들을 가르치던 서당을 말한다. 훈장가족의 생활비는 학부형들이 분담하되, 땔감이나 양식 등 현물로 제공하는 것이 일반적이었다. 네 가지 유형의 서당을 보면 지금의 사립학교와 맥을 같이하는 것을 알 수 있다.

3) 학생들의 입학자격과 훈장의 자격

　　어린이의 나이가 7~8세가 되면 서당에 입학한다. 보통 동짓날을 택하여 입학식을 하였다. 서당의 학생은 오늘날의 초등학교 취학 연령과 같다. 7~8세에 입학한 학생들이 15~16세에 이르게 되면 거의 교육과정을 마치게 된다. 나이로 보자면 당시 서당을 마치면, 오늘날 중학교의 단계까지 이수하게 되는 것이다. 서당에서 공부를 하는 학생수는 적게는 3~4명에서 많게는 몇십 명까지 다양하였다. 서당에 다니던 학생들의 연령은 7~16세가 대부분이었으나, 옛날에도 학교를 늦게 들어가는 경우가 있었던지, 서당에는 20~25세가 넘은 만학도가 더러 있었다.

서당은 수업 연수나 서당의 설치 및 폐지에 대한 일정한 기준이나, 훈장의 자격기준도 없었다. 훈장은 그 자격이 천차만별이어서 학식의 정도가 일정하지 않았다. 경서와 역사, 백가에 통달한 실력있는 훈장은 드물었고, 대개가 주석과 언해를 참고하며 겨우 경서의 글뜻을 해독할 정도의 수준인 사람이 많았다. 가난한 마을의 훈장은 작문을 모르는 경우가 허다하였다.

서당은 대개 훈장과 학동으로 이루어져 있으나, 비교적 큰 서당에는 훈장, 학동을 비롯하여 접장을 두었다. 훈장은 선생, 접장은 학생의 대표 통솔자, 학동은 어린 학생을 말한다. 훈장 1명이 많은 학생을 가르칠 수 없으므로 훈장은 연령과 학력이 우수한 학생 중에서 접장을 뽑아 접의 장으로 세웠다. 접장은 오늘날의 반장이나 조교와 비슷한 역할을 하던 보조교사. 접장은 훈장에게 배우는 한편, 다른 학생을 가르치고 지도하였다. 훈장의 학문과 덕행이 높을수록 접장도 훌륭한 인물이 뽑혔다. 접장은 직접 학생을 대하고 접촉하느니 만큼 서당의 면학분위기에 미치는 영향이 훈장보다 큰 경우가 많았다. 규모가 아주 큰 서당의 경우, 훈장을 돕기 위해 학생 가운데 나이와 지식을 고루 갖춘 자를 2~3명 뽑아 접장으로 세웠다. 하급과정을 배우는 학생들에게는 학업담당 교사이자, 훈육담당 교사였으며 동문의 사형 역할을 하였다.

4) 무엇을 가르쳤나?

서당의 수업은 경서의 강독(講讀), 제술(製述), 습자(習字) 세 가지 학과를 중심으로 진행되었다. 강독은 글을 읽고 그 뜻을 밝히는 학과이고, 제술은 시나 글을 짓는 것으로 문장력을 시험하는 학과다. 습자는 글씨 쓰기를 주로 하는 학과를 말한다.

강독하는 교재로는 「천자문」을 시작으로 「동몽선습」, 「소학」, 「통감」, 「4서 3경」, 「사기」, 「당송문」, 「당율」까지 삼는 것이 대부분이었다. 「천자문」은 학문을 처음 시작할 때 공부하는 기본 교재로 한자에 음과 뜻을 달아 만든 책이다. 「동몽선습」은 천자문을 배운 다음에 들어가는 책으로, 우리 나라 최초의 교과서라 할 수 있다. 내용은 도덕과 역사가 주를 이룬다. 「소학」은 올바른 행동과 마음가짐을 가르치려는 목적으로 만든 책으로 예의범절과 충, 효에 관한 내용을 담고 있다.

제술로는 5언 절구나 7언 절구, 사율, 작문 연습을 하는 것이 보통이었는데, 서당의 규모가 크고 훈장의 학문이 높을 경우 제술의 각종 문체를 연습하기도 하였으나, 규모가 작은 서당에서는 아예 제술을 가르치지 않는 곳도 많았다. 제술은 지금의 글짓기나 논술 평가에 해당한다. 습자는 주로 해서와 초서를 연습하였는데, 책을 베끼거나 편지 쓰는 법을 가르쳐 실제로 활용하도록 하였다. 서당의 학동들은 교과서인 여러 경서를 읽고 외우는 것이 공부의 많은 부분을 차지하였고, 글씨 쓰기나 글짓기를 통한 글공부도 하였다. 규모가 작은 서당에서는 대부분 강독이나 습자에 치중한 교육이 진행되었다.

글을 읽고 말하는 것이나 작문하는 것, 편지 쓰는 법을 배우는 것은 오늘날 초등학생들이 배우는 교과에도 포함되는 부분이기도 하다. 단, 당시의 사회분위기는 잡과라 하여 과학이나 기술을 천시하였던 탓에 어릴 때부터, 실용적인 산술이나 기술은 뒷전으로 둔 채 학문을 추구하는 풍토가 절대적이었다.

5) 어떤 방법으로 가르쳤나?

서당에서는 어떤 방법으로 학동들을 가르쳤을까? 학동들은 입학하면 가장 먼저 「천자문」을 배우게 된다. "하늘~천, 따 ~지, 검을~현, 누를~황, 집~우, 집~주……." 요즘은 천자문을 배울 기회가 적지만, 초반부의 내용은 워낙 많이 알려진 글이라 요즘의 웬만한 어린이들도 이쯤은 읊조릴 수 있을 것이다. 이런 방법으로 이미 배운 글을 소리 높여 읽고, 그 뜻을 묻고 답하는 강독학습이 매일 이루어졌다.

공부하는 순서는 「천자문」같은 것으로 낱글자를 가르치고, 다음 낱글자를 붙여서 음독하는 것을 가르치고, 다음에 한 문장의 뜻을 가르치고, 다음에는 스승없이 스스로 해석하고 읽게 한다. 날마다 실력에 맞게 범위를 정하여 배운 다음, 완전하게 익숙해지도록 하루에 백 번 이상 읽는 것이 보통이었다. 그날 익힌 내용은 이튿날 수업시간에 암송하여, 훈장의 통과를 받아야 새로운 것을 배우게 된다. 만일 암송을 못하면, 암송할 때까지 또다시 강독을 반복한다. 학습진도의 빠르고 늦은 차이에 따라 실력대로 수업이

진행되었으나, 모든 학동들이 글의 문리를 깨치는 데 주안점을 두었다. 그러나 예나 지금이나 일등이 있으면 꼴찌도 있는 법이다. 앞서가는 학생은 나날이 실력이 늘어나고, 따라가지 못하는 학생은 점점 뒤떨어지다가 결국 낙오되는 경우가 많았다. 입학에 학동의 연령에 맞추어 놀이를 통한 학습방법을 병행하기도 하였다. 훈장은 학생들에게 밤에 글읽기를 장려하였는데, 흔히 12시가 넘도록 등잔불이 꺼지지 않았다. 책 한 권을 다 배우면 학생의 부모들이 떡과 음식을 장만해 훈장께 감사드리는 풍습이 있었는데 이를 '책걸이'라고 한다. 책걸이는 지금도 학교나 사설학원에서 가끔씩 하는 경우가 있다.

서당에서 가르치는 것을 다 배우고 나면 일부 우수한 학생은 상급학교에 입학하게 된다. 지방 학생일 경우, 가까운 향교나 서원에 들어가 공부를 계속한다. 한양에서 서당을 마친 학생의 경우는 향교 대신에 4학에 들어갔다. 그 다음 까다롭고 어려운 시험을 거치고 나면, 관립대학인 성균관의 입학이 기다리고 있다.

서당은 지방의 청년들에게 한문의 독해력을 길러주고, 유교에 대한 초보적 지식을 보급시키는 데에 크게 이바지하였다. 또한 수많은 일반 백성들의 기초교육에 중대한 역할을 하였다. 그러나 서당의 존재가 성균관 이상으로 중요한 가치가 있었음에도 불구하고 국가에서 서당을 소홀하게 다룬 것은, 신분의 직접적인 반영 때문이었다. 또 관리를 존중하고 개인을 무시한 당시의 봉건적 사상이 빗어낸 결과라고 결론지을 수 있다. 만약 평민에게도 상급학교로의 입학이 가능하였다면 보다 많은 인재들을 발굴하는 것은 물론 나라의 발전에도 지대한 영향을 끼치지 않았을까?

2. 4학 : 관립 중등교육기관

조선시대가 신분제 사회였던 만큼, 당시의 교육내용이나 체제는 민주 사회의 구현을 목적으로 하는 지금의 교육과 질적으로 달랐다. 무엇보다도 교육을 받을 수 있는 대상이 주로 지배신분이었던 양반계층으로 제한되어 있었으며, 교육의 목적이 관료의 양성과 유교이념을 유지하는 데 있었기 때문이다. 이러한 교육은 중앙의 성균관과 4학을 비롯하여 지방의 향교와 서원, 서당 등의 교육기관에서 대동소이하게 이루어졌다.

교육 체제는 오늘날과 마찬가지로 관학과 사학으로 나뉘어진다. 관학은 국가의 주도하에 설립된 학교로 중앙(한양)의 성균관과 4학(사부학당), 지방의 향교를 들 수 있다. 사학으로는 향교보다 늦게 설립되기 시작한 서원을 비롯하여 서당과 서제가 있었다. 지금의 학교가 공립과 사립으로 구분되어 있는 것과 비슷한 체제라 할 수 있다.

조선시대의 중등교육기관으로서는 4학을 비롯하여 지방에 있던 향교와 서원이 있다. 현대적 의미의 중등교육은 12~13세부터 18~19세의 청소년을 대상으로 하며, 초등학교와 대학교의 중간 단계인 중학교와 고등학교 교육을 말한다. 우리 나라의 경우, 1949년 교육법이 공표되면서 중등교육은 수업연한 각 3년씩인 중학교와 고등학교에서 실시하도록 규정되었다. 중학교 의무교육은 현재 도서벽지와 군 지역에서는 이미 실시하고 있으며, 도시지역의 의무교육도 2002년부터 점차적으로 시행되기로 한 바 있다.

1) 4학은 성균관의 부속학교

4학(四學)은 서울(한양)에 설치된 4개의 학당을 말하는 것으로 관립 중등교육기관의 하나다. 조선시대 양반자제들은 7~8세가 되면 서당에 들어가 초보적인 학문과 유학을 익히고 15~16세가 되면 4학이나 향교에서 수학하였다. 4학은 동부(현재 동대문),

서부(현재 태평로), 남부(현재 남학동), 중부(현재 중학동)로 이루어져 있었기 때문에 사부학당(四部學堂)이라고도 한다.

　　4학(사부학당)은 독립된 중등교육기관이었다기보다는, 성균관에 예속된 부속학교같은 성격을 띠었다. 성균관에 비해 학교규모가 작고 교육과정은 낮았지만, 교육방침이나 교과내용, 교수방법 등 교육전반에 걸쳐 성균관의 체제와 유사하였다. 단, 성균관과 달리 제사행사는 치르지 않고 순수하게 학생들의 교육만을 전담하였다.

2) 4학의 교수는 어떤 사람인가?

　　4학의 교수는 성균관과 마찬가지로 문관으로서 학식과 덕행이 모범이 될만한 자와 경학에 정통한 자를 각별히 선택하였다. 관리 가운데 특히 명망있고, 학식있는 자로 교수를 겸하게 하여 학교풍기를 교정하는 소임을 다하도록 하였다. 그 외에 각 학교에 전임 장학관을 두어 직접 감독하기도 하였다.

　　처음에는 교수 2명과 훈도 2명을 두어 성균관 관원으로 겸직하게 하였으나, 이러한 겸임은 4학의 교육성적을 부진하게 만드는 이유로 작용하였다. 때문에 후대에 이르러 4학에 대한 제도정비의 일환으로, 학관(교관)의 수를 각 1명씩 줄인 대신에 겸직을 없앴다. 교관의 겸직을 없애고 전임제로 돌린 것은 교육의 효율성을 높이기 위한 이유도 있었지만, 무엇보다도 교원은 학식과 덕망을 겸비한 자로 한 곳에서 오래 근속하는 것을 목표로 삼아야 한다는 당시의 사회분위기가 반영된 것이다.

학생정원은 학당마다 각 100명씩이며, 기숙사 제도로 운영되기 때문에 학생들은 기재에서 지내며 공부를 하였다. 학비를 비롯한 학당의 운영비용은 국가에서 지급하는 전답과 어장의 수입으로 모두 충당하였다.

3) 무엇을 가르쳤나?

교과 내용은 4서 5경을 비롯한 정서와 문예를 주로 다루었다. 예조의 주관으로 매달 실시되었던 학생들에 대한 평가는 강론과 제술 시험으로 하였다. 시험의 성적은 1년 동안 기록하여 왕에게 보고하였다. 강론과 제술 시험에서 성적이 우수한 학생 10명을 뽑아 생원, 진사시험에 응시할 자격을 주었다. 이 시험을 승보(陞

補)라 하는데, 합격을 하게 되면 성균관 입학이 가능하였다. 4학의 학생들도 성균관 학생들과 마찬가지로 나라에 불만이 있을 때, 잇따른 상소를 올리거나 수업을 거부하는 등의 학생활동을 하였다. 신진사림들과 함께 훈구 관료들의 부정과 비리를 맹렬하게 공격하기도 하였다.

향교가 지방의 중등교육을 담당하였다면, 4학은 중앙의 관학으로 중등교육을 담당한 교육제도라고 할 수 있다. 그러나 향교가 독립적인 성격이 강한 학교인데 반해, 4학은 성균관에 진학하는 것을 목표로 삼고 있는 학생들을 가르치는 준비단계에 머물렀다.

사부학당은 정비된 교육제도를 갖추고 있었음에도 불구하고, 이름에 걸맞은 교육사적 성과를 거두지 못하였다. 성균관에 비해 빈약한 시설과 서적의 부족을 비롯하여 직원수의 부족, 사학 기본재산의 중간 탈취 등의 폐단과 악습으로 인한 결과에 다름 아니다.

3. 향교 : 지방 관립 중등교육기관

향교는 조선시대 최고의 교육기관인 성균관에 비하면 하급 단계의 교육기관에 속하고, 촌락에 설립되어 양반, 평민자제를 교육하던 서당에 비하면 상위 단계의 교육기관에 해당한다. 오늘날의 교육 단계로 비교하면 4학, 서원과 더불어 중등교육 단계라고 할 수 있다. 조선시대 4학이 중앙의 관학을 담당한 데 비하여,

향교는 지방의 관학으로 중등교육을 담당해 온 교육제도로써 그 역사적 가치가 높다.

향교는 지방의 부, 목, 군, 현에 각 1교씩 설치하였는데, 향교의 학생정원은 지방 행정구역의 크기에 따라 국가에서 다르게 규정하였다. 부, 목에 90명 또는 70명, 군에 50명, 현에는 30명으로 정해져 있었다. 향교의 교원 자격은 생원, 진사 가운데 연령과 덕망이 높으며, 교원의 자질을 갖춘 사람으로 채용하였다. 성적이 좋은 교원은 나라에서 포상을 받기도 하였다.

1) 무엇을 가르쳤나?

향교에서는 주로 17세 이상의 지방양반 자제와 향리의 자제들을 교육하였다. 경우에 따라서는 양인의 입학을 허용하였는데, 이것은 유교적 교화에 근본취기가 있는 것으로 거의 과거시험으로 연결되지는 않았다.

향교의 교육과목은 유학경전과 제사가 중심이다. 교재를 보면 「소학」, 「4서 5경」이 주요 과목이었고, 「성리대전」, 「삼강행실」, 「이륜행실」, 「효경」, 「심경」, 「근사록」 등과 「통감」, 「소원절요」, 「향약」, 「가례」 등을 보충교재로 삼았다. 향교에서 쓰는 돈은 국가에서 지급하는 토지와 노비로써 충당하였다.

향교에서는 성균관과 마찬가지로 공자를 비롯한 유명한 선현들의 제사를 모시는 문묘(대성전)를 중심으로 강의를 하던 장소인 명륜당, 학생들의 기숙사인 동서양재를 갖추고 있었다. 고을별로 학생의 수를 정하여 양반 자제들에게 유교중심의 교육을 실시하였는데, 이 곳에서 공부하면서 초시에 합격하면 생원이나 진사가 되어 성균관에 입학할 수 있었다.

주, 부, 군, 현에 모두 향교가 세워질 정도로, 한동안 번창을 하던 향교는 임진왜란을 겪으면서 국가의 보조가 중단되고, 설상가상으로 흉년까지 겹치자 운영이 더욱 어려워졌다. 돈푼께나 있는 집안에서는 재정이 어려운 향교의 약점을 이용해, 곡식을 상납하는 대신 명강을 허락하는 병폐까지 빈번해졌다. 향교가 교육기관으로서의 기능을 잃어가기 시작하면서, 향교의 역할은 문묘 제사에 국한되었다. 서원의 발달로 더욱 쇠퇴하다가 1894년에 과거제도가 폐지되면서 이름만 남아 문묘에 제사하는 것으로 겨우 명맥을 이어가게 되었다.

4. 서원 : 지방 사립 중등교육기관

조선시대 대표적인 학교제도는 관립학교인 성균관과 4학, 지방에 있는 향교를 비롯하여, 사립학교인 서원과 서당으로 나뉘어져 있다. 이 중에서 서원은 향교와 더불어 지방에 있었던 중등교육기관에 해당한다. 서원은 그 자손이나 제자들이 설립하여 경영하던 것으로 서당과 더불어 오늘날 사립학교 성격을 띤다.

서원의 시초는 백운동서원에서 찾을 수 있는데, 설립 목적은 선현에 대한 제사와 학문의 연구, 후진 양성에 있었다. 상시 서원

은 유교를 널리 보급하는 역할을 하였기 때문에, 나라에서는 사액
서원 제도를 두어 서원을 장려하였다. 사액서원이란 왕이 직접 서
원의 이름을 짓고 글씨를 쓴 현판을 하사하는 것을 말한다. 서원
이 왕성하게 일어난 근저에는 이처럼 국가의 적극적인 장려뿐 아
니라, 당시 지방사립학교 역할을 해왔던 향교가 점차 쇠퇴하기 시
작한 것도 한 이유가 된다.

1) 무엇을 가르쳤나?

초기에는 과거공부 위주의 학교로서 운영되다가, 퇴계 이
황에 의해 유생들의 인격을 수양하는 도장으로 성격이 바뀌었다.
소수서원은 공식적으로 처음 인가가 난 서원으로서 의미가 있고,
안동에 있는 도산서원은 조선 성리학의 완성자인 이황 선생이 제
자들을 길러냈던 곳이다. 때문에 두 서원은 조선시대를 대표하는
서원으로 꼽을 수 있다.

서원에서도 성균관이나 향교와 마찬가지로, 국가에 공이
있는 위인이나 학덕이 높은 선현들의 위패를 모셔놓고 추모하는
행사를 거행하였다. 아울러 지방의 양반자제를 모아 학문과 덕행
을 연마하는 역할도 담당하였다.

시간이 갈수록 서원은 출발 당시 가졌던 선현을 받들고,
후진을 양성한다는 정신을 뒤로 한 채, 무분별한 서원의 건립에만
급급하였다. 서원을 세우는 목적이 변질되면서 놀고 먹기를 일삼
거나 군역을 피하는 도피처로 전락하면서, 서원은 온갖 폐단의 소

굴이 되었다. 또 현인을 추모한다는 것을 빌미로 당파적으로 이용
하거나 백성을 착취하는 수단으로 악용되기까지 하였다. 사색당
파의 피해가 극에 달하자, 대원군은 몇 개의 중요한 서원을 제외
하고 철폐시키는 정책을 취하였다. 당시 679개나 되던 서원은 대
원군에 의해 47개만 남기고 결국 다 헐리고 만다.

5. 성균관 : 관립 고등교육기관

　　우리 나라에서 고등교육이 이루어진 것은 생각보다 오래
전으로 거슬러 간다. 정치 문화적으로 중국의 영향을 많이 받았던
우리 나라는, 이미 삼국시대부터 고등교육제도를 도입하여 실시해
왔다. 오늘날의 대학교에 해당하는 교육기관이라 할 수 있는데,
고구려의 태학이나 신라의 국학, 고려시대의 국자감, 조선시대의
성균관 등이 바로 그것이다. 조선시대 최고 학부인 성균관은, 고
려 말 국자감의 명칭을 성균관으로 개칭한 것을 조선 건국과 동
시에 그대로 계승한 것이다.

　　성균관에는 귀족이나 양반자제들에 한하여 입학이 가능하
였으며, 장차 국가의 고급 관리로서 갖추어야 할 교육을 받았다.
조선시대는 지도자 교육이 중심이었고, 국가에서 운영하는 교육
기관에 입학한 모든 학생들의 최대목표도 과거를 통해 관리로 등
용되는 것에 두었다. 성균관은 한마디로 국가에 필요한 지도자를
전문적으로 양성하던 고등교육기관이었다고 할 수 있다. 앞에서

살펴보았던 서당, 4학, 향교, 서원은 모두 성균관에 들어가기 위한 준비과정이었음이 확인된 셈이다.

1) 성균관을 이루는 시설

태조는 즉위하면서 한양을 새 도읍지로 정하고 성균관을 정비하였다. 지금의 서울 명륜동에 해당하는 숭교방(崇敎坊) 지역에다 대성전을 비롯하여 명륜당, 동재, 서재, 양현고, 존경각을 세우면서 성균관은 점차 모습을 갖추기 시작하였다. 그러나 이 건물들은 임진왜란 때 모두 불타버렸고, 현재 남아있는 건물은 선조대 이후에 다시 지은 것이다.

성균관은 인재를 키우는 역할 이외에 유학에 공헌이 큰 성현들에게 제사를 지내는 역할까지 담당하였다. 대성전은 공자를 비롯한 역대 성현들의 위패를 모시고 문묘제사를 지내던 곳이다. 봄 가을에 두 번씩 제사를 지내는데, 성균관 학생들은 매월 초하루에 관대를 갖추고 공자묘를 참배하는 제사의식에 참석하였다. 스승을 존경하고 우대하는 당시 유학자의 기본적인 자세를 엿볼 수 있다.

명륜당은 스승과 제자가 모여 공부를 하고 강의를 하던 곳으로 지금의 대학강의실에 해당한다. 명륜당이란 이름에서도 알 수 있듯이 '明倫'이란 인간사회의 윤리를 밝힌다는 뜻이다. 동재와 서재는 학생들이 거처하던 기숙사를 말하는 것이고, 양현고는 성균관의 교육자료와 장비를 관리하던 곳이다. 굳이 오늘날과 비교한다면 대학의 서무과 정도에 해당하지 않을까. 존경각은 책을 보관하던 도서관이었다. 성균관을 비롯하여 당시 공자의 가르침을 배우는 서당이나 향교 등에는 대개 은행나무가 있었다고 한다. 이유는 은행나무가 있는 단에서 공자가 제자들을 가르쳤기 때문이다. 지금 성균관에 있는 은행나무는 500살이 넘었다고 한다.

2) 교수 자격과 학생의 입학 자격

성균관에는 최고의 책임자로 정3품인 대사성(大司成)을 두었으며, 그 아래에 제주(祭酒), 악정(樂正), 직강(直講), 박사(博士), 학정(學正), 학록(學錄), 학유(學諭) 등의 관직을 두었다. 학생 10명당 한 사람의 교수가 담당하였다. 오늘날에 비해 비교할 수 없을 정도로 전적으로 좋은 교육환경에서 공부를 했음을 알 수 있다.

성균관의 교관 자격은 문관으로 학식과 덕행이 모범이 될 만한 자, 경서와 문장에 통달한 자, 유교적 윤리관을 갖춘 자 등이다. 이 중에서 개인적인 인품을 가장 중요한 기준으로 삼았다. 성균관은 예비관리를 양성하는 교육기관이므로, 입학하여 유생이 될 수 있는 자격은 대체로 양반사대부 자제들에게 국한되었다. 그러나 양반사대부 자제라 하더라도 무제한으로 입교할 수 있는 것이 아니라, 일정한 자격을 갖추고 있어야 가능하였다.

학생정원은 200명 선이었고, 나이는 15세 이상이 대부분이었으나 간혹 50세가 넘은 사람도 있었다. 생원이나 진사 자격을 갖춘 사람에게 우선적으로 성균관에 입학할 기회가 주어졌고, 과거시험에 합격하거나 다른 이유로 성균관의 정원이 미달할 경우에는 승보라는 편입시험을 통해 모자라는 인원을 보충하였다. 단, 승보시험을 치를 수 있는 자격은 한양에 있는 4학의 학생 중에서 15세 이상으로 「소학」을 비롯하여 4서와 5경 중에서 최소한 1경에 통달한 사람, 조정의 관리로 스스로 입학을 원하는 사람에 한하여 성균관의 입학 자격을 부여하였다. 성균관의 편입시험에 응시할 자격이 서울에 거주하는 학생들에게만 주어진 것은 일종의 특혜였지만, 선발과정은 공정하게 이루어졌다.

3) 성균관의 교과과정은?

성균관의 교과과정은 경전과 역사를 강독하고, 논술고사인 제술에 대비한 훈련을 쌓는 것으로 이루어진다. 이러한 학습내용이 과거시험의 과목과 일치한 것은 물론이다. 성균관 학생들은 선비들이 닦아야 할 인격과 학문보다 과거시험에 열중하는 모순을 낳기도 하였다.

성균관의 생원이나 진사, 재에 기숙하는 유생, 4학 학생의 독서는 미리 학과에 따라 읽는 기간을 다르게 정해놓은 다음 들어갔다. 학과 내용의 어렵고 쉬운 정도에 맞춰 쉬운 과목은 읽는 기간을 짧게 하고, 어려운 과목은 읽는 기간을 길게 두는 방식으로 진행되었다. 「대학」 1개월, 「중용」 2개월, 「논어」, 「맹자」 각 4개월, 「시경」, 「서경」, 「춘추」 각 6개월, 「주역」, 「예기」 각 7개월의 독파기간을 명시하였다.

먼저 배운 것을 철저하게 익힌 다음 새 것을 가르쳤으니, 주입식이나 획일적인 교육이 아닌 개인교수에 입각한 문답식으로 수업이 진행되었다. 형식만 따져 많이 가르치지 않고, 학생이 충분히 이해할 때까지 복습하며 자세하게 연구하는 것을 강조하였다.

성균관의 강독과목은 크게 4서 5경과 제사로 구성된다. 주로 4서 5경을 9단계로 나누어 가르쳤는데, 이것을 구재(九齋)라고 한다. 「대학」을 최하급으로 「주역」을 최상급으로 하여 차례에 따라 가르쳤다. 학과를 순서대로 보면 「대학」, 「논어」, 「맹자」, 「중용」, 「예기」, 「춘추」, 「시경」, 「서경」, 「주역」이다. 먼저 대학재에 들어가 공부를 한 다음, 일정한 시험을 통과하면 다음 과정인 논어재에 들어가 논어를 집중 교육한다. 계속 같은 방식으로 공부하여 「주역」까지 마치고 나면, 그동안의 성적에 따라 진급하거나 유급이 결정나는데, 성적이 좋은 학생은 3년마다 열리는 식년시에 응시할 자격을 갖게 된다. 개인의 실력에 따라 학습이 이루어졌음을 알 수 있다. 평가시험은 매년 봄과 가을에 실시되었는데, 한 번에 여러 책을 통과한 학생은 몇 단계를 뛰어넘는 월반도 가능하였다.

특히 제술은 간단명료하고 정교하게 글의 뜻이 통하게 쓰도록 가르쳤다. 제술의 내용이 너무 어렵거나 논리가 한쪽으로 치우치는 것을 금하였으며, 난해하거나 경박한 문체 또한 배격하였다. 매달 치르는 논술시험에서 이런 답안을 쓰게 되면, 교관들에게 벌을 받기도 하였다. 3월과 9월에 있는 제술 시험에서 우수한 성적을 거둔 3명에게는 문과 복시에 응시할 자격이 주어진다. 조선사회는 상과 벌이라는 당근과 채찍질을 적절하게 활용한 교육법으로 학생들의 실력을 평가하였음을 알 수 있다.

4) 끊임없이 이어지는 시험

조선시대 유생들의 소원 중에 하나가 성균관에 입학하여 공부하는 것이었다고 한다. 그러나 성균관에 들어가려면 초시나 복시에 합격해야만 자격이 주어진다. 너무 많은 학생들이 입학하면 성균관의 위상이 떨어진다는 우려 때문에, 성균관 입학시험은 아주 어렵고 까다롭게 출제되었다고 한다. 어렵게 입학을 하고 나면 또 무수한 평가와 시험이 기다리고 있기 때문에, 대부분의 유생들은 잠자는 시간만 빼고는 거의 하루 종일 글공부에 매달려야만 했다. 사시사철 글만 읽는 글방 유생들을 가리켜 '성균관 개구리'라는 우스갯소리가 생길 정도였다. 성균관 학생들은 지금의 중·고등학생들 못지 않은 공부를 하고 또 한 셈이다.

매월 초순에 강론을 시험하는데, 경서를 강론하는 성적은 대통, 중통, 약통, 조통, 불통 5급으로 나누어 해당하는 평점을 매겼다. 평균점수가 높은 학생에게는 회시에 응시할 자격이 주어졌으나, 조통 이하의 성적을 받은 학생은 벌을 받았다. 오늘날 초등학교에서 적용하는 수, 우, 미, 양, 가의 5단계 평가기준과 비슷한 것으로 볼 수 있다.

5) 성균관의 생활 규범

조선시대 대부분의 학자들은 학문을 습득하기 전에 덕성 함양을 우선적으로 여겼는데, 성균관의 교육에서도 특히 덕성을 쌓는 것을 무엇보다도 중시하였다. 성균관에서는 학생들이 지켜야 할 생활규범이 엄격하였다. 스승에 대한 예절을 지키는 것은 성균관 학생의 가장 기본적인 실천 항목에 속한다. 스승에 대한 예의뿐 아니라 같이 공부하는 학생들 사이에도 예의를 지켜 학원의 위신을 세우고 면학분위기를 조성하는 것도 성균관 학생들의 할 일이다. 또 오륜을 배우고 익혀 행동으로 실천하는 일도 포함된다.

기숙사 생활을 했던 성균관 학생의 생활은 엄격하게 이루어졌다. 성균관의 하루는 북소리와 함께 시작되었는데 동재에 식고라는 북을 달아 학생들이 일어나고 밥 먹는 시간을 알렸다. 새벽에 북소리가 한 번 울리면 일어나고, 북소리가 두 번 울리면 의관을 갖추고 단정하게 책을 읽는다. 북소리가 세 번 울리면 식당에서 동과 서로 마주앉아 식사를 한다. 신당에 참여하면 1점씩의 점수가 더해지는데, 가산 점수를 더해 출석 점수가 300점이 되어야 대과를 볼 수 있는 자격이 주어진다. 그리고 저녁 때까지 공부를 계속하였다. 기숙사생활을 하는 동안 학생들은 국가로부터 학전과 외거노비 등을 제공받았다. 요즘 말로 국비장학생에 해당하는 대우를 받았음을 알 수 있다.

성균관 학생은 젊은 혈기답게 당대의 학문이나 정치 현실에도 매우 민감하게 반응을 보였다. 학생들은 재희라는 자치기구를 통해, 국정에 대한 집단상소를 올려 반대의사를 분명히 밝히는 등 오늘날 대학생들의 학생운동과 비슷한 실력행사를 펴기도 하였다. 요구가 받아들여지지 않으면 수업거부를 하거나 심한 경우, 학생들이 단결하여 일제히 성균관을 나가는 일을 감행하기도 하였다.

6) 이럴 땐 벌칙을 내린다.

예나 지금이나 학생이 학교의 규칙을 어기고 잘못을 하면 벌칙을 내린다. 조선시대 최고 학부라는 성균관에도 이런 말썽꾼들은 있었다. 수업시간에 책을 보다가 졸거나 집중을 하지 않고 떠드는 학생은 벌을 받는다. 비열한 언행을 하거나 명예를 더럽히는 행위, 소인배의 심성을 드러낸 행위가 발견되면 역시 벌을 받는다. 또 나태하거나 산만한 학생이나 장기, 바둑, 사냥 등의 잡기놀이를 일삼거나 유희를 즐기는 학생, 예의를 지키지 않는 학생도 엄중한 벌을 받았다.

독서할 때 노자나 장자와 같은 잡류의 책을 금하였다. 유교사회였던 조선사회에서 장자나 노자, 불경과 같은 책은 잡서로 취급되었기 때문에, 학생들이 이런 책을 읽는 것을 이단행위라 여겨 금지하였다. 대신에 성균관 학생들은 4서와 5경, 제사를 곁에 두고 밤낮으로 부지런히 읽었다. 술과 여자를 가까이 하거나, 재물과 뇌물에 욕심내는 일은 유학의 도리에 어긋나는 행위로 이런 행동을 철저하게 규제하였다. 또 수업 시간에 한눈을 팔며 딴 짓을 하거나, 쓸데없는 담론을 일삼거나, 정부를 비판하는 일을 즐기는 행위도 규제의 대상이었다. 글씨는 사람의 성질이 그대로 표현되므로 항상 반듯하게 정자를 쓰도록 장려하였다. 성균관에서 금하고 규제하는 사항을 학생들이 어겼을 때는 벌칙을 내렸다.

성균관의 교관은 이러한 규정에 따라 학생들의 생활기록을 평가한 내용을 선악부(善惡簿)라는 장부에 일일이 기재하였다. 과거시험에 응시할 자격을 가릴 때에는 이 장부를 참고함으로써, 평소의 생활태도에 대한 평가를 중시하였음을 알 수 있다. 오늘날 가, 나, 다 3단계로 평가되는 행동발달사항에 해당하는 것이라 하겠다.

조선시대 학문의 전당으로서, 관리들을 만들어내는 중요한 기능을 수행했던 성균관은, 조선 후기에 이르면서 교육재정이 궁핍화하고 과거제도가 불공정하게 운영되면서 그 기능이 약화되었다. 1894년 갑오개혁이 단행되면서 과거제도가 폐지되고, 근대적인 교육개혁이 추진되면서 일정한 변화를 겪게 되었다. 성균관은 개화의 흐름 속에서 한국의 전통적인 유학과 도덕을 지켜나가는 방향으로 전환되었으며, 1946년 성균관대학의 설립으로 그 전통은 계승되었다.

6. 체계적인 교육을 위해 밖으로 보내지는 현재 아이들

아이들을 가정에서 교육하는 것은 한계가 있다. 더군다나 요새 젊은 부모들은 조기영재교육에 더욱 열을 올리고 있는 실정이다. 그리하여 아이들은 집에서보다 좀 더 체계적인 교육을 받으러 밖으로 내보내어진다. 조선시대의 첫 학습은 서당이라 치지만 현대에는 일찍부터 사설학원이나 유치원을 거쳐 초등학교로 향한다. 아이들이 너무 많은 것을 알고 있으면 혼란을 일으킬 여지가 다분히 있다. 또 지능이 서로 엇비슷해야 할 아이들 중에 유독 머리가 일찍 깬 똑똑한 아이가 섞여 있으면 지능이 뒤떨어진 아이들에게 끼치는 영향도 있고 평범한 아이들을 기준으로 해서 짜놓은 커리큘럼이 똑똑한 아이들에게는 맞지 않을 수도 있다. 조선시대처럼 여건에 의한 만학도의 경우라고 해서 어린 학동들보다 나을 바는 없었다. 하지만 현대에는 부모들이 관심만 갖으면 자신의 아이들의 재능을 금방 알아낼 수 있다. 물론 너무 성급하게 교육을 시킨 자녀들은 소중한 유년기를 부모들의 등살에 밀려 원하지 않는 재능을 위해 고전하는 경우도 있다.

이미 초등학교에 가기 전 조기 교육을 받은 아이들은 유치원에서 시키는 똑같은 반복교육에 금세 싫증을 느끼게 되고 자만을 갖게 되며 그러다 보니 나태한 습성을 가지게도 된다. 하지만 그렇다고 내버려두기만 한다면 다른 아이들을 따라가지 못해 곤란을 겪고 공부하기를 포기하는 경우도 생겨버린다. 그래서 가끔 유치원에서는 가급적 학습공부는 집에서 시키지 말 것을 당부한다. 집에서는 공부할 준비만 갖추어 주면 된다는 것이다. 그러나 여전히 부모는 노파심을 느낀다.

우선 유치원의 공부는 지식주입뿐만 아니라 난생 처음 갖게 되는 공동생활 규범과 기초 학습 이해에 더 뜻이 있다. 아이들은 유치원에서 배우는 것보다 더 많은 것을 주위에서 보고 익히게 된다. 아이들은 그야말로 '성능 좋은 학습기계'인 것이다. 하지만 부모의 관심은 필요하다. 그리고 정말 중요한 것은 본격적인

학습, 즉 초등학교에 입학해서다.

초등학교는 다음 학습을 위한 기본적인 학습능력을 키우는 데 목표가 있다. 물론 공동체 규범생활 안에서의 일이다. 아이들은 다분히 또래의 접촉을 통해 많은 것을 배우게 된다. 조선시대의 서당처럼 들죽날죽하지 않은 보편적인 교육인 셈이다. 그리고 대부분 중학교로 진학을 하게 되기 때문에 준비과정이기도 하다. 하지만 초등학교 시절의 교육은 앞으로 받을 교육의 씨앗인 셈이므로 중요하다. 그러므로 이 시절의 교육이란 억지로 주입시키기의 영재교육이 아니라 재능을 찾아주는 쪽으로 진행되어야 할 것이다. 현재에는 모두다 같은 공부를 하는 것이 아니기 때문이다. 어린이에게 선천적으로 갖추어져 있는 학습의욕과 탐구심을 일깨워주는 것이 중요하다.

7. 오늘날 보편교육, 무엇이 문제인가?

조선시대의 유교교육은 모두가 지도자 양성을 위한 교육이었기 때문에, 당시에는 국가사회를 운영해 갈 지도자로서 갖추어야 할 덕목과 학습과목, 교육단계 등이 분명하게 정해져 있었다. 이에 반해 현대의 보편교육은 개개인에 대한 교육의 기회가 대폭 확대되었지만, 막상 지도자로서 갖추어야 할 덕성이나 목표, 구체적인 능력에 대한 교육프로그램은 거의 없는 실정이다. 실제로 대학교육에서 지도적인 인격을 키울 수 있는 방안은 전무한 상태다.

조선시대의 고등교육기관이 귀족이나 양반 자제들에 한정된 반쪽교육이긴 하였지만, 교육내용이나 교수방법은 오늘날에도 적용이 가능할 정도로 합리적인 부분이 많다. 대량으로 교육이 이루어지고 있는 오늘날과는 질적으로 많은 차이가 있다. 평균화라는 미명아래 개성을 상실한 그만그만한 대학생들이 한해에도 수십만 명씩 사회로 쏟아져 나오지만, 진정한 지도자로서 자질을 갖추고 있는 사람이 얼마나 될까? 입시지옥을 거치고 대학에 진학한 다음 높은 학점을 받으려고 애쓰다가, 막상 대학문을 나서면 갈 데가 없다. 많은 대학 졸업자들이 취업을 못해 몇 년씩 괴로운 시간을 보내고 있는 현실은 어제오늘의 일이 아니다. 최근에는 취업 대신에 대학원으로 발길을 돌리는 사람도 늘어나고 있다. 학문을 추구하기 위해 대학원을 진학하는 경우도 있겠지만, 상당수의 사람들이 일종의 현실 도피처로 선택하는 경우도 허다하다. 최고 학부를 졸업하고 그것도 모자라 끊임없이 더 높은 과정을 밟고자 하는 사람이 늘어나건만, 이런 고급인력들을 수용할 곳은 한정되어 있으니 악순환이 끊이질 않을 것이다. 이중으로 교육재정을 낭비하는 오늘날의 형식적인 교육은 현대사회의 병폐 중 하나임에 틀림없다. 조선시대의 지도자 교육을 지금의 교육 현실에 적극 수용한다면, 합리적이고 실속있는 교육정책이 나올 수도 있을 것이다. 가정이나 학교, 국가에서도 예전의 교육정책의 일부를 수용하여 오늘에 맞게 응용한다면 교육의 질을 한층 더 높일 수 있을 것이다.

5장
이름난 왕들의 어린 시절은 어땠을까?

농사 중에서도 사람 농사가 가장 어려운 것이라고 했다. 귀한 자식일수록 어릴 때부터 일찌감치 배고프고 추운 고통의 경험을 시켜 모진 세파 속에서도 헤쳐 나아갈 수 있는 강인한 인내력과 지구력을 키워주고, 나아가 학습훈련에 게으르지 않도록 훈련시켜야 한다. '세 살 버릇 여든까지 간다'는 말처럼 8세가 넘으면 이미 굳어진 나쁜 버릇과 나태함, 의타심 등은 고치기 어렵다. 정신과 육체가 균형을 이룰 수 있는 제대로 된 조기교육이 선결되어야 할 것이다.

몸과 마음의 단련은 왕의 제목을 키우는 데 반드시 필요한 절차다. 밀림의 제왕인 사자는 강한 새끼를 키우기 위해 갓 태어난 어린 새끼를 높은 절벽 아래로 사정없이 떨어뜨린다고 한다. 절벽 아래로 떨어지는 고통을 이겨내고 살아남은 새끼는 어미사자에 의해 비로소 인정받게 되고 나아가 어미를 이어 밀림의 제왕으로 키워지게 된다. 한 나라의 왕도 사자 새끼와 같은 냉엄한 현실에서 이겨내기 위해, 어릴 때부터 혹독한 극기시련을 견뎌내야 한다. 인정에 이끌려 실하지 못한 세자를 책봉하게 되면 나라의 종묘사직이 위태로워질 수밖에 없다.

영유아기를 겨우 지난 어린 원자도 두뇌의 계발과 집중력을 키우기 위해 호흡을 참는 혹독한 극기훈련을 받았다. 최대한 숨을 많이 들이마신 다음, 120초 정도까지 숨을 참는 고통의 시간을 보낸다. 처음에는 종이를 코앞에 갖다대고 숨을 참는 법을 배우다가, 익숙해지면 물을 가득 담은 세숫대야에 얼굴을 집어넣고 숨을 참는 법을 익혔다. 숨을 참으면 뇌에 α(알파)파라는 성분이 늘어나 집중력이 높아진다고 현대 과학은 말한다. 왕으로 가는 길은 멀고도 험한 시련의 연속이었다.

극기시련 교육은 왕가뿐만 아니라 당시 내노라하는 재상들의 가풍에도 적용되었다. 뼈대있는 가문일수록 자녀교육에 더욱 엄격했다. 자식을 어려서부터 부지런하고 분명하게 키우기 위해 말을 할 때는 반드시 말을 끊어서 발음을 똑바로 하도록 길렀으며, 서당에서 다녀오면 그 날 배운 학습 내용을 복습하는 것을 게을리 하지 않도록 철저한 교육을 시켰다. 공부한 내용을 제대로 이해하지 못하면 아무리 귀여운 자식이라도 서슴지 않고 회초리를 들어 매로써 호되게 다스렸다.

얼마 전 경기도의 어느 초등학교 5학년 학생 10여명이 교사한테 폭행을 당했다며 경찰에 신고한 일이 있었다. 미술시간에 학생들이 소란을 피운다고 담임선생이 잣대로 한 대씩 때린 것이 빌미가 된 것이다. 이 일로 그 교사는 사표를 내고 교단을 떠났다고 한다. 이쯤 되면 교실붕괴니 교육파괴라는 말도 더 이상 낯설지 않다. 예로부터 자녀를 가르치는 수단으로 회초리를 사용해 왔던 우리의 전통교육에 비추어 본다면, 스승의 권위가 바닥에 떨어졌다는 말조차도 공허하게 들린다. 일부 초·중등 학부모들 사이에서는 사랑의 매라 하여 일선 학교에 회초리를 전달하자는 운동이 벌어지고 있다. 학생들을 훈육하는 방법에는 여러 가지가 있겠지만, 적절한 매를 쓰는 것도 교육의 효과를 높일 수 있는 한 방편이라는 생각도 확산되고 있다. 절망의 구렁텅이에 빠져 있는 현재의 학교 위기를 타개해 보자는 의지의 일면이라 하겠다. 학생을 탓하기에 앞서 참다운 스승이 없다는 비판도 없지 않다. 붕괴된 교실을 다시 세우기 위해서는 학생뿐 아니라 교사, 가정의 교육적 합의가 이루어져어야 하며, 나아가 정부의 적극적인 지원이 뒤따라야 할 것이다.

예나 지금이나 큰 인물로 자라기 위해서는 모진 시련과 부딪히면서 좌절하지 않고 이겨내며 단련될 때만이 큰 그릇이 된다는 사실을 요즘의 부모들은 깊이 새겨둘 필요가 있다. 귀한 자식일수록 매로 다스리라고 했다. 약이 되는 매는 맞을수록 자녀의 몸에 필요한 자양분이 될 것이다.

1. 이런 세자는 왕위에 오를 수 없었다

세자라는 높은 신분에도 불구하고 의뢰심, 의타심, 의지 박약이 고쳐질 가능성이 없을 때는 부득이 왕위 계승에서 탈락되는 것이 왕가의 냉엄한 법도였다. 조선 왕조역사를 보면 적장자이면서 왕위에 오르지 못한 경우가 거의 대부분을 차지한다. 조선왕조 500여년 동안 모두 27명의 왕이 즉위했지만 적장자로서 보위를 이은 왕은 겨우 7명에 지나지 않는다는 사실은 시사하는 바가 크다. 장자라고 무조건 왕의 그릇으로 성장할 수 있는 것이 아니라는 것을 여실히 보여주고 있다. 한 나라의 왕과 같은 큰 인물은 하늘이 기른다는 일설에 공감이 간다.

　　이쯤 되면 역대 세자들 중에서 장자이면서 왕위에 오르지 못한 경우엔 어떠한 결정적인 결점이 있었을까 궁금해진다. 유형별로 몇 가지 살펴보면 보위에 오르지 못한 이유를 의심없이 받아들일 수 있을 것이다.

1) 목표가 뚜렷하지 못한 세자

　　목표가 뚜렷하지 못한 세자는 왕위 계승에서 탈락되는 것을 감수해야 했다. 하루의 목표가 뚜렷하지 못하면 한 달, 일 년, 평생의 목표가 흐지부지해진다. 그러면 삶의 의욕은 떨어지고 많은 시간을 허송세월하게 되며, 학문의 열의나 열성이 생기지 않아 학습을 게을리하게 되는 것이 일반적인 순서다. 이런 세자의 앞날이 순탄할 리가 없을 것이다.

성공한 사람들의 어린 시절을 들어보면, 한결같은 답변 중 하나가 뚜렷한 목표를 향해 달려왔다는 것이다. 아무리 가난하고 힘든 환경에 처해 있어도 무엇이 되고자 하는 목표가 뚜렷한 사람은 언젠가는 꿈을 이룬다는 교훈을 얻게 된다. 요즘의 어린이들은 부모에게 의존하는 정도가 예전에 비해 아주 심하다. 덩치는 다 큰 어른 같은데, 하는 행동은 언제나 어린아이 수준에 머물러 있는 아이들이 점점 늘어나고 있다. 엄마의 손길이 없다면 혼자서는 아무 것도 할 수 없을 것이라는 생각에 아예 스스로는 어떤 것도 시도하지 않으려고 한다. 공부를 할 때도 자신을 위해서 하는 것이 아니라, 부모의 칭찬이나 꾸중에 의해 수동적으로 끌려가는 경우도 흔히 본다.

오늘날 대부분의 부모들은 자녀의 시험성적을 올리는 일이라면 온갖 방법을 다 동원한다. 어머니들의 치맛바람에서부터 시작하여 수십, 수백 만원씩 하는 고액과외까지 수단과 방법을 가리지 않을 정도다. 일부 몰지각한 학부모들은 자녀를 대학에 넣기 위해 서슴지 않고 뒷거래를 도모하다 때만 되면 매스컴의 한 면을 장식하기도 한다. 자녀가 진정으로 되고 싶은 것이 무엇인지 진지한 대화를 통해 관찰하고, 자녀 스스로 목표를 세우도록 도와

주는 것이 부모의 역할이다. 하기 싫은 공부를 억지로 강요하기보다는 자녀의 적성에 맞는 일을 찾아 주는 것이 현명한 처사일 것이다. 시험성적이 몇 등 올라가면 무얼 사준다 하는 댓가성 목표가 아니라, 자녀가 인생을 살아가면서 되고 싶은 그 목표를 향해 나아갈 수 있는 적극적인 사고를 심어주는 것이 부모의 도리임을 깨달아야 한다.

2) 억척과 끈기가 결여된 세자

억척과 끈기가 결여된 세자는 보위의 뒷전으로 밀려난다. 한 가지 목표를 가지고 끈기있게 학습을 수행해 나가지 않는 세자가 왕위 계승에서 탈락되는 것은 당연한 결과다. 억척스럽고 끈기있게 학문을 파고 들어 그 본질을 꿰뚫어 보려는 지적 욕구와 부단한 노력은 왕의 자질을 갖추는 필수요소다. 때문에 왕이 되기 위해 반드시 겪어야 할 학문의 길을 게을리 한다면, 한 나라를 이끌어갈 군주로서의 자격은 상실되는 것이다.

우리는 예로부터 억척과 끈기가 있는 민족이었다. 역사적으로 수많은 외침을 받으면서 단련된 민족 습성에 다름 아니다. 조상들의 억척과 끈기를 이어받은 민족임에도 불구하고, 요즘 아이들의 모습에서 이런 습성을 찾아보기가 어렵다. 예전에 비해 자녀수가 적고, 물질적으로 풍요한 시대를 살고 있는 요즘의 어린이들은 그만큼 부모의 과잉보호를 받으면서 자란다. 어렵고 힘든 경험을 겪을 기회가 적기 때문에, 끈질긴 인내심을 훈련받을 기회도 드물다. 기껏해야 방학동안 일부 학생들이 참가하는 극기 훈련이나 캠프 등의 이벤트를 통해 아주 짧게 인내심을 시험받을 뿐이다.

물론 상급학교로 올라갈수록 입시에 시달리는 고통을 겪기도 한다. 끊임없는 시험 속에서 대학이라는 한정된 집단에 들어가기 위해서는 역시 옛날 왕세자처럼 억척과 끈기를 발휘해야 한다. 끈기가 부족하여 공부에 매달리지 못한 학생은 사회의 낙오자로 살아갈 가능성이 높은 것도 사실이다. 시험이라는 시련을 겪어야만 원하는 집단에 소속되는 것은 예나 지금이나 다르지 않다. 예전과 달리 오늘날은 공부이외에도 얼마든지 자신의 꿈을 실현시킬 수 있는 길이 다양하다. 공부든 음악이든 자신이 원하는 길에서 성공하기 위해서는, 선택한 일에 파고들어 집중할 수 있는 끈기와 억척스러움이 전제되어야 한다.

3) 엉뚱하고 당돌함이 없는 세자

엉뚱하고 당돌함이 결여된 세자는 대범함을 찾을 수 없는 소심하고 평범한 인간상에 머물 수밖에 없다. 엉뚱하고 당돌한 것은 나만의 독창적인 창의력의 척도가 된다. 나아가 모든 일에 적극적이고 진취적이며, 위급한 상황이 닥쳐도 대처능력이 뛰어나다. 그러므로 엉뚱하고 당돌함이 결여된 세자는 자기의 생각과 판단력이 짧아, 남의 뒤만 따르고 남이 잘 때 잠자며, 남이 놀 때 노는 평범한 인간으로 살아갈 수밖에 없다. 남의 뒤만 따라다니는 안일한 세자는 한 나라의 군주가 될 자격이 없는 것이다.

엉뚱하고 당돌한 사람하면 에디슨이 가장 먼저 떠오른다. 에디슨의 어린 시절 일화는 누구나 알 정도로 알려져 있다. 엉뚱한 어린 에디슨은 미국의 한 가난한 집에서 태어났다. 어려서부터 무엇이든지 예사롭게 보지 않았으며 탐구심도 강한 인물이었다. 헛간에서 병아리를 부화시킨다고 달걀을 품고 있었다든지, 기차 안에서 화학실험을 하는 등 엉뚱한 행동을 많이 하였다. 후에 에디슨은 우리 생활에 없어서는 안될 전등을 비롯하여 축음기, 활동 사진, 전차 등을 발명하여 인류역사에 큰 빛을 남겼다.

자녀가 엉뚱하고 당돌한 행동을 하게 되면, 대부분의 부모들은 아이를 나무라기부터 한다. 다소 엉뚱하고 당돌한 행동을 할 때, 그 이유나 동기를 물어보거나 관찰하기보다는 결과만 가지고 꾸짖거나 혼을 낸다. 공부는 안하고 이상한 짓만 한다는 것이 그 이유다. 공부 이외에 다른 짓은 모두 꾸중을 들어야 한다는 것처럼 아이를 다그치기 일쑤다. 자녀가 엉뚱한 행동을 할 때 자녀의 기를 죽이고 나무라기 앞서, 유심히 살펴보고 수긍이 간다면 칭찬을 아끼지 않는 것도 좋은 교육방법이 될 것이다. 엉뚱한 자녀를 훌륭한 인물로 만들 수 있는 왕도는 부모에게 달려있다. 자녀의 엉뚱함을 잘 이끌어주면 혹시 훌륭한 인물이 될지도 모를 일이다. 사고뭉치였던 어린 에디슨의 뒤에는 아들을 믿어주었던 어머니가 있었다.

4) 우유부단하고 감동이 부족한 세자

　　감동이나 자극에 반응이 없거나 무표정한 세자도 왕위 계승에서 탈락된 경우에 해당된다. 눈에 총기가 없고 매사에 맺고 끊음이 불분명하고 흐리멍텅하여 어영부영 허송세월을 보내다가 왕세자 책봉도 못 받고 자신도 모르는 사이, 권력의 다툼에 맥없이 말려들어 결국 비극적인 결말을 맺게 된다. 이런 유형은 정신과 마음이 병든 것과 같다. 늘 오관을 민감하게 작동시키면 마음의 바이브레이션이 상승하여 자연히 학습효과가 극대화된다는 이치는 현대 과학에서도 충분히 입증되고 있다.

　　술에 술 탄 듯 물에 물 탄 것처럼 매사에 우유부단하고 무감각한 사람은 지도자의 재목이 될 수 없다. 리더십의 시작은 강인한 결단력에 있다. 어떤 일을 결정할 때 남의 눈치나 보면서 이럴지 저럴지 판단을 내리지 못하는 우유부단한 성격을 가진 사람은 무슨 일을 하든지 자신감을 갖지 못한다. 남들 앞에 나서는 것을 두려워하고, 말을 할 때도 자신의 생각을 똑바로 전달할 수 없게 된다. 심지어는 평소에 잘 알고 있던 것도 당황하여 잊어버리거나 덤벙거리는 실수를 하게 된다. 이런 자녀를 둔 부모는 아이에게 자신감을 심어주는 일에 신경을 써야 한다. 당장 못한다고 다그치거나 주눅들게 한다면 점점 더 소심하고 자신없는 아이로 자랄 것이다. 흐리멍텅한 자녀를 원하는 부모는 없을 것이다. 부모의 지속적인 관심과 애정만이 자녀의 자신감을 심어주는 묘약이 될 것이다. 천성적으로 학문을 좋아하는 사람이 아니라면 여느 대궐 안의 한정된 공간에서 매일 반복되는 공부에 매달려야 한다는 현실이 견디기 힘들었을 것이다. 이런 무미건조한 생활에 싫증을 내고 탈선하는 세자도 많았으니, 왕의 운명을 타고 태어났다고 다 행복한 것은 아니었던 모양이다. 예나 지금이나 공부하기 싫어 이런저런 탈선을 꾀하는 학생들의 경우와 다르지 않다. 탈선한 왕세자는 아예 수업에 들어오지 않거나 심지어 전임관료를 협박하여 왕세자 교육자체를 유명무실하게 만들기도 하였다. 제아무리 특별한 운명을 타고난 왕세자라도 때론 인간의 본능적인 감정을 숨기기 어려웠을 것이다. 세자의 이런 탈선 심리에 어느 정도의 이해는 가지만, 나라의 흥망에 치명적인 영향을 끼친다는 사실 앞에서는 누구도 세자의 탈선을 용납할 수는 없을 것이다.

　요즘 같으면 꼭 공부가 아니라도 살아갈 방도가 많았겠지만, 조선사회의 왕세자를 비롯한 사대부의 자제들은 공부가 아니면 인간으로 살아갈 의미를 얻지 못할 정도로, 학문탐구는 절대적 진리에 가까웠다. 물론 예전에 비해 삶의 질을 선택하는 방법이 다양해졌지만, 오늘날도 학문을 좋아하는 우리의 풍토는 여전히 이어지고 있다.

　조선시대의 여러 왕들 중에서 후세에 성군으로 평가받는 대부분의 왕들은, 어린 시절 유난히 공부하는 것을 좋아하였다고 한다. 책보는 것을 즐기고 학문탐구를 게을리 하지 않았다는 기록이 전해지고 있다. 이 시점에서 성군이나 폭군으로 평가받는 몇명 왕들의 어린 시절을 알아봄으로써, 자녀들의 교육문제로 고민하고 있는 이 땅의 수많은 부모들에게 자녀교육에 대한 하나의 방향을 제시할 수도 있을 듯하다.

2. 왕들의 어린 시절

1) 책을 들면 무섭게 파고들었던 세종

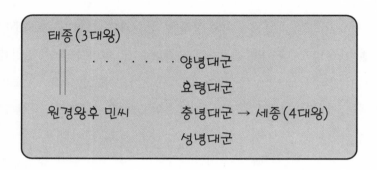

태종(3대왕)

· · · · · · 양녕대군

요령대군

원경왕후 민씨   충녕대군 → 세종(4대왕)

성녕대군

　　　조선의 제4대(제위 1418~1450) 왕이며 태종의 셋째 아들
이다. 어머니는 원경왕후 민씨이고, 비는 소헌왕후 심씨다. 1408년
11살 되던 해에 충녕군에 봉해지고, 15세 되던 해에 충녕대군으로
진봉되었다. 6년 뒤인 1418년 충녕의 나이 21세 되던 해, 태종은
"천성이 총명하고 민첩하고 또 학문에 독실하며 정치하는 방법 등
도 잘 안다."라고 하여 그를 세자로 책봉하도록 결정을 내렸다.
충녕대군에 대한 세자 책봉은 태종의 뜻에 따라 극적으로 이루어
진 것이었으며, 대부분의 신하들도 이를 환영하였다. 그 해 8월
태종의 내선을 받아 세자 충녕대군이 왕위에 올랐으니 이 사람이
세종이다.

　　　태종에게는 왕후 민씨 소생으로 양녕, 효령, 충녕, 성녕 등
네 명의 대군이 있었다. 원래 태종의 뒤를 이을 왕세자는 맏아들

인 양녕대군이었으나, 태종은 자신의 뒤를 이을 왕으로 양녕보다
는 셋째아들인 충녕을 더 마음에 두고 있었다.

- 효심과 우애가 지극했던 맏아들 양녕의 선택

양녕대군도 문장과 필법이 뛰어난, 왕자로서는 드문 재능
을 가지고 있었으나, 아버지인 태종과 어머니인 왕후 민씨 모두
충녕이 셋째로 태어난 것을 내심 아쉬워했었다고 한다. 이러한 사
실을 눈치 챈 양녕은 이때부터 스스로 미친 척하며 폐세자가 될
빌미를 만들었다고 한다. 어질고 덕이 있고 효심과 우애가 지극했
던 양녕인지라, 부왕에 대한 반감을 갖기보다는 오히려 더 부모의
뜻에 어긋나지 않으려고 애썼다. 자신보다 월등하다고 여기고 있
던 셋째 아우에게 좋은 마음으로 왕좌를 양보한 것이다.

이때부터 양녕의 이상한 행동은 시작된다. 일부러 개짖는
흉내를 내며 '왕왕' 대는 행동을 한다든지, 동궁 뜰 앞에다 새덫을
쳐놓고 공부 중에도 불쑥불쑥 방문을 박차고 나가 새 덫을 기웃
거리는 행동을 일삼았다. 세자의 이상한 행동들이 부왕인 태종의
마음을 더욱 동요시켰다. 태종은 자신이 애써 이룩한 정치적 안정
과 왕권을 이어받아 훌륭한 정치를 펼 수 있는 재목으로 이미 충
녕대군을 결정한 상태였다. 결국 양녕은 폐세자가 되고, 바로 충
녕이 태종의 뒤를 이어 왕좌에 오르게 된다.

양녕은 아마도 어디에 얽매이는 것을 싫어하고 자유분방
한 성격의 소유자였던 모양이다. 황희는 일찍이 양녕의 천성이 너
그럽고 인자하여 성군으로서의 자질이 있음을 인정한 학자였다.

황희는 장자를 폐하고 아랫사람을 왕으로 세우면 반드시 재앙이 되므로 양녕의 사람됨을 끝까지 믿고 가르쳐야 한다고 직언을 하다가 결국 강등되어 귀양까지 가게 된다.

자녀를 키울 때 부모의 뜻대로 잘 하지 못한다하여 지켜보기보다는, 당장 잘할 것을 강요하여 윽박지르거나 쉽게 매를 든다면 장차 큰그릇으로 자랄 가능성이 있는 아이라도 자신의 실력을 발휘하지 못하게 된다. 어떤 일을 시작하더라도 주눅부터 들어 매사에 자신감을 잃게 된다. 자식을 키우는 것을 농사짓는 것에 비유할 정도로 자녀교육은 오랜 시간을 지켜보며 정성과 관심을 기울여야 가능한 것이다. 자녀를 사랑하거든 닦달하기 전에 기다릴 줄 아는 것이 바로 부모의 도리다. 특히 다른 형제들과 비교하는 교육방법은 자녀의 자신감을 키우는 데 커다란 걸림돌로 작용하게 된다. 이런 자녀는 어떤 일을 하든지 대충하게 되는 습관이 생겨, 부모가 나무랄수록 더 나쁜 방향으로 삐뚤어진 행동을 하게된다. 만약 태종이 장자인 양녕을 충녕과 비교하여 편애하지 않았다면, 양녕이 조선 왕조 4대왕으로 기록되었을지도 모를 일이다.

- 지독한 독서광이었던 어린 세종

세종의 용모에 대한 기록은 거의 없으나, 단 하나 10대 시절부터 몸이 난 편이었다고 한다. 유학의 경전뿐만 아니라 역사, 법학, 천문, 음악, 의학 여러 방면에서 전문가 이상의 실력을 가졌다. 본인 스스로 경서는 모두 100번씩 읽었고, 딱 책 1권만 300번 읽었다고 한다. 평소에 많은 책을 읽되, 반드시 정독하는 것이 세종의 독서스타일이었다. 어린 세종이 하도 독서에 열중하자, 보다 못한 태종이 책을 모두 치워버리기도 하였고, "아니 과거를 볼 사람도 아닌데, 왜 이렇게 몸을 고단하게 하느냐?"라고 말했다는 일화가 있을 정도로 세종의 독서력은 대단했음을 알 수 있다. 어린 충녕이 책읽기를 얼마나 좋아했는가 하는 것을 보여주는 대목이라 하겠다.

글공부에 몰입한 대신 세종은 글씨나 문장에서는 별 관심을 두지 않았다. 국왕에게는 만사를 재단할 수 있는 지식이 필요

하지 그런 재능은 효용이 없다고 간주했기 때문이다. 학문을 즐겼던 세종의 습성은 왕위에 오른 뒤에도 끊임이 없었다. 평소 학업에 충실했던 세종의 모습을 부각시킨 실록의 내용을 인용하면 다음과 같다.

"세종은 처음부터 항상 학문에 종사하여 선정을 펼 수 있는 근본을 연구하는 데 밤낮을 가리지 않았으며, 정치하는 강목을 넓게 펼쳤다."

- 충직하고 순박하며 인정이 두터웠던 세종

청소년 시절, 충녕은 학문을 좋아했을 뿐만 아니라 학자 특유의 고지식한 면도 있었다. 그는 선현들의 교훈과 이론을 존중했고, 또 상당한 가치를 부여했다. 혹 현재의 실정과 맞지 않는 이야기가 있더라도 섣불리 무시하지 않고, 그 가르침의 의미를 끝까지 추구해 보는 타입이었다. 그래서 그는 예절과 행동, 말과 표정, 심지어 자식의 교육과정까지도 정통 유학의 원리에 따라 행하려고 노력하였다.

따라서 그의 몸가짐은 충직하고 순박하며, 인정이 두터웠으며, 단정하고 점잖을 수밖에 없었다. 한편 세종은 지금까지 알려진 바와 달리, 때로 부친 태종처럼 신랄하기도 하고, 한마디로 상대의 말을 막아 버리기도 하고 부친처럼 연기력이 섞인 표현도 곧잘 썼다고 한다. 세종은 대단한 집중력과 주의력 그리고 사고력을 두루 갖춘 인물이었다.

- 목표를 위해 끊임없이 노력했던 세종

아무리 책을 많이 읽어도 단순하게 지식만 늘려간다면 훌륭한 학자가 될 수 없다. 읽은 지식을 자기 것으로 만들려면 서로 다른 의견에 대해서도 비교하고 정리 분석하는 과정이 더 중요하며 힘들다. 이 부분에서 세종은 놀랄만한 끈기와 뚝심을 지녔다. 소년 충녕에게는 훌륭한 지도자가 되는 자신의 목표를 위해 평소의 생활방식을 일치시킬 수 있는 의지력과 자제력이 있었던 것이다. 그는 그저 문구를 외워서 안다고 잘난 척하는 얕은 학자들을 싫어했으며, 경전마다 다방면의 학설과 주석을 참조하여, 각각의 이치와 논리체계를 이해하고 이를 토대로 더욱 깊은 생각을 하기를 원했다. 사실 이것이 학자의 기본 자세임은 두말할 나위도 없다.

- 옳다고 판단되는 일은 실행하고 마는 세종

세종은 태종의 셋째 아들이었음에도 불구하고 왕위에 올라 선정을 베풀었다. 어릴 때부터 자질이 총명하고 너그럽고 어진데다, 학문을 좋아하여 늘 손에서 책을 놓지 아니하였다. 이런 왕자를 태종이 아끼지 않을 수 없었을 것이다. 태종은 장차 자신의 뒤를 이을 왕감으로 맏아들인 양녕보다 충녕을 더 눈여겨보았던 것이다. 이미 맏아들을 세자에 책봉한 상황이었음에도 태종은 기어코 충녕에게 보위를 물려주었던 것이다.

태종의 탁월한 선택은 조선왕조사에 빛날 훌륭한 대왕을 탄생하기에 이른다. 세종은 사사로운 면에서나 공적인 면에서나 두루 충실한 왕이었다. 국사를 보는 틈틈이 독서와 사색을 게을리

하지 않았다. 특히 효도와 우애가 지극하였는데, 왕위에 있으면서도 두 형님과 아우를 매일 청하여 침식을 같이 할 정도로 우애가 돈독하였다. 이런 우애가 바탕이 되었기 때문에 세종대에는 조선왕조사에서 흔히 볼 수 있었던 형제들간의 왕위 찬탈같은 오욕의 역사는 일어나지 않았던 것이다. 이러한 세종의 인간성은 국사에도 그대로 반영되었는데, 신하를 대함에 있어 예를 잃지 않았으며, 백성을 긍휼히 아끼는 마음도 특별하였다. 또한 세종은 의지가 강한 사람이어서 자신이 옳다고 판단하는 일이면 어떠한 반대가 있더라도 실행하고 마는 성미였다. 훈민정음의 반포 때에는 최만리를 비롯한 완고한 신하들이 몹시 반대를 하였으나, 기어코 실행에 옮겨 한글을 세상에 내놓았다.

2) 짧은 재위기간 동안에도 많은 일을 했던 문종

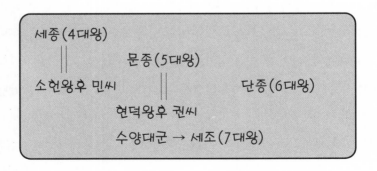

조선의 제5대(재위 1450~1452) 왕이며 세종의 맏아들이다. 이름은 향이다. 어머니 소헌왕후 심씨이고, 비는 현덕왕후 권씨다.

왕자 향은 1421년(세종 3년) 8세 때 왕세자로 책봉되었고, 1450년 37세로 왕위에 올랐다. 학문을 좋아하였고 특히 집현전 학사들을 아끼고 총애하였다. 즉위 초부터 각종 질환으로 고생을 한 세종이 병상에 누운 것은 1436년(세종 18년)으로 향의 나이 23세 때였다. 이듬해 세종은 왕세자에게 서무 결재권을 넘겨주려고 하였으나, 신하들의 반대로 이루지 못하였다. 그러나 세종은 1442년 군신의 반대를 무릅쓰고 우선 세자가 섭정하는 데 필요한 기관인 첨사원을 설치하고 관원을 두었다. 세종이 첨사원 제도를 임시로 도입한 것은 세자가 섭정을 할 경우, 승정원과 편전을 대신할 곳이 필요했기 때문이었다. 첨사원의 설치와 함께 세자 향의 섭정이 본격적으로 시작된 것이다. 세종은 이 섭정 기간 동안 세자로 하여금 왕처럼 남쪽을 향해 앉아 조회를 받도록 하는 한편, 모든 관원을 뜰 아래에서 신하로 칭하도록 하였고, 또한 국가의 중대사를 제외한 모든 서무는 세자의 결재를 받도록 하라는 명을 내렸다.

세자 향은 1442년부터 1450년까지 8년간의 섭정을 통해 정치 실무를 익혔고, 여러 가지 치적들을 남기기도 했다. 때문에 세종 후반기의 정치적 치적은 세자 향의 업적이라고 해도 과언이 아닐 것이다. 섭정은 세종이 죽기까지 계속되었으며 이로 인하여 문종은 즉위하기 전에 실제 정치의 경험을 쌓을 수 있었다. 따라서, 문종 시대의 정치의 방법과 분위기는 세종 후반기와 크게 변함이 없었다.

- 천문과 산술, 서예가 능했던 어린 문종

문종은 어릴 때부터 독서를 좋아하여 항상 손에서 책을

놓지 않았다. 학문을 좋아했기 때문에 학자를 가까이 했으며, 측우기 제작에 참여했을 정도로 천문과 산술에 뛰어났고, 서예에도 능했다. 측우기는 세종 24년 당시 세자였던 문종이 고심하여 발명한 것이다. 쇠로 만들어진 측우기는 관상감에 비치하여 강우량을 측정하였는데, 잘 알려져 있듯이 이 측우기의 발명은 서양보다 2백년이나 앞선 것이다. 현재의 것에 비한다 하더라도 독창성이나 성능면에서 그리 큰 손색이 없다고 한다.

- 단정한 용모에 자상하고 신중함을 겸비한 문종

문종은 또한 성격이 유순하고 자상하여 누구에게나 좋은 인상을 심어주었으며, 용모가 단정하고 거동이 침착하고 판단이 신중하여 남에게 비난을 받는 일도 없었다. 하지만 지나치게 착하고 어질기만 하여 문약함을 벗어나지 못했다. 문종의 비인 빈궁 권씨는 정숙하고 총명한 여인이었으나, 스물다섯 살에 두번째 아기를 낳은 후 숨을 거둔다. 세상에 태어난 지 불과 이틀만에 어머니를 여윈 이 아기가 바로 장차 비극의 주인공이 되는 단종이었다.

- 여론정치를 활성화시킨 문종

문종은 언관의 언론에 관대한 정치를 폈는데, 문종대에 이르러 언관들의 언론은 정치 전반에 걸쳐 영향력이 크게 증대되었다. 세종 말기에 세종과 왕실에 의해 각종 불교행사가 행해지면서, 불교가 활발하게 일어났지만 유신들은 이를 막을 수가 없었다. 그러다가 문종이 즉위하자 유학 중심의 언관들은 왕실의 불교적 경향을 불식하고 유교적 분위기를 조성하려고 안간힘을 썼으며, 이는 대부분 문종에 의해 받아들여졌다. 이렇듯 언관의 언론이 활성화되어 있었음에도 불구하고 문종은 언로를 더 넓히는 정책을 폈다. 그래서 6품 이상의 신하들에 대해서는 돌아가면서 왕을 만날 수 있는 자리인 윤대를 허락하여, 벼슬이 낮은 신하들의 말에 대해서도 경청하는 여론 수렴에 적극적이었다. 문종은 군주사회에서 보기 드문 민주적인 여론 정치를 앞서 실시했다고 할 수 있다.

– 진법의 편찬과 군정의 안정을 꾀한 문종

이와 같이 관대한 정책을 기본통치 방향으로 설정한 문종은 우선적으로 「동국병감」, 「고려사」, 「고려사절요」, 「대학연의주석」 등을 편찬하게 했다. 또한 문종은 세자 시절부터 진법을 편찬하는 등 군정에 관심이 많았는데, 그런 연장선상에서 보면 「동국병감」의 편찬은 병법의 정비와 군정의 안정을 위한 조치였음을 알 수 있다. 그는 즉위 초에 스스로 군제 개혁안을 마련해 총 12사로 분리되어 있던 군제를 5사로 집약시키고, 군제상의 세세한 부분들을 개선하고 보완하기도 했다. 문종은 이렇듯 유연함과 강함을 곁들인 정책을 실시했으나, 건강 악화로 재위 2년 3개월만인 1452년 39세의 일기로 세상을 떠나고 만다. 이때 왕세자였던 단종의 나이 12살이었다. 단종이 더 자랄 때까지 문종이 살아있었더라면 아마도 아들 단종이 왕위찬탈의 희생물이 되지는 않았을 것이다. 단종의 비극적인 죽음은 일찍 죽은 어머니와 아버지의 빈자리가 빚어낸 것에 기인할 수도 있기 때문이다.

　　문종은 재위기간이 짧았기 때문에 후세 사람들에게 많이 알려진 왕은 아니다. 비록 재위기간은 짧았지만 문종이 왕자시절부터 부왕인 세종의 뒤를 이어 실무를 담당했던 섭정의 기간을 염두에 둔다면, 여느 왕들 못지 않은 치적을 남겼다고 할 수 있다. 재위기간 동안 업적이 분명한 이름난 성군들의 빛에 가려 역사적인 평가에서도 뒷전에 있었던 것이 사실이다. 문종의 성품이나 정치력은 성군의 자질에 결코 뒤쳐지지 않음을 알 수 있다.

3) 대범하고 호탕했던 성종

```
세조 (7대왕)
   ‖ ‧ ‧ ‧ ‧ 덕종
정희왕후 윤씨    ‖ ‧ ‧ ‧ ‧ ‧ ‧ 월산대군
           소혜왕후 한씨   성종 (9대왕)
           예종 (8대왕)
```

　　조선 제9대(재위 1469~1494) 왕이며 세조의 적장자였던 덕종의 둘째 아들로서, 삼촌인 예종의 뒤를 이어 왕위에 올랐다. 세조의 손자이기도 하다. 어머니는 소혜왕후 한씨이고, 비는 한명회의 딸인 공혜왕후 한씨였다. 1461년(세조 7년) 자산군에 봉해졌다가 1468년 잘산군으로 개봉되었다.

1469년 즉위한지 얼마 되지 않아 예종이 죽었으나, 그 아들이 아주 어렸기 때문에 세조의 비인 전희대비가 나서 잘산군이 왕위를 잇게 되었다. 성종의 형인 월산군과 예종의 어린 두 아들을 제치고 잘산군이 보위를 이으니 이가 바로 선종이다. 형인 월산군은 맏아들이었음에도 불구하고 어릴 때부터 몸이 허약하고 약골이라 조정에서도 그를 왕위 계승에서 제외시켰다. 13살의 어린 나이에 보위에 오른 성종을 대신하여 정희 대비가 7년간 수렴청정을 하다가 1476년에 성종의 나이 20살이 되자 비로소 직접 나라의 일을 맡게 되었다. 성종이 너무 어린 것을 염려하여 왕대비가 섭정을 하였으나, 그럴 필요가 없음을 느낄 만큼 성종은 조숙하고 영특하게 정사를 곧잘 이끌어 갔다.

– 인자한 성품과 호탕한 면을 겸비한 어린 성종

태어난 지 두 달도 채 못되어 부왕인 덕종이 죽자, 할아버지인 세조가 궁중에서 키웠다. 비록 아버지를 일찍 여의었지만, 할아버지의 사랑과 관심에 힘입어 자신의 결함을 보기 좋게 이겨내고 훌륭한 왕으로 자리매김을 할 수 있었다. 어려서부터 심성이 너그럽고 인자한 성품을 지녔으며, 슬기롭고 호탕하였다. 타고난 기품이 뛰어났으며 도량이 넓고 활 쏘는 기예와 서화에도 재능이 남달랐다. 성종은 어릴 때부터 언행과 몸가짐이 남달라서 세조의 사랑을 한 몸에 받았던 것이다.

요란한 천둥소리를 동반한 폭우가 쏟아지던 어느 날, 옆에 있던 화관이 벼락을 맞아 죽자 주변에 있는 신하들이 모두 정신을 잃고 말았다. 그러나 어린 잘산군은 얼굴빛 하나 바뀌지 않고 의연한 것을 보고 세조는 그가 태조를 닮았다고 하면서, 기상과 학식이 뛰어난 대범한 성군이 될 것임을 예견했다는 일화가 전해지고 있다.

- 둥근 해를 품에 안는 태몽을 꾸고 태어난 성종

어머니 소혜왕후 한씨가 성종을 잉태했을 때, 둥근 해를 품에 안는 꿈을 꾸었다고 한다. 성종이 태어났을 때 관상을 보는 사람이 보고 감탄하기를 '참으로 용과 봉의 자태에 해와 달의 기상이다.' 라고 하였다. 왕이 될 사람은 하늘에서 내린다는 말처럼 관상쟁이의 말대로 어린 아기는 장차 성군으로 후세의 평가를 받게 된다.

- 농사를 사랑한 평민적이고 소박했던 성종

성종은 땀흘리며 농사짓는 사람들의 수고로움을 익히 알고, 대궐 안에 농토를 장만하여 직접 땅을 파고 경작을 함으로써 농업을 중요하게 여겼고, 나아가 내전에 누에까지 치게 하였다. 성종대에 특히 잠업과 길쌈을 장려하기도 하였다. 또 성종은 나이 든 사람들을 우대하는 경로 정신을 높이기 위해 매년 궁중을 비롯한 지방 관아에 노인들을 모아 놓고 경로잔치를 벌이기도 하였다. 특히 학문을 숭상하여 4서 3경과 여러 책을 만들어 널리 읽게 하여 많은 인재들을 배출하기도 하였다. 성종이 백성을 사랑하고 신하를 아꼈던 마음을 엿볼 수 있다. 성종은 봉건군주시대에 보기 드문 평민적이고 소박한 왕으로 평가할 수 있을 것이다.

　성종시대는 조선시대 전체를 통틀어 가장 평화로웠던 시
기였다. 그것은 무엇보다도 성종의 정치력에 힘입어 조정이 안정
되었기 때문이다. 그러나 그 평화의 이면에는 서서히 퇴폐 풍조가
고개를 들고 있었다. 성종은 도학을 숭상하고 스스로 군자임을 자
처하는 인물이었기에 다른 한편으로는 호기가 넘치는 경향이 있
었다. 이러한 호기는 그의 가족 관계에서도 여실히 나타난다. 그
는 12명의 부인을 거느리고 30명에 가까운 자식들을 얻었다. 결국
이런 호기가 평지풍파를 예고하는 불씨가 되고 말았다. 그 불씨가

바로 희대의 폭군 연산군이었다.

　　1476년 공혜왕후 한씨가 아들이 없이 죽자, 숙의 윤씨를 왕비로 삼았다. 그러나 왕비가 된 윤씨는 원자인 연산군을 낳고 왕의 총애가 두터워짐에 따라, 다른 빈을 투기할 뿐 아니라 왕에게까지 불손하게 행동하여 1479년 결국 폐위되었다. 몇 년 후 사약을 받고 비참한 최후를 맞게 된다. 폐비 윤씨의 참사는 연산군의 재위 시 갑자사화의 원인이 되어 역사적 대파란을 부르게 된다.

4) 공부하기를 싫어했던 연산군

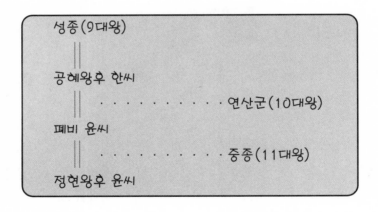

　　조선 제10대(재위 1476~1506) 왕으로 이름은 융이며, 성종의 맏아들이다. 계비는 정현왕후 윤씨이며, 생모는 폐비 윤씨였다. 성종의 비이자 연산군의 생모였던 폐비 윤씨는 질투가 심한데다, 왕비답지 못한 행동을 일삼다가 1479년(성종 10년) 궁궐에서 쫓겨났다가 사약을 받고 죽는다.

문무를 겸비한 호방한 인물이었던 성종은 괴팍하고 변덕스런 연산군을 탐탁치 않게 여겼다. 그러나 세자책봉 당시 왕비소생의 왕자는 연산군 한 명뿐이었기 때문에 어쩔 수 없이 세자로 책봉한다. 이때 할머니인 인수대비는 폐비의 아들을 세자로 책봉하면 후에 화를 부를 것이라고 반대하였지만, 뒤에 11대왕이 될 중종이 태어나기 전이라 선택의 여지없이 연산군을 책봉하기에 이른다. 1483년(성종 14년) 연산군은 8세의 나이로 세자에 책봉되고, 1494년 19세의 나이로 성종의 뒤를 이어 왕위에 오르게 된다. 성종의 맏아들인 연산군을 왕의 재목으로 인정할 수 없었던 이유는 여러 가지가 있겠지만, 어린 시절을 말해주는 다음 일화를 보면 부왕이 우려했던 부분에 대한 궁금증이 풀릴 것이다.

- 부왕이 아끼던 사슴과 스승을 잔혹하게 죽였던 연산군

성종이 어느날 세자를 불러놓고 임금의 도리에 대해 가르치려 할 때였다. 부왕의 부름을 받고 온 융이 성종에게 다가가려 할 때, 난데없이 사슴 한 마리가 달려들어 옷과 손을 핥아댔다. 그 사슴은 성종이 몹시 아끼던 짐승이었다. 하지만 융은 사슴이 자신의 옷을 더럽힌 것에 격분한 나머지 부왕이 보는 앞에서 거칠게 사슴을 발길로 걷어찼다. 이 광경을 지켜보던 성종은 몹시 화가 나서 융을 꾸짖었다. 성종이 죽자 왕으로 등극한 그는 가장 먼저 그 사슴을 활로 죽여 버렸다고 한다. 연산군의 난폭한 성격을 단적으로 보여주는 일화라 하겠다.

다른 일화는 그의 스승에 관한 것이다. 융에게는 조지서와 허침이라는 학문과 명망을 겸비한 두 명의 스승이 있었다. 조지서는 엄하고 깐깐한 데 비해, 허침은 너그럽고 포용력이 있는 사람이었다. 연산군은 어릴 때부터 공부하는 것을 좋아하지 않았으며 장난기가 심해 멋대로 수업시간을 비우기 일쑤였다.

조지서는 공부를 하지 않고 사냥이랑 놀이만 일삼는 연산군을 가르치고 타이르다 듣지 않을 때에는, 책을 집어던지며 호되게 꾸중하였다. 그러니 연산군이 조지서를 좋아할 리 없었다. 반면에 허침은 화가 나도 참으며 부드러운 말로 가르쳤다고 한다. 당시 가르쳤던 대부분의 스승들은 포악한 기질의 연산군이 보위에 오른 뒤에 보복을 할까 두려워하며, 세자의 교육에 소극적이었다. 유일하게 조지서만은 연산군을 책망하고 꾸짖었다고 한다. 하루는 연산군이 벽에다 '조지서는 소인배요, 허침은 성인이다'라고 하는 낙서를 해놓았다. 이 낙서는 단순한 장난으로 그치지 않았는데, 왕위에 오른 연산군은 곧바로 스승인 조지서를 잔혹한 방법으로 처형시키고 만다. 집요하고 끈질기며 자신의 잘잘못에 관계없이 자신을 질책하고 위협하는 존재를 용납하지 않았던 포악하고 급했던 연산군의 성질을 그대로 드러내고 있다. 세자를 가르치던 스승은 비록 세자의 권력이 우월하다 하여도, 스승의 예우를 다해 존중하는 것이 조선왕조의 일반적인 풍조였다. 그러나 연산군은 스승에 대한 예우는 고사하고 세자의 권력을 남용하여 스승을 괴롭히고 그것도 모자라 사지로 몰아넣고 말았다.

- 연산군의 출생, 성장 배경

윤씨가 폐위되어 궁궐에서 쫓겨날 당시 연산군의 나이는 불과 4살이었기 때문에, 자신의 생모가 폐위되어 죽은 사실을 모르고, 정현왕후를 친어머니로 알고 자랐다. 부왕인 성종은 폐비 윤씨에 대한 사건이 어린 연산군의 귀에 들어가지 않도록 엄명을 내려 철저하게 단속을 하였기 때문에, 연산군은 자신의 생모에 관한 비극적인 사건을 알 수가 없었다. 그러나 친륜은 속일 수가 없었던지 어린 연산군은 정현왕후 윤씨를 별로 따르지 않았고, 윤씨 역시 폐비의 자식인 연산군에게 사랑을 쏟지는 못하였을 것이다.

게다가 인수대비마저 세자에게 지나칠 만큼 혹독하게 대하였다. 자신의 손으로 직접 쫓아낸 며느리의 아들이 고울 리 없었던 것이다. 반면에 정현왕후의 아들이며 장차 중종이 될 진성대군에게는 대조적인 태도를 보여 심하게 편애하였다. 어린 연산군의 가슴에 응어리가 쌓이기 시작한 것이다. 이러한 출생, 성장 배경과 무관하지 않게 어린 연산군은 양순한 아이로 자라지 않았다. 자신의 속마음을 쉽게 드러내지 않는가 하면, 괴팍하고 변덕스러운 성격을 곧잘 드러냈다. 게다가 학문을 싫어했고 학자를 좋아하지 않았을 뿐 아니라, 고집스럽고 독단적인 성향이 강하였다. 폭군의 기질은 모두 갖춘 셈이었다.

- 그러나 즉위 초, 퇴폐풍조 일소를 꾀했던 연산군

성종의 승하와 함께 10대 왕으로 등극한 연산군은 무오사화를 겪기 전까지는 폭군의 모습이 아니었다. 즉위 초에는 성종대의 평화로운 분위기가 그대로 이어졌고, 인재가 많았던 덕분으로 민생치안에도 질서를 유지할 수 있었다.

연산군의 재위 초기인 4년 동안의 치세는 오히려 성종 말기에 나타나기 시작한 퇴폐풍조와 부패상을 일소하는 기간이었다. 등극 6개월 후에는 전국 모든 도에 암행어사를 파견하여 민간의 동정을 살피고 관료의 기강을 바로 잡았다. 또한 인재를 확충하기 위해 별시 문과를 실시하고, 변방지역의 안정을 꾀하기도 하였다. 한편 문화정책의 일환으로 유능한 문신들에게 휴가를 주어 독서에 전념하게 하는 사가독서제도를 실시하여 학문의 질을 높였으며, 조정의 학문 풍토를 새롭게 하는 데도 주력하였다. 또 후대 왕들의 제왕 수업에 귀감이 되도록 하기 위해 「국조보감」을 편찬하는 등 여러 가지 정책을 시행하기도 하였다. 제위기간 동안 저지른 연산군의 무도하기 이를 데 없던 폐정으로 인하여, 즉위 초의 몇 가지 치적은 빛을 잃고 만다.

- 무오·갑자사화로 치달은 연산군의 폭정

연산군 재위 초기인 1498년(연산군 4년) 사림파와 훈구파 간의 세력다툼으로 인하여 무오사화가 일어난다. 이 사건으로 인하여 수많은 사림파들이 참사를 당하거나 귀양을 가기에 이른다. 원래 학문에 뜻이 없었던 연산군은 명분과 도의를 앞세워 자신에게 학문을 강요하던 사람들을 달가워하지 않았다. 평소 눈엣가시처럼 여기고 있던 사림세력들이 제거되자 연산군은 왕권을 강화하는 한편, 급속도로 조정을 독점하게 된다.

조선왕조사를 보면 연산군처럼 임금의 자리에서 멋대로 한 사람도 드물 것이다. 끊임없이 쏟아지는 신하들의 전언과 청을 폭력으로 무시해 버리고, 자신이 바라는 바를 이루었다는 것은 적어도 조선왕조시대에서는 보통 일이 아니었기 때문이다. 연산군은 신하들이 직접 간청하는 것을 귀찮게 여긴 끝에 경연과 사간원, 홍문관 등을 없애버리고, 정언들의 언관도 혁파하거나 감원하기에 이른다. 기타 온갖 상소와 상언 등에 귀를 막아버림으로써 여론과 관련되는 제도들도 모두 중단시키는 강압정치를 하였다.

조정을 장악한 연산군은 매일같이 향연을 베풀고, 주연과 놀이에 빠지고, 기생을 궁궐로 끌어들이는 등 온갖 사치행각을 벌인다. 심지어는 여염집 아낙을 겁탈하거나 근친 상간의 패륜적인 행동을 서슴지 않는다. 사치행각으로 거덜난 국가 재정의 충당은 결국 백성들의 몫으로 돌아갔다. 민심은 피폐해지고 정치가 극도로 문란해졌다.

연산군은 즉위 후, 생모의 폐위와 죽음의 전말을 듣고, 이와 관련된 성종의 후궁들을 비롯하여 연루된 자를 모두 죽였다. 이러한 연산군의 포악한 행위를 꾸짖은 할머니 인수대비는 병상에서 연산군의 발에 받혀 그로 인해 절명하였다. 연산군은 폐비 윤씨의 복위를 반대하는 신하들을 모조리 처형하거나 유배시켰는데 이것을 갑자사화라고 한다. 무오사화의 참사가 일어난지 6년만인 1504년(연산군 10년)의 일이다. 윤씨가 폐비된 것도 또한 당쟁의 결과였기 때문에 연산군은 왕위에 오르기까지 힘든 과정을 겪었다. 그러나 연산군은 왕위에 있는 동안 폭정과 실정으로 일관하였다. 어린 시절을 고독하게 성장할 수밖에 없었던 연산군은 왕으로 등극하면서 자신의 내면에 숨겨져 있던 괴팍하고 광포한 성격을 유감없이 드러내고 말았던 것이다. 연산군의 폭정이 계속되자, 민심은 더욱 피폐해지고 전국에서 반정을 도모하는 세력들이 늘어났다.

재위 12년 동안 연산군은 무오, 갑자 2차례에 걸친 사화를 통해 엄청난 인명을 살상하였으며, 자신을 비판하는 신하는 곁에 두지 않는 전형적인 독재군주로 군림하였다. 폭군 연산군은 결국 1506년(연산군 12년) 배다른 동생에게 왕위를 내놓게 된다. 성종의 둘째아들인 진성대군이 바로 11대 왕인 중종이다.

- 생모에 대한 집착이 빚어낸 연산군의 광포함

　　연산군은 조선왕들 중에서도 아주 굴곡 많은 삶을 산 인물이었기 때문에 후세 사람들의 입에 많이 오르내린다. 연산군이 그토록 광포하고 난잡스런 성품을 가지게 된 동기를, 많은 사가들은 주로 생모를 잃었던 가정적 결함에서 찾는다.

　　이런 환경요인도 연산군의 성품에 커다란 영향을 끼쳤겠지만 「연산군 일기」에 의하면, 연산군은 원래 시기심이 많고 모진 성품을 가지고 태어났다고 하였다. 어려서부터 학문을 좋아하지 않아, 동궁에 소속된 관리가 공부하기를 권하자 못마땅하게 여겼으며 성장하여서도 문장의 이치를 깨닫지 못하였다고 기록되어 있다. 한마디로 연산군에 대한 평가는 총명하지 못하여 문리에 어둡고, 국정을 운영할 자질이 부족했던 폭군에 불과했다는 것이다. 실록이 정권을 잡은 권력자의 시점에서 쓰여진다는 점을 감안하더라도, 연산군의 타고난 성품에 대한 언급은 어느 정도의 수긍이 가는 면도 있다. 자식을 낳아서 기르는 어머니의 품성은 그대로 자식에게 반영된다고, 태교편에서도 입증된 바 있다. 시기심이 많고 오만한 기질을 가졌던 생모인 폐비 윤씨의 성품을 닮은 데다, 환경의 결함을 이겨내지 못하여 급기야 비이성적인 행동을 서슴지 않았고, 후세에도 폭군이라는 평가를 받게 된 것이다.

- 큰 키에 가녀린 체구를 가졌던 연산군

　　연산군 하면 폭군적인 이미지가 강해서 영화나 드라마에서도 주로 선이 굵고 뚝심이나 저력이 있어 보이는 배우들이 역을 맡는 것을 본다. 그렇다면 실제 그의 모습은 어떠하였을까? 기록에 의하면 연산군은 키가 훤칠하게 크고 얼굴이 유난히 흰 편이었다고 한다. 수염은 숱이 적었고, 눈은 충혈되어 있었고 붉은 기가 돌았다고 한다. 눈이 충혈된 이유는 아마도 과음이나 신경과민 탓으로 추측할 수 있겠다. 큰 키에 하얀 얼굴, 가녀린 체구에 위엄과 뚝심을 느끼게 해 주는 짙은 수염 등 강건함을 보여주는 외모와는 사뭇 다른 유약한 이미지였음을 알 수 있다. 우락부락한 무인상과는 거리가 먼 요즘말로 깔끔하고 세련된 귀공자 타입이었다고 할 수 있다.

- 감수성 예민한 당대의 시인이었던 연산군

연산군은 스스로 시집을 낼 정도로 시를 많이 썼으며 재능도 뛰어났다. 중종반정으로 연산의 시집은 불태워졌지만, 다행히도 「연산군 일기」에 120여 편의 시가 기록되어 있어 연산의 시적 재능을 알아보는 데 별 무리는 없다. 연산군은 자신의 주위에 아첨하는 무리가 가득하다는 사실을 시로써 자탄하고 있었고, 자신에게 종말의 그림자가 드리워져 옴을 시로써 노래하고 있다. 자신이 위험에 처했을 때 구해 줄 신하들이 없을 것이라는 심정을 시로써 개탄하고 있다. 어찌 보면 연산군도 자신의 최후가 어떠할 것인가에 대한 예감을 가지고 있었는지 모른다. 굳이 천운이라 하여 운명에 돌리기는 하였지만. 신하들에 의한 반발이 있음을 감지하고 있었기 때문에 그들에 의해 폐위되고 죽음에 이를 것이라는 점도 예상하고 있지 않았을까?

자고로 시인이란 감수성이 예민하게 마련이다. 게다가 그 때는 지금과 달라서 학문적인 깊이와 바탕이 없으면 훌륭한 시를 지을 수가 없었다. 비록 연산군이 정치를 엉망으로 하였다고 해 도, 시적인 상상력과 감수성으로 국사에 임한 흔적이 곳곳에서 발 견되고 있어, 연산을 다른 시각에서 이해하는 데 귀중한 자료가 되고 있다. 나라를 통치할 지도자로서의 자질은 부족하였지만, 예 술가로서의 삶은 연산에게 더 풍요로움을 안겨주었던 것이다. 연 산군이 왕손으로 태어나지 않고, 일반 시가에서 태어나 자신의 적 성에 맞는 일을 했다면, 아마도 이름난 예술가로 남았을지도 모를 일이다.

폐위되어 왕자신분으로 떨어진 연산군은 바닷바람이 세차 게 몰려오는 강화도 교동으로 유배를 간다. 유배지에서 연산군은 마음을 가라앉히지 못하였고, 불안함과 지난 일에 대한 회한으로 정신적 고통을 심하게 겪었다. 정신적 고통에다 건강까지 악화되 어 유배간지 2달만에 31세의 일기로 파란 많은 생을 마감한다. 연 산군의 마지막 유언은 인간 연산군의 모습답게 부인 신씨가 보고 싶다는 한마디였다고 전해진다.

5) 어질고 효성이 지극했던 인종

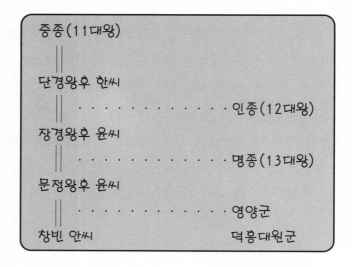

조선 제12대(재위 1544~1545년) 왕이며 중종의 맏아들이다. 어머니는 장경왕후 윤씨이며, 비는 인성왕후 박씨다. 1520년 (중종 15년) 세자로 책봉되어 25년간 세자의 자리에 있다가 1544년 29살의 나이로 즉위하였다. 생모인 장경왕후 윤씨가 인종을 낳고 7일만에 세상을 떠났기 때문에 중종의 계비인 문정왕후 윤씨의 손에서 자랐다.

- 미련할 정도로 어진 심성을 지녔던 인종

문정왕후는 성질이 고약하고 시기심이 많은 여자였다. 표독하고 간악하여 전실 소생인 인종을 무척이나 괴롭히고 마음을 아프게 하였다. 그러나 인종은 타고난 천성이 어질고 순하며 효성이 지극하여 어려서부터 계모의 냉대와 수모에도 참고 견디며, 늘

문정왕후의 뜻을 잘 받들었다고 한다.

야사에 따르면 윤씨는 오라비인 윤원형과 작당을 하여 몇 번이나 인종을 죽이려 했던 것으로 알려지고 있다. 세자 시절 인종이 빈궁과 잠들어 있는 한밤중에, 주위에서 뜨거운 열기가 번져 일어나 보니 동궁이 불에 타고 있었다. 하지만 인종은 당황하지 않고 빈궁을 깨워 먼저 나가라고 한 다음 자신은 조용히 앉아서 타 죽겠다고 하였다. 누가 불을 지른 것인지 짐작이 갔던 인종은, 비록 계모이긴 하나 윤씨가 자신을 그토록 죽이려고 하니 자식된 도리로 죽어주는 것이 효를 행하는 것이라고 생각하고, 조용히 불에 타 죽겠다고 작정한 것이었다.

세자의 말을 들은 빈궁 박씨가 혼자는 절대 나갈 수 없다고 버티자, 두 사람 모두 졸지에 화형을 당할 지경에 처하였다. 그때 밖에서 세자를 애타게 부르는 중종의 목소리가 들렸다. 인종은 부왕의 다급한 목소리를 듣는 순간, 자신이 죽으면 윤씨에겐 기쁨이지만 부왕에겐 불효이자 불충이라는 생각을 하고 빈궁과 함께 급히 불길을 헤쳐 나왔다고 한다. 이 불은 누군가가 꼬리에 화선을 단 여러 마리의 쥐를 동궁으로 들여보내 지른 것으로 전해지고 있다. 인종은 범인을 뻔히 알면서도 입을 굳게 다물었고, 시간이 흐름에 따라 이 일은 흐지부지 없던 일로 처리되고 말았다. 미련할 정도로 착했던 인종의 심성을 엿볼 수 있다.

- 온화한 성품에 우애와 효성이 지극했던 인종

인종은 어릴 때부터 성품이 온화하고 조용하며 욕심이 적었으며, 어버이에 대한 효심이 깊고 형제간의 우애도 각별하였다. 누이 효혜공주가 어려서 죽자, 슬픔을 이겨내지 못해 병을 얻을 정도로 형제간의 우애가 돈독하였다. 중종의 병환이 깊어 자리에 누웠을 때, 반드시 먼저 약의 맛을 본 다음 탕제를 들게 했다. 손수 부왕의 잠자리를 살피는 세심한 면이 있었고, 부왕의 병환이 더욱 위중해지자 침식을 끊고 간병에 더욱 정성을 다하였으며 병석을 떠나지 않고 지키는 효자였다. 동궁으로 있을 당시에는 화려한 옷을 입은 시녀를 궁궐 밖으로 내쫓을 만큼 검약한 생활을 하였다. 특히, 학문을 사랑하여 3살 때부터 글을 읽기 시작하였다.

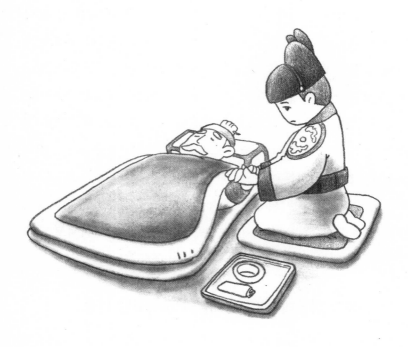

1522년 7살 때 관례를 행하고 성균관에 들어가 매일 세 차례씩 글을 읽었다.

인종은 조선의 역대 왕들 가운데 가장 짧은 치세를 남긴 왕이다. 인종의 재위기간은 1년이 채 안 되는 8개월 남짓이었다. 즉위한 이듬해 기묘사화로 축출되었던 사람들을 신원해 주었다. 또 그간 자신이 익히고 배운 도학사상을 현실 정치에 응용하려는 의도에서 사림들을 다시 등용하기 시작하였다. 8개월 남짓 왕위에 머물렀던 인종은 원인 모를 병으로 시름시름 앓다가, 후사도 남기지 않고 31세의 나이로 훌쩍 세상을 떠나버렸다. 당시 사람들은 그를 성군이라 일컬었다. 지극한 효성과 너그러운 성품, 금욕적인 생활 등이 전형적인 선비의 모습이었기 때문이다. 인종의 능은 효릉으로 경기도 고양시에 있다. 1545년(인종 1년) 결국 문정왕후의 소생인 경원대군에게 다음 보위가 이어지게 된다. 경원대군이 바로 13대왕으로 즉위하는 명종이다.

6) 엉뚱한 질문을 많이 했던 선조

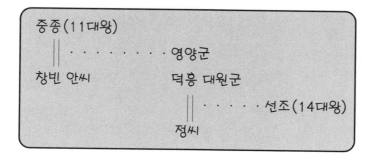

조선 제14대(재위 1567~1608) 왕으로 제11대왕인 중종의 손자이며, 13대왕인 명종의 조카다. 아버지인 덕흥대원군과 어머니인 하동부대부인 정씨 사이에서 셋째아들로 태어났다. 비는 의인왕후 박씨이며, 계비는 인목왕후 김씨다.

일찍이 명종이 여러 왕손들을 궁중에서 가르치고 있었는데, 하루는 "너희들의 머리가 큰가 작은가를 알아보려고 한다."라고 하며 익선관을 차례로 써보라고 하였다. 선조는 나이가 제일 어렸는데도 두 손으로 익선관을 받들어 어전에 도로 갖다놓고 머리를 숙여 사양하며, "이것이 어찌 보통사람이 쓸 수 있는 것이겠습니까."라고 하니 명종이 이를 기특하게 여겨 마음 속으로 왕위를 전해 줄 뜻을 정하였다 한다.

- 엉뚱한 질문을 많이 하고, 책읽기를 좋아했던 어린 선조

선조는 삼촌인 명종의 사랑을 받으며 성장하다, 명종이 후사없이 죽자 바로 즉위하였다. 즉위 초년에 오로지 학문에 정진하여 매일 경연에 나가 정사를 토론하였고, 밤늦도록 독서에 열중하여 제자 백사서를 읽지 않은 것이 없었으며, 만년에는 특히 「주역」 읽기를 좋아하였다. 특히 서화에도 뛰어난 재능을 가지고 있었다.

명종은 어린 선조를 자주 불러 학업을 시험해 보기도 하고, 별도로 학식과 덕을 겸비한 훌륭한 스승을 선택해서 가르치게 하였다. 선조는 글 읽는 것이 매우 꼼꼼하여 남들이 생각지도 못한 것들이나 다소 엉뚱한 질문을 많이 하였다. 심지어는 스승들조차도 대답을 못한 적이 한두 번이 아니었다고 한다.

– 검소한 성품에 효성까지 지극했던 선조

두 대비 모시기를 친어머니 섬기듯 효도가 지극하였고, 성품이 본디 검소하여 화려한 것을 좋아하지 않았으며, 노래나 여색을 멀리하였고 오락이나 놀이에 관심을 두지 않았다. 몸소 음식과 의복도 절제하였기 때문에 비와 빈은 물론 궁인들도 감히 사치를 하지 못하였다. 항상 근검 절약하며 농민들의 노고를 생각하여, 한 톨의 낟알을 땅에 떨어뜨리는 것도 용납하지 않았다.

- 고른 인재 등용과 민심 수습에 전력했던 선조

훈구파 세력을 물리치고 사람들을 대거 등용하였으며, 유학자인 이황과 이이 등을 극진한 예우로 대하여 침체된 정국에 활기를 불러일으키고자 힘을 다하였다. 당시에는 도를 가르치는 유학자를 선발함에 있어 문사에만 치중하는 경향이 두드러졌다. 관리를 뽑는 데도 오직 과거에 의존하였기 때문에, 선비의 습성이 문장에만 치우치게 되어 이러한 병폐를 없애기 위하여 학행이 뛰어난 사람을 발탁하여 각 고을을 순행하며 교회에 힘쓰도록 하였다.

「유선록」, 「근사록」, 「심경」, 「소학」 등의 치도와 관계되는 서적과, 윤리를 강조하기 위하여 「삼강행실」을 짓도록 하고, 이것을 모두 간행하여 널리 읽히도록 하였다. 또, 기묘사화 때 화를 당한 조광조에게 관직을 돌려주는 등 억울하게 화를 입은 사람들을 신원하고, 그들에게 해를 입힌 훈구파들의 관직을 박탈하여 민심을 수습하기도 하였다.

결국 선조는 기나긴 전란의 뒷수습을 마무리짓지도 못한 채, 1608년 59세를 일기로 41년 동안의 치세를 마감하였다. 선조의 능은 경기도 구리시에 있다. 선조는 숨을 거두기 직전에 일부 신하들을 불러놓고 자신의 계비 소생인 영창대군을 부탁한다는 말을 남겼다. 하지만 그를 이어 세자 광해군이 즉위함으로써 그의 유언은 오히려 영창대군의 수명을 단축시키는 원인이 되고 만다.

7) 역사책을 즐겨 읽었던 광해군

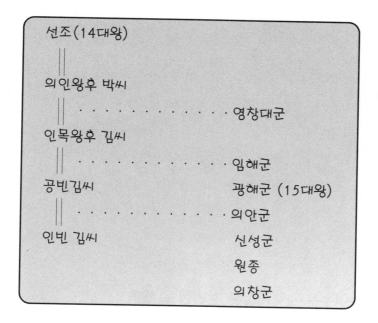

선조 (14대왕)
‖
의인왕후 박씨
‖ · · · · · · · · · · 영창대군
인목왕후 김씨
‖ · · · · · · · · · · 임해군
공빈김씨   광해군 (15대왕)
‖ · · · · · · · · · · 의안군
인빈 김씨   신성군
원종
의창군

　조선 제15(1608~1623) 왕으로 이름은 혼이다. 14대 왕인 선조의 둘째 아들이며, 공빈 김씨 사이에서 태어났다. 의인왕후 박씨에게서 소생이 없어, 공빈 김씨 소생의 첫째 왕자인 임해군을 세자로 삼으려 하였으나, 포악한 기질이 왕의 자질에 어긋난다는 판단으로 세자에 책봉되지 못하였다. 임해군의 동생인 광해군 역시 애초부터 왕이 될 수 있는 자격이 없었다. 후궁이었던 공빈 김씨의 몸에서 태어난 데다 맏이가 아닌 둘째였기 때문이다.

　그러나 임진왜란이 시작되고 한 달 후인 1592년(선조 25년) 4월 평양에서, 부왕인 선조는 18세의 광해군을 서둘러 세자에 책봉한다. 전란의 와중에서 급하게 결정된 세자책봉으로 광해군은 엉겁

결에 왕세자의 자리에 오르게 된다. 광해군은 부왕을 대신하여 전란으로 위기에 빠진 국정을 합리적으로 수행하는 능력을 발휘함으로써 지도자의 자질을 인정받는다. 부왕을 모시고 의주로 피난가는 길에 왕을 대리하여 임시로 국사를 맡아보는 권한을 위임받는데, 이때부터 광해군은 예비 군왕으로서 길을 걷기 시작한다. 광해군은 유약한 부왕 대신 전투를 지휘하며 자신의 진가를 유감없이 발휘하였다.

광해군은 선조가 승하하기 전까지 15년 동안의 세자시절을 통해 예비 왕의 수업을 충실히 쌓았다. 왕위에 오른 광해군은 조선 왕조 사상 최대의 국난으로 꼽히는 임진왜란을 적극적으로 수습하여 사회 안정을 꾀하는 데 주력하였다.

- 어두운 소년시절을 보냈던 광해군

광해군의 유년이나 소년시절의 모습을 복원해내는 것은 남아있는 자료가 너무 미비하여 어려움이 많다. 드문드문 눈에 띄는 자료들을 통해 유추해 볼 수 있는 광해군의 유소년 시절은 그다지 밝은 분위기는 아니었던 것 같다. 우선 어머니 공빈 김씨는 그가 세 살 때 세상을 떠났다. 이 생모의 죽음으로 유년기 이후 광해군의 마음에 짙은 그늘을 드리웠던 것으로 추측된다.

- 영특하고 민첩했던 어린 광해군

어릴 때의 광해군은 무척 영특하고 민첩하였다고 한다. 그의 어린 시절 성품을 말해주는 일화가 있다. 그 한 예로 선조가 세자를 고르지 못하여 여러 왕자들의 기상을 보려고 앞에 여러 가지 보물들을 늘어놓고 마음대로 고르게 하니, 왕자들이 다투어 보물을 골랐는데 유독 광해군만은 붓과 먹을 집었다고 한다. 선조가 가상하게 여겨 다시 여러 왕자들에게 시험삼아 묻기를 "여러 가지 밥, 반찬 가운데 무엇이 으뜸이냐?"라고 묻자 광해군은 "소금입니다."라고 대답하였다. 선조가 그 까닭을 묻자 광해군은 "소금이 아니면 백 가지 맛을 만들지 못하기 때문입니다"라고 답했다. 선조가 다시 "네게 부족한 것이 무엇이냐?"라고 묻자 광해군은 "어머님이 일찍 돌아가신 것이 마음에 걸릴 뿐입니다."라고 했다. 광해군이 세자가 된 것은 순전히 이 말에 힘입은 것이었다고 한다. 광해군이 총명했다는 이야기는 이 밖에도 여러 곳에서 나온다. 그것은 적어도 왕세자가 되기 이전, 광해군에 대한 왕실 내외의 평가가 꽤 긍정적인 것이었음을 짐작하게 한다.

- 역사책을 즐겨 읽었던 광해군

소년 시절 광해군은 여러 스승에게서 교습을 받았다. 「선조실록」에는 소년 시절 광해군을 가르쳤던 스승으로 하락이나 이기설 등 당대의 명망있는 학자들의 이름이 보인다. 또 광해군이 아홉 살 때 하락에게서 「소학」을 배웠다는 내용도 나온다. 「소학」을 배운 이후 광해군이 어떤 책들을 읽었는지는 명확하지 않다. 아마 당시 사대부가의 제자들처럼 4서 3경을 비롯한 여러 경서들을 읽었을 것으로 추정한다. 흥미로운 사실은 소년 시절을 광해군이 친형 임해군이나 배다른 형제들에 비해 총명하고 학문에 힘썼다는 이야기가 여러 군데에서 보인다는 점이다.

한편, 단편적이긴 하지만 여러 가지 자료들을 토대로 유추해 볼 때, 광해군은 특히 역사책을 읽는 데 많은 노력을 기울였던 것으로 보인다. 「고려사」, 「십팔사략」, 「용비어천가」같은 책들이 그가 열심히 읽었던 역사책들이었다. 경연에서 신하들과 토론을 벌였을 때, 다른 것은 몰라도 광해군은 앞 시대의 사실이나 고사 등을 인용하면서 아주 해박한 지식을 보여주었다. 그것이 가능했던 것은 아마도 그가 역사책을 탐독하는 것을 즐겼던 것과 밀접한 관련이 있을 것이다.

- 명, 청 교체기에 탁월한 실리외교를 펼쳤던 광해군

16년의 재위기간 동안 광해군은 안으로는 오랜 전란으로 피폐한 경제를 되살리고 민생의 회복에 온힘을 쏟았다. 대동법을 실시하고 「동의보감」을 반포하는 등 피폐한 민생을 어루만지고 국가를 재건하기 위해 노력하였다. 밖으로는 변화하는 국제 정세, 즉 중국 대륙에서의 명·청 교체기를 냉정한 안목으로 읽어 국정 운영에 반영하는 정책을 폈다. 조선 군주 중에서 주변국의 동행과 정세를 가장 정확히 파악한 인물로 광해군을 들 수 있다. 당시 새로운 열강으로 떠오르던 후금(후의 청나라)과 몰락의 길을 가고 있던 명나라 사이에서 광해군은 실리외교를 펼쳤다. 그러나 광해군의 반대세력과 후대의 역사는 광해군이 명과의 의리를 저버리고 오랑캐 후금과 손잡았다고 하여 비판하였다. 반정을 일으켰던 세력들이 광해군을 축출한 명분도 바로 이것이었다.

- 당쟁의 결과로 인하여 패륜아로 몰린 광해군

광해군에게는 어머니가 모두 3명이 있었다. 생모인 공빈 김씨, 생모가 세상을 떠난 다음 그를 보살펴 준 선조의 정비였던 의인왕후 박씨, 박씨가 죽은 후 부왕이 새로 맞아들인 인목왕후 김씨다. 생모인 공빈 김씨는 광해군을 낳고 2년 후인 1577년(선조 10) 5월, 27세의 젊은 나이로 두 아들을 남기고 세상을 떠나고 만다.

후사가 없었던 의인왕후 박씨는 생모를 일찍 여읜 광해군과 임해군을 친자식처럼 정성스럽게 보살펴 주었다. 광해군에게는 생모나 다름없었던 의인왕후가 병으로 죽자, 선조는 의인왕후의 뒤를 이어 인목왕후 김씨를 맞아들인다. 1606년(선조 39년) 인목왕후의 소생으로 이복동생인 영창대군이 태어나는데, 훗날 광해군에게 불행의 씨앗이 된다.

주변에 영창대군을 옹립하려는 세력들이 생겨나고, 게다가 부왕의 마음이 바뀔지도 모른다는 불안감으로 광해군은 힘든 세자시절을 보낸다. 1608년(선조 41년) 2월 부왕인 선조가 승하하자 광해군은 왕으로 즉위한다. 광해군은 즉위한 다음 전란으로 흥흥한 민심을 잡고 경제부흥에 전력한다.

그러나 당쟁이 심화되면서 영창대군 측근에 의해 역모사건이 일어난다. 영창군은 끝내 살해되고 인목대비는 유폐되고 만다. 광해군의 의지라기보다는 당쟁의 결과로 빚어진 참화였다. 순식간에 동생을 죽이고 어머니를 내쫓은 패륜아로 몰린 광해군은, 점점 왕위를 지키기가 어려워진다. 실록에 의하면 말년에 광해군은 정사를 돌보지 않고 주색에 빠져 패륜과 폭력을 마구 휘둘렀다고 적고 있다.

광해군이 왕위에 오른지 16년째 되던 해인 1623년, 서인들의 주도로 인조반정이 일어나 자신의 조카인 능양군에게 왕위를 빼앗기고 만다. 반정 직후 광해군을 비롯한 식솔들은 폐위되어 강화도로 유배된다. 광해군의 나이 49세 때의 일이다. 강화도에 유배된지 얼마 안 있어 아들과 며느리, 부인 류씨가 차례로 세상을 떠났다. 이후 광해군은 20년을 시국에 따라 떠돌아다니며 유배생활을 해야 했다. 1641년(인조 19년) 7월 마지막 유배지였던 제주도에서 67세의 일기로 한 많은 일생을 쓸쓸히 마감한다. 광해군의 묘는 생모인 공빈 김씨의 무덤과 멀지 않는, 경기도 남양주시에 있다.

- 신권에 희생된 광해군에 대한 재평가

조선 왕조 27명의 임금들 가운데 광해군은 특별한 왕이다. 우선 다른 왕들은 임금의 시호가 조(祖) 또는 종(宗)으로 끝나는데 비해 광해군은 그냥 군(君)으로 불리면서 다른 역대 제왕과는 달리 국왕에게 붙여지는 시호를 받지 못하였다. 제15대 국왕으로서 엄연히 15년 42일 동안 조선의 최고 통치자로 군림하였지만, 광해군은 후세에 왕의 시호로 불리지 못하고 왕자의 직호인 군으로 기록되어 불리고 있다.

이와 같이 조선 왕조 역사상 군으로 불리는 왕은 광해군과 더불어 조선시대 대표적인 폭군으로 알려진 연산군이 있다. 연산군과 광해군은 반정세력에 의해 폐위돼 '군'이란 호칭으로 격하된 상태로 비극적인 삶을 마쳤던 조선의 왕들이다. 이들의 공통점은 폭군으로 몰려 후세까지 무능하고 비도덕적인 왕으로 각인되고 있으며, 당파를 형성하고 있던 반대 세력에 의해 폐위되었다는 것이다. 강력한 신권에 의해 희생되었던 비운의 왕들이라 할 수 있다. 광해군은 폭군으로 알려진 연산군과 비교되곤 하지만, 같은 폭군이라 하더라도 연산군과 달리, 광해군에 대해서는 사고의 정비와 병기고의 확충, 현명한 외교정책 등을 들어 긍정적인 평가를 내리고 있다.

　　조선조의 역사책이나 개인문집에 광해군은 어리석은 임금, 쫓겨난 임금으로 묘사되고 있다. 그러나 광해군의 경우 탁월한 외교정책을 펼친 군주로 재평가되고 있다. 오늘날의 중·고등학교 국사 교과서도 광해군을 더 이상 쫓겨난 임금이나 어리석은 임금으로 매도하지 않는다. 외교상 광해군이 보여주었던 수완은 높게 재평가되어 마땅하기 때문이다.

8) 학자의 면모를 가진 정조

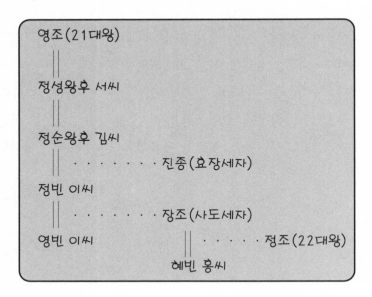

영조(21대왕)

정성왕후 서씨

정순왕후 김씨
· · · · · · 진종(효장세자)
정빈 이씨
· · · · · · 장조(사도세자)
영빈 이씨
· · · · · 정조(22대왕)
혜빈 홍씨

      조선 제22대(재위 1777~1800) 왕으로 이름은 산이다. 영조의 둘째 아들인 사도세자와 혜경궁 홍씨 사이에서 맏아들로 태어났으며, 효의왕후 김씨를 비로 맞았다. 1759년(영조 35년) 7살 때 세손에 책봉되었고, 1762년 아버지인 사도세자가 비극적인 죽음을 당하자, 요절한 영조의 맏아들 효장세자의 후사가 되어 왕통을 이었다. 1775년에 대리청정을 하다가 다음해 영조가 죽자 25세로 왕위에 올랐는데, 생부인 사도세자가 당쟁에 희생되었듯이, 정조 또한 갖은 위험 속에서 홍국영 등의 도움을 받아 세손의 자리를 어렵게 지켜낸다.

      즉위하자 곧 규장각을 설치하여 문화정치를 표방하는 한편, 그의 즉위를 방해하였던 정후겸 등을 제거하고 나아가 그의 총애를 빙자하여 세도정치를 자행하던 홍국영마저 축출함으로써 친정체제를 구축하는 데 주력하였다.

– 백일도 안되어 글자를 보고 웃었다는 어린 정조

1752년 신령스런 용이 구슬을 안고 침실로 들어오는 태몽을 꾼 혜경궁 홍씨에게서 태어난 정조는 백일도 안 되어 글자를 보면 혼자 방실방실 웃었다고 한다. 이에 부친인 사도세자가 친히 글을 써서 책을 만들어 주니, 그는 늘 그것을 가지고 놀거나 읽는 시늉을 하고 아끼며 어루만져 책이 다 헤졌다고 한다. 정조는 돌잔치 때 돌상으로 걸어가서 맨 먼저 붓과 먹을 만지고 책을 펴 읽는 시늉을 할 정도로 어려서부터 학문을 좋아할 조짐을 보였다. 세손시절 '개유와'라는 도서실을 마련하여 경사와 관련한 모든 책을 섭렵한 정조는 학문을 좋아하였으며, 학문의 연마에도 부지런하였다. 현재 규장각에는 다음과 같은 글귀가 적혀 있는 「소학」한 질이 전해지고 있다.

"영조는 나에게 주셨고 나는 그 손자에게 전하니, 내가 태어나고 손자가 태어났을 때 모두 이 책을 읽다. 받아서 전해주기까지 걸린 시간이 18년, 오늘을 맞이하여 다시 펼치게 되었네."

이 책은 영조가 1736년에 첫돌을 맞은 둘째 아들 사도세자에게 주었고, 사도세자는 다시 1753년에 역시 첫돌을 맞은 아들 정조에게 주었다는 것이다. 영조와 사도세자는 만으로 한 살이 되는 어린 자식에게 이 책을 대물려 줌으로써 그들이 소학을 공부하여 예절과 덕망을 갖춘 군주가 될 것을 기원하였던 것이다. 〈소학)에 대한 강조는 왕실에서도 다를 바가 없었던 것이다.

- 책읽기를 유난히 좋아했던 정조

정조는 역대 조선시대 군왕 중에서 글을 제일 잘한 왕이라는 평가를 받을 정도로 학문을 즐겼던 왕이다. 글씨 쓰기도 좋아했던 어린 정조는 두 살에 글자를 짓고, 네 살에 글자의 획을 터득했으며 여섯 살에 글을 깨쳤다. 어머니인 혜경궁 홍씨가 정조의 건강을 염려하여 일찍 일어나지 못하게 하면, 살며시 일어나 촛불을 가리고 앉아서 책을 읽을 정도로 책을 가까이 하고 책을 소중히 했다고 전해진다.

- 지적 수준이 뛰어나고 검소했던 정조

정조는 기운 옷을 찾아 입을 정도로 어려서부터 근검하고 절약하는 생활을 몸소 실천하였다 어떤 일이든지 언행일치가 완벽했던 지도자로 잘 알려져 있다. 또 억울하고 차별받는 백성들을 두루 살피는 아량을 갖춘 성군의 자질이 풍부하였다. 국왕으로서 솔선 수범함으로써 신하들로 하여금 따르게 하였다. 정조는 한 나라의 군주였지만, 그 이면에 학문이 깊은 학자였기 때문에 역대 왕 중에서 문집을 남긴 유일한 왕이기도 하다. 정조의 개인 문집인 「홍재전서」에 담긴 지적 수준은 당대 어느 학자도 뛰어넘을 수 없을 정도로 탁월하다. 정조는 지도자가 갖추어야 할 '문(文), 사(史), 철(哲)'을 누구보다도 깊이 이해하고 실행하였던 군주였다. 학문을 좋아하여 오랫동안 쌓은 깊이 있는 인문적 소양과 냉

철한 안목이 그를 철인군주로 만드는 지렛대가 되었던 것이다.

- 아버지의 비극적 죽음을 학문으로 이겨낸 정조

정조는 어릴 때 아버지 사도세자의 죽음을 겪으면서, 일찍부터 인생의 어두운 면을 보게 되자 학문으로 현실의 고통을 이겨내려했다는 것이 일반적인 평가다. 정조는 왕위계승조차 확실치 않았기 때문에 암살의 위협까지도 감수해야 했다. 새벽녘 닭이 울 때까지도 잠을 자지 않고 공부를 하였던 것도 이런 위험을 감지한 정조가 스스로 자신을 지키기 위해서였다는 주장도 있다. 정조가 재위한 기간은 나라 안팎으로 몹시 격변기에 있었다. 밖으로는 명나라의 쇠망과 청나라의 발흥을 비롯하여 많은 변화가 있던 시기였고 안으로는 실학의 대두라는 커다란 변화가 물꼬를 트고 있을 때였기 때문에, 정조의 개혁적인 치세가 더 돋보이는 것이다.

- 실력으로 등용하는 정치풍토 조성

영조 때부터 본격화한 탕평책은 정조 때 이르러 부작용이 나타나기 시작했다. 영조의 탕평책은 말 그대로 사색당파의 인물을 고루 기용한다는 것이다. 결과적으로 능력과 학식보다는 명분에 의해 얼마든지 등용이 가능한 풍조를 만들게 된다. 공부하지 않는 선비가 등용됨에 따라 진정한 선비들의 사기가 떨어지는 결과가 나타났다. 정조는 즉위 직후 기존의 탕평책에 이런 문제가 있음을 파악하고 능력이 없으면 등용하지 않는 것을 원칙으로 하는 '원리 탕평책'을 적극 추진하게 된다. 가히 개혁적인 인사 정책이라고 할 수 있었다.

정조는 학문적 해박함으로 신하들을 이끌되, 늘 인간적 풍모를 잃지 않아, 신하들 스스로 왕을 따르게 하는 정조 특유의 통치 기술을 쓸 줄 아는 군주였다. 권위를 잃지 않으면서, 조직을 유연하게 이끌 수 있는 진정한 리더였던 것이다. 정조가 조정을 유연하게 이끌었던 근저에는 그의 유모감각도 한몫 했다는 것이 후세 사가들의 말이다.

3. 왕들의 일화를 통해 본 성군의 특징

지금까지 살펴 본 8명의 왕들 중에서, 연산군을 제외한 나머지 왕들은 모두 어릴 때 책읽기를 좋아했던 대군으로 후대에 성군으로 평가되고 있다. 어릴 때부터 학문을 좋아했던 광해군은 비록 성군으로 기록되지는 못하였지만, 광해군의 경우 연산군과 달리 탁월한 외교정책을 펼친 군주로 재평가되고 있다.

'될성부른 나무는 떡잎부터 안다' 는 속담도 있듯이, 장차 성군으로 나라를 이끌어갈 지도자들은 어린 시절의 모습에서 남다른 점이 분명하게 드러나는 것을 알 수 있다. 대부분의 성군들은 학문을 좋아했을 뿐만 아니라, 대체적으로 부모에게 효성이 지극하여 형제간의 우애도 돈독함을 알 수 있다. 또한 성격이 너그럽고 온화하며, 총명하고 민첩하다는 공통점을 가지고 있다. 인종의 경우는 미련할 정도로 착한 심성을 가지기도 하였다. 8명의 왕을 기준으로 공통되는 점을 정리해 보면 다음과 같다.

1) 책읽기를 좋아하고 뚜렷한 목표를 가졌다

세종은 어려서부터 학문을 좋아해서 늘 손에서 책을 놓지 않았다. 세종은 훌륭한 왕이 되어야 한다는 뚜렷한 목표를 세우고, 어린 나이에도 불구하고 자신을 철저하게 관리할 줄 아는 자제력이 강한 인물이었다. 문종 역시 어릴 때부터 책읽기를 좋아하여 책을 가까이 하였으며, 학자를 좋아했다. 측우기 제작에 직접 참여했을 정도로 천문과 산술에도 뛰어났으며, 서예에도 남다른 재능을 가지고 있었던 왕이다. 성종은 즉위 초에 매일 경연에 참석하였었고, 학문을 좋아하여 밤늦도록 독서에 열중하는 것이 일과였다.

선조는 책을 꼼꼼하게 읽는 타입이었는데, 어린 시절 엉뚱한 질문을 하여 스승을 당황하게끔 한 일이 한두 번이 아니었다고 한다. 엉뚱한 세자가 후일 성군으로 평가받은 일례로 선조를 들 수 있을 것이다. 3살 때 어머니를 여원 광해군은 유년기 이후 늘 마음 속에 어머니에 대한 그리움이 깊어, 얼굴빛에 그늘이 떠나지 않았다고 한다. 그러나 광해군은 무척 영특하고 민첩하였으며, 다른 형제들에 비해 학문을 좋아하였다. 특히 역사책을 많이 읽었는데 이는 후일 광해군이 실리외교를 펼 수 있었던 바탕이 되었다.

정조는 역대의 왕 중에서 글을 가장 잘한 왕이었다. 어린 시절 아버지인 사도세자의 비극적인 삶을 접하면서도 삐뚤어지지 않고 학문에 힘쓴 것은 가히 훌륭한 면모였다고 할 수 있다.

2) 자상하고 여린 품성을 지녔다

세종은 어릴 때부터 총명하고 너그러운 데다가 어진 성품을 가지고 있어 백성과 신하를 아끼고 사랑하였다. 문종 역시 단정한 용모에 자상하고 유순한 성품으로 늘 신중하여 남에게 비난을 받는 일이 없었다. 문종은 아쉽게도 재위 2년만에 세상을 떠났기 때문에 후세 사람들에게 많이 알려지지는 못하였다. 심성이 너그럽고 인자한 성품을 지닌 왕으로는 또 성종을 꼽을 수 있다. 문무를 겸비했던 성종은 슬기롭고 호탕한 성격이라 도량이 넓고 특히 활쏘기와 서화에도 재능이 뛰어났다. 경로정신이 남달랐던 성종은 백성을 사랑하고 아끼는 마음도 깊은 왕이었다. 타고난 성품이 어질고 조용하기로는 인종을 따라갈 사람도 없을 것이다. 워낙 욕심이 없고 심성이 착한 인물이었기 때문에 계모의 온갖 수모와 냉대를 참고 견뎠다.

3) 효성이 지극하며 우애가 돈독하였다

세종은 사생활이나 공적인 면에서나 두루 충실한 왕이었다. 특히 효성이 깊고 우애가 돈독하였다. 인종은 부왕인 중종의 침수를 손수 살피는 세심한 성품이었으며, 중종의 병환이 위중해지자 침식을 끊고 간병할 정도로 효성이 지극하였다. 인종은 어버이에 대한 효심이 깊었을 뿐 아니라 형제간의 우애도 각별하였다. 이밖에 효성이 지극했던 왕으로 선조를 들 수 있다.

4) 검소한 생활을 실천하였다

인종은 평생을 검약한 생활로 일관하였다. 8개월 남짓의 짧은 재위기간을 거치고 일찍 세상을 떠났지만, 당시 사람들은 인종을 일러 성군이라 일컬었다. 검소하여 화려한 것을 좋아하지 않았던 선조는, 주색을 멀리하고 놀이에 관심을 두지 않았다. 전형적인 선비의 모습을 갖춘 왕이었다. 정조는 기운 옷을 입을 정도로 검소한 생활을 몸소 실천하였다. 매사에 솔선 수범하여 신하들을 감동시켰고, 백성들의 고통을 두루 살피는 성군의 자질을 고루 갖춘 왕이었다.

실록에는 세종, 성종, 영조, 정조 등이 경연에 충실한 모범생으로 기록되어 있다. 반면 태조, 태종, 세조 등은 경연을 게을리 했던 왕들이었다. 조선의 기틀을 잡은 태조, 태종의 경우 무인기질이 있어 공부보다는 사냥을 더 즐겼으며, 세조는 왕권강화를 위해 경연을 약화시켰기 때문이다. 경연에 가장 열심이었던 왕은 성종을 꼽을 수 있다. 10대 초반에 등극해 37세로 죽을 때까지 하루도 경연을 거르지 않은 것으로 밝혀졌다. 반면 학문을 싫어했던 연산군은 자신의 재위기간 중에 경연을 폐지하기도 했다. 연산군은 성격이 괴팍하고 장난이 심해 멋대로 수업시간을 비워 스승들을 애타게 하였다. 공부보다는 주색잡기를 좋아했던 연산군은 요즘말로 문제학생 축에 드는 왕이었다.

　　연산군이 폭정을 하게 된 원인을 굳이 폐비 윤씨에서 찾는다면, 뒤주 속에서 죽었던 사도 세자를 아버지로 두었던 정조도 같은 길을 걸었을 것이다. 그러나 정조는 연산군과 달리 이런 가정환경의 결함 속에서도 제대로 평가받는 성군이 되었다. 가정환경이 한 사람의 인격에 끼치는 영향은 엄청나겠지만, 어려움을 이겨내고 훌륭한 인물이 된 사람은 예나 지금이나 수없이 많다. 결국 환경도 환경이지만 모두 '저 하기 나름'이라는 말에 수긍이 간다.

　　물론 이러한 평가들이 「조선왕조실록」이 편찬될 당시 권력을 쥐고 있던 세력의 정치적 성향과 무관하지 않은 면도 있지만, 정치적 평가는 제쳐두고라도 국왕이 생전에 학문을 즐겨했는지 그렇지 않은가 하는 문제는 바로 왕의 치적을 평가하는 중요한 잣대가 되었다. 왕뿐만 아니라 관료나 학자들의 경우도 생전에 학문을 얼마나 가까이 했던가에 대한 사례들을 통해서 그에 대한 인물평을 대신하였다. 따라서 조선시대의 국왕을 비롯한 관료들은 자신이 학문을 좋아한다는 평가를 받기를 원했고, 평생을 학문에 종사한 학자는 사람들로부터 존경을 받고 우대받았다. 학자를

존중하고 우대하는 분위기는 오늘날까지 계속되고 있다. 학문을
중시하고 귀하게 여겼던 조선시대의 전통이 지금까지도 이어지고
있기 때문이다.

[참고문헌]

[저서]

- 김부식, 「삼국사기」, 제16권
- 김석환, 「조산학」, 일조각, 1957
- 김진희 · 이기문, 「혹시 우리 아이 왕따 아닐까」, 국일미디어, 1999
- 루스실로 지음, 박민경 옮김, 「유태인의 자녀교육」, 민예사, 1986
- 브리기테 바일 지음, 임정은 옮김, 「아이를 사랑하는데도 원칙이 필요하다」, 바다출판사, 2000
- 사주당 이씨, 「태교신기」, 필사본
- 사주당 이씨, 「태교신기 의역-좋은 아기 낳는법」, 영인본, 한재찬 의역
- 석성우, 「태교」, 백양출판사, 1986
- 송시열, 「계녀서」, 대제각, 1978
- 스티븐 글렌/미이클 브록 지음, 이수옥 옮김, 「아이를 사랑하는데도 전략이 필요하다」, 바다출판사, 2000
- 여성생활연구회, 「첫임신과 태교」, 민예사, 1987
- 오시림, 「신사임당과 자녀교육」, 민예사, 1990
- 이군현, 「영재교육학」, 형설출판사, 1995
- 이동문, 「태중교육」, 흐름사, 1975

- 이원호, 「태교」, 박영사, 1977
- 유안진, 「한국의 전통 육아방식」, 서울대학교 출판부, 1986
- 이민수 역, 「부모은중경」, 을유문화사, 1977
- 임동근, 「미혼남녀를 위한 태교」, 우성출판사, 1986
- 재임스 T. 웹, 문정화 옮김, 「영재. 자랑거리, 골칫거리」, 과학과 예술, 1993
- 정원식, 「개방시대의 가정교육-아버지 방법, 어머니 기술」, 집현전, 1984
- 조석희, 「우리 아이는 어느 분야의 영재일까」, 사계절, 1996
- 주정일, 「아동발달학」, 교문사, 1987
- 진경혜, 「나는 리틀 아인슈타인을 이렇게 키웠다」, 중앙 M&B, 2001
- 최정훈, 「조선왕조 상식여행」, 이다미디어, 1999
- 파커 J. 파머 지음, 이종인 옮김, 「가르칠 수 있는 용기」, 한문화, 2000
- 한두현, 「자녀교육해법 124장」, 나남출판, 1999
- 황백현, 「천재는 아버지가 만든다」, 민예사, 1985

[논문]

- 권연웅, 성종 조의 경연-한국문화의 제 문제, 국제문화재단, 1981. 3

- 세종 조의 경연과 유학-세종문화연구 (1), 한국정신문화연구원 편, 1982. 12 김명희, 천도교의 태교사상, 동국대학교 대학원, 석사학위 논문, 1983

- 김연미, 이스라엘과 한국 가정교육의 비교연구, 장로회신학대 대학원, 1988

- 김종학, 조선 왕세자 교육제도에 관한 일 연구, 고려대학교 교육대학원 석사학위 논문, 1981

- 연정은, 임신 부부간의 태교인식과 실천행위 비교, 연세대 보건대학원, 2001

- 유점숙, 태교신기 내용고찰, 영남대학교 사회과학지, 1983

- 이상옥, 경연에 나타난 경학과 제왕, 우석대논집 4, 1970

- 이석규, 조선 초기 서연에 대하여, 한양대학교 대학원 석사학위논문, 1985

- 이선아, 여성의 태교에 관한 인식도 연구, 한국외국어대 교육대학원, 2001

- 이원호, 조선왕조의 세자교육, 교육학연구, 9,2,10, 1971

- 조선왕조 경연의 교육적 연구, 교육학연구, 12,2,8, 1974

- 임창경, 동양의학적 태교에 대한 고찰, 원광대 대학원, 1986

- 전승길, 강서원목록 〈정조대왕 왕세자시〉, 국학자료 11, 장서각, 1973

- 최경옥, 태교에 관한 탐색적 일고찰, 연세대학교 대학원, 석사학위논문, 1974
- 한양선, 원불교 태중교육에 관한 연구, 원광대학교 교육대학원 석사학위논문, 1983
- 홍혜경, 한국여성의 태교인식 정도에 관한 조사연구, 숙명여자대학교 대학원, 석사학위논문, 1980

[외국어 서적]

- Alison Clarke Stewart & Joanne Barbara Koch, Children Development through Adolescence, John Wiley & Sons, INc., 1983
- Creflo A. Dollar Jr., Total Life Prosperity, Nelson, 1999
- Diane E. Papalia & Sally Wendkos Olds, A Acild's World, McGraw-Hill Book Company, 1985
- Gilbert Gottlieb, Early INfluence, Vol. 4, Academic Press. New York, 1987
- Janov. A, Rhe Feeling Child, N.Y; Simon Schuster, 1973
- Michael Gurian, The Good Son, Putman, 1999

조선왕실 천재교육

2003년 3월 5일 · 1판 1쇄 발행

저 자 · 이기문, 김진희

발행인 · 이금재

발행처 · 오성출판사

주소 · 서울시 영등포구 영등포 6가 147-7

전화 · (02)2635-5667~8, 2635-6247~9

팩스 · (02)835-5550

출판등록 · 1973년 3월 2일 제13-27호

http://www.osungbooks.com

편집부 · 이미경, 구미정 / 독자관리 · 이경진

영업부 · 유재영, 이용재 / 관리부 · 김중배, 장동수

ISBN · 89-7336-694-7

값 9,000원

┌─────┐
│ 판 권 │
│ 본 사 │
│ 소 유 │
└─────┘